Scheintod

LEBENDIG BEGRABEN

FAMA CRESCIT EUNDO

Vergil, Äneis 4, 175

Das Gerücht wächst,
indem es sich verbreitet.

Tankred Koch

Scheintod

LEBENDIG BEGRABEN

tosa

ZUEIGNUNG

an meine liebe Frau

DORIS

für ihre geduldige und getreue Mitarbeit

sowie an

Herrn Prof. Dr. sc. med. Dr. h. c. mult.

OTTO PROKOP

für seine Hilfsbereitschaft

und Unterstützung

Der Verfasser

Titel der Originalausgabe: Lebendig begraben: Geschichte und Geschichten vom Scheintod

Die Edition Leipzig ist ein Unternehmen der Verlagsgruppe Dornier

Coverentwurf Joseph Koó

Printed in Slovakia

INHALT

Arzt (zum Patienten):

Was, Sie fürchten sich
vor dem Lebendigbegrabenwerden?
Schlagen Sie sich diese Grillen
aus dem Kopf,
bei meiner Behandlung ist so etwas,
ganz ausgeschlossen!

Aus dem »Simplicissimus«,
Jg. 1905 von I. B. Engl

ZUM EINGELEIT

Die Wurzeln dieses Werkes liegen in den leider meist viel zu kurzen Gesprächen, die der Autor mit dem von ihm hochverehrten Vertreter des Faches Gerichtsmedizin der Humboldt-Universität zu Berlin, Herrn Professor Dr. sc. med. Dr. h.c. mult. Otto Prokop, führen durfte. Ihm hier für Anregung, Unterstützung und entgegengebrachtes, freundliches Interesse zu danken, erachtet der Autor für seine Herzenspflicht.

Die Bekämpfung des Aberglaubens, der so tief und untrennbar mit der Kulturgeschichte verflochten ist, das Aufdecken typischer Verhaltensweisen des Menschen, sein Verhältnis zum Tode und sein Verhalten angesichts des Todes – all dies und noch viel mehr waren die bei diesen Gesprächen oft nur kurz gestreiften, skizzierten Problemkreise. Sie mündeten eines Tages alle in das Thema »Scheintod«.

Dies gab den Anstoß zu dem vorliegenden Versuch, das Thema zum Gegenstand einer kulturgeschichtlich-medizinischen Darstellung zu machen. Es ist nicht nur für den Arzt, sondern auch für den gebildeten Laien bestimmt. So konnte es mit gutem Gewissen unterbleiben, jedem der vielen Scheintodfälle, die das Buch enthält, eine Polemik vom Standpunkt des modernen Arztes, des heutigen Menschen überhaupt, anzuschließen. Die Wertung kann dem Leser überlassen werden.

Aus dem gleichen Grunde kann auf eine nähere Erörterung des persönlichen Standpunktes des Autors verzichtet werden. Er kommt ohnehin am gegebenen Ort deutlich zum Ausdruck.

Die Menschen zum Nachdenken und zur Besinnlichkeit zu veranlassen, ist Anliegen dieses Buches. Unmodern? Wer vermag das im Zusammenhang mit dem Tode zu sagen?

Es ist mir eine angenehme Pflicht, auch Herrn MR Doz. Dr. sc. med. Blumenthal-Barby und nicht zuletzt Frau Anne-Marie Seiler für ihre vielfältigen Mühewaltungen sehr herzlich und ergebenst zu danken.

Tankred Koch

ERSTER TEIL

SCHEINTOD ZWISCHEN GLAUBEN UND WIRKLICHKEIT

COMMOVENT HOMINES NON RES SED DE REBUS OPINIONES.
Epiktet

Was die Menschen erregt,
sind nicht die Tatsachen,
sondern die Vorstellungen,
die sie sich von ihnen machen.

Wie sehr noch vor einem Jahrhundert die Probleme des Scheintodes das Fach Gerichtliche Medizin beschäftigten, zeigt ein Übersichtsreferat von Skrzeczka (1871). Wir bringen aus diesem Referat nur zwei Abschnitte, ohne rabulistisch vorgegangen zu sein, die zeigen, wie sehr mit diesem Problem auch im eigenen Fach wissenschaftlich gerungen wurde.

Aus Skrzeczka »Sanitätspolizei und Zoonosen«, II. Tod, Scheintod, Wiederbelebung, Jahresbericht der gesammelten Medicin Bd. I, S. 467 (1871): »Laborde hat von der Beobachtung Cloquet's, dass die Nadeln bei Anwendung der Acupunctur auffällig schnell rosteten, ausgehend, vergleichende Versuche an Lebenden und Leichen angestellt, und glaubt, ein sicheres Zeichen des wirklich eingetretenen Todes darin gefunden zu haben, dass blanke, gut polirte Stahlnadeln in die Weichteile des Körpers gestossen (etwa in das dicke Fleisch des Oberschenkels), nach einiger Zeit herausgezogen, keine Spur von Oxydation zeigen, während sie, so lange der Mensch lebt, sich schnell mit schwärzlichen Flecken von Oxyd bedecken.

Pacini verwirft als Mittel, bei Scheintodten die Athmung wieder einzuleiten, gänztlich das Lufteinblasen und die Marshall Hall'sche Methode. Bei der ersteren werde ein Druck auf die Lungencapillaren, die grösseren Gefässe und das Herz ausgeübt, die Circulation beeinträchtigt, die Ausscheidung der im Blute angehäuften Kohlensäure direct verhindert; das Marshall Hall'sche Verfahren sei noch nachtheiliger, indem es gerade Exspiration gewaltsam herbeiführe, während bei Nachlass des Druckes die Thoraxwand nur in den Stand durch ihre Elasticität zurückkehre, den sie bei dem todten Menschen einnehme, eine wirksame Inspirationsbewegung aber nicht erfolge.

Pacini empfiehlt eine Modification des Verfahrens von Sylvester. Letzteres hat den Uebelstand, dass bei Schlaffheit der grossen Brustmuskeln die mit den Armen vorgenommenen Bewegungen nur eine geringe oder gar keine Traction auf den Brustkorb ausüben. Pacini räth, hinter den auf eine schiefe Ebene gelagerten Scheintodten zu treten, die Oberarme dicht am Schultergelenk von hinten her zu fassen, so dass der Daumen auf die Schulter zu liegen kommt, und dann die Oberarme mit den Schultern rhythmisch nach hinten und oben zu ziehen. Die Hebung des Thorax wird hierbei durch das Schlüsselbein und Brustbein vermittelt. Bain (s. Jahresber., 1868, I. p. 480) hat diese Methode von Pacini gelernt und dann etwas modificirt, indem er die Schulter von vorn her ergreift, doch soll dies keine Verbesserung sein.«

Das nun vorliegende Buch ist nicht ein Beitrag, die Sensationslust der Leser zu befriedigen, und auch kein rein medizinisches Dokument, sondern ist vielmehr in einer Zeit entstanden, in der Organe von Mensch zu Mensch in einem Ausmaß übertragen werden, das wir bei Beginn unserer Tätigkeit als Ärzte nicht im entferntesten mit allen gegebenen Möglichkeiten ahnen konnten. Daß damit neben der Medizin Fragen der Rechtsbeziehungen zwischen Empfänger, Spender oder dessen Angehörigen, Fragen der Religion, ethische Fragen und ganz allgemein humanistische Erwägungen nicht nur die Fachwelt, sondern auch Laien, Presse, Rundfunk und Fernsehen zu Kommentaren lebhaft motiviert haben, ist nur natürlich.

Als der Autor dieses einleitende Kapitel verfaßt hat, war er genau 40 Jahre als Gerichtsmediziner tätig, der ungefähr 45 000 bis 50 000 Tote und deren Befunde gesehen hat. Konnte er dabei Fälle von Scheintod feststellen? Hat er als Soldat auf den Schlachtfeldern des zweiten Weltkrieges, in den Feldlazaretten, vor der Tätigkeit als Gerichtsmediziner – als Medizinstudent – Fälle von Scheintod gesehen? Die Antwort lautet: »Nein!«

Doch bevor wir zur Frage der Toterklärung und damit zum Problem der vita reducta kommen, ist es ein Anliegen des Autors, das ganze Problem aus der Sicht der »Gleichförmigkeit in der Welt« (MARBE, 1916) zu sehen. An anderer Stelle haben wir dazu schon einmal genügend Ausführungen gemacht, aus denen hervorgeht, daß über Generationen hinweg die Vorstellungen der Menschen auf besonders psychisch engagierenden Gebieten immer wieder gleichförmig – geradezu eintönig – bleiben, als seien die Bezüge zu erregenden Problemen für den Menschen »archetypisch« angelegt.

Wir haben das am Problem des Sterbens im Kriege analysiert und an Abbildungen gezeigt, daß Künstler ihre sterbenden Soldaten typischerweise mit »Griff an das Herz« zeigen (Abbildungen in PROKOP und RADAM, 1987).

Zu den immer wiederkehrenden Vorstellungen gehören auch die menschenimmanente Religion bzw. die Religionen, deren Welt mit immer wiederkehrenden und den Religionen typisch zugehörenden Wundern. Die jeweiligen Meister hatten stets ihre Jünger und ihre Wunder, ihr messianisches Sendungsbewußtsein, die Askese; und unter den Wundern sind die Träume vom Fliegen, vom Verschwinden, vom Erstrahlen, vom Gehen über See und Meer und von der Wunderheilung, von den prophetischen Ereignissen, vom Beben der Erde, der Translokation und von bösen Mächten mit ihren Antithesen – oft uniform.

Unser Lehrer MENSCHING (1978) hat das so plastisch und vornehm, sich am ehesten zum Christentum bekennend (zum Moralwert des Neuen Testaments), dargestellt, indem er Buddha und Christus vergleichend analysiert. Ihr Tod ging mit elementaren Naturereignissen einher (Beben der Erde, Gewitter, Donner, Bersten von Felsen usw.) – ebenso wie der Tod anderer großer Persönlichkeiten (Napoleon, Beethoven usw.). Es ist gerade der Tod der Großen, der sich nicht farblos vollzieht und, ein Stigma der Größe enthaltend, sich mit Gewalt einstellt – oder wenigstens mit Ereignissen hohen Auffälligkeitswertes. Dies entspricht der Vorstellungswelt, und »es kann eigentlich nicht anders sein«.

In der christlichen Mystik finden sich Hunderte seltsamer Legenden, die heute zum Teil – obwohl von den Religionsgemeinschaften christlicher Prägung nicht kanonisiert oder zum lehrfähigen Dogma erhoben – von der wissenschaftsfeindlichen oder

Jean Pierre Marie Jazet,
»NAPOLEON I. ENTSTEIGT SEINEM GRAB AUF ST. HELENA«.
Nach Horace Vernet. Lithographie.
Aus: Georg Hirth, Kulturgeschichtliches Bilderbuch aus vier Jahrhunderten. München, 1925

wenigstens wissenschaftsfremden Parapsychologie neu entdeckt in anderem Gewande wiedererscheinen, als müsse die wissenschaftlich aufgeputzte Parapsychologie den naturwissenschaftlich armen Religionen zur Hilfe kommen – wie es der Erfinder der PSI(Psychokinetischen)-Kräfte (RHINE) einmal zugab.

GÜNTER (1949) hat in seinem lesenswerten Buch gezeigt, daß es »gemeinmenschliche Legenden« gibt, von denen ein Teil dem Christentum adaptiert wurde. Und da die Evangelisten (Matthäus, Markus, Lukas, Johannes) nicht gleichartig über den Tod Christi berichten, gab es auch hierzu Legendenbildungen, zumal kein Evangelist den Tod direkt schildert bzw. die elementaren Naturereignisse, die ihn begleitet haben sollen (die nicht übereinstimmend erwähnt werden). So heißt es in Legenden, Christus, der wegen des Sabbats nur sechs Stunden am Kreuz gehangen habe, sei nur scheintot gewesen, zumal der Lanzenstich, dessen Ergebnis als Todesbeweis gelten sollte (von den meisten Malern der Kreuzigungsszene nicht herzseitig, sondern rechts dargestellt), nur von Johannes berichtet, nicht tödlich gewesen sein mußte. In die kalte Gruft gelegt, könne der Gekreuzigte wieder zum Leben erwacht sein (u. a. siehe DESCHNER, 1980). Einige Beispiele für scheintodassoziierte christliche Legenden nach Heinrich GÜNTER, 1949 (die Ziffern der Zitate sind belassen worden):

... Ein Knabe Johannettus war auf dem Schulweg von Siegeberg nach dem Kloster Seligenthal (Köln) von Juden ermordet und verscharrt worden. Schweine wühlten ihn aus. Als man den Leichnam nach Troistesdorf brachte, hielten die Pferde von selber da, wo die »Kindsgasse« entstand. Der Knabe streckte einen Arm aus dem Sarg und wies nach Siegeberg, wo er denn auch neben Erzbischof Anno beigesetzt wurde (3,420).

... Der sel. Rosnata fiel in die Weichsel: mit Mühe zog ihn einer an den Haaren heraus, zu seinem Staunen wohlbehalten: eine schöne Frau habe das Wasser mit der Hand von seinem Mund abgehalten und sein Ertrinken verhindert, berichtet er (13. Jahrhundert: 5, 148). Halwardus, Verwandter König Olafs von Norwegen, wurde mit einem Stein um den Hals ins Meer geworfen, schwamm auf der Oberfläche und konnte an Land gebracht werden (Anf. 11. Jahrhundert: 2, 600).

... Helena, die Mutter Konstantins des Großen, suchte das hl. Kreuz, forschte unter den Einwohnern Jerusalems nach, kam durch göttlichen Hinweis zur Kenntnis des Ortes; man fand drei Kreuze. Bischof Makarius ermittelte das des Herrn dadurch, daß er alle drei der Reihe nach mit einer vornehmen Sterbenden in Berührung brachte; durch das dritte wurde die Frau gesund. Helena erbaute über dem Ort eine Kirche. Ein Teil des Kreuzes blieb in Jerusalem, einen anderen Teil erhielt Konstantin, samt den Nägeln, die der Kaiser für Zügel und Helm verwertete. Rufinus von Aquileja, der Fortsetzer der Kirchengeschichte des Eusebius um 400, erfand die Helena-Version nicht. Ambrosius spricht in der Gedenkrede auf Kaiser Theodosius 395 ebenfalls von Helena; aber das echte der drei Kreuze wird durch die Inschrift »Jesus Nazarenus Rex Judaeorum« erwiesen. Paulinus von Nola schreibt im Jahre 402 von einer Totenerweckung durch das wahre Kreuz, nicht mehr bloß einer Heilung ... Wenig später ist an die Stelle der Kaiserin Helena die (ungeschichtliche) Gattin des Claudius (41–54), Protonike, getreten.

Die Juden müssen ihr die Grabkammer zeigen; beim Betreten des Grabes fällt die Kaisertochter tot um; die drei Kreuze werden an ihr erprobt; die Tochter kehrt ins Leben zurück. Jakobus, der Leiter der Kirche von Jerusalem, schrieb auf, was er da erlebt hatte ... Und noch ein paar Jahre und die Kreuzauffindung durch Helena wird dem Juden Judas verdankt, der dann Christ wurde und als Bischof Cyriacus von Jerusalem den Martertod starb. Helena ließ Tausende von gelehrten Juden nach dem Verbleib des hl. Kreuzes fragen. Nur Judas wußte durch seinen Großvater Zachäus darum, war aber nur mit Gewalt zu Mitteilungen zu bewegen. Licht und Wohlgeruch gingen von der Stelle aus, an der die Kreuze lagen. Die Erweckung eines gerade vorbeigetragenen Toten hob den Zweifel an der Echtheit auf.

... Zwei Jahre brachte Peregrinus im Heiligen Lande zu. Als er auf der Rückfahrt zu dem Inselchen kam, spielte der Knabe am Meer mit Steinchen und Muscheln. Der Kleine, der noch nie einen Mann gesehen hatte, floh und verbarg sich bei der toten Mutter. Peregrinus fand ihn an der Mutterbrust trinkend. O, wenn die Frau noch lebte und wieder mit heimkäme! Da holte sie tief Atem und erwachte. Wie Petrus den Vater im Heiligen Land geführt hatte, hatte sie an der Hand Magdalenas die ganze Reise mitgemacht und wußte alles. Überglücklich fuhren sie nach Marseille zurück, erzählten Maria Magdalena und ließen sich von Bischof Maximinus taufen (p. 411 ff) ...

Erzbischof Spiridion von Tremithontus (4. Jahrhundert) erweckte einer trauernden Mutter das tote Kind, und als sie vor Freude darüber starb, auch sie selbst (5, 352). Der hl. Germanus von Auxerre fragte in Autun am Grabe des hl. Bischofs Cassianus, wie es ihm ginge. Und aus dem Grab antwortete es, so daß alle es hörten: »Ich genieße süßer Ruhe und erwarte die Ankunft des Erlösers.«

Von Dublin (gest. 1180) seien sieben Erweckungen vom J. 1126 »erwähnt« (3, 710 f). Johanna von Signia (gest. 1350) habe ein Kind in der Kraft ihres Glaubens wiederbelebt (3, 189); Magdalena von Trinos Grab (gest. 1503) ein totgeborenes Kind, worüber 1610 eine bischöfliche Untersuchung stattfand (4, 32). Auf das Gebet des Franziskus von Paula (gest. 1508) seien sieben Tote zum Leben erstanden (2, 264). Johanna vom Kreuz (gest. 1534) legte einem toten Kind ihr Kruzifix auf die Brust, und es lebte (3, 189). Guilielmus Leveschi S. J. in Neapel »habe 3 Tote wiedererweckt, und soll von einem ganz gewiß sein« (gest. 1622: 2, 568). Peter Claver (gest. 1654) habe »unwidersprechlich« in Cartagena Neger und eine Negerin erweckt (4, 842). Sprechen die »mehreren« Totenerweckungen Bischof Ludwigs v. Toulouse (gest. 1267) in der Kanonisation von 1317 mit, und wie? (3, 920).

Während man hier und da noch Scheintod in die Legenden hineinlesen kann, so hat die christliche Legende, wie GÜNTER sagt, »wohl auch grellere Farben«. Und wir geben eines seiner Beispiele:

Wenefrida war von dem Königssohn Cadocus in der Kirche ermordet, aber von Abt Benno ins Leben zurückgeholt worden; den Mörder verschlang die Erde. Zeitlebens trug sie das Zeichen des Todesstreiches wie einen weißen Faden um den Hals (gest. um 660: 5, 656). Koemgen erweckte zwei ermordete Schwestern, indem er die abgeschlagenen Köpfe an die Rümpfe legte und betete (II 12). Einmal sah er im Geiste, wie zwei Scholaren einen dritten unterwegs erschlugen; als sie bei ihm ankamen, schickte er sie mit seinem Stab zurück; sie sollten ihn dem Toten auf die Brust legen und den abgeschnittenen Kopf anfügen. Der Erschlagene erhob sich und kam ins Kloster (V 38). Die Ehe der Eltern des hl. Mochömocus war lange ohne Kind. Der Mann fiel in der Schlacht. Da riet die Schwester der Frau, die hl. Ida, der Witwe, das Schlachtfeld abzusuchen und ihren Mann zu rufen. Nessa legte den abgeschlagenen Kopf zum Rumpf. Der Mann erwachte und die Ehe wurde gesegnet (4, 467). Vinzenz Ferrer erweckte ein Neugeborenes, das die geisteskranke Mutter zerstückelt und gekocht hatte. Der verzweifelte Vater hatte die Teile zum Heiligen gebracht. Die Spuren blieben dem Wiedergeborenen zeitlebens (p. 946). Toten, die ohne Sakramente verschieden, wird durch Wiederbelebung die verdiente oder von anderen erbetete Gnade. Hilarius von Poitiers gab einem Kind, das ohne Taufe gestorben war, das Leben wieder; er warf sich in den Staub, und beide standen zugleich auf, der Greis vom Gebet, das Kind vom Tode (p. 98). Bischof Marcellin von St. Paulien en Velay erweckte ohne Taufe verstorbene Kinder zu mehreren (4, 88). König Echu von Origellien in Irland hatte seine Tochter Kinnia dem hl. Patrick für eine Klostergründung übergeben; dafür sollte ihm selber der Himmel sicher sein. Er starb aber ohne Taufe, und Patrick erweckte, belehrte, taufte ihn und reichte ihm das Viaticum; so starb Echu selig (3, 623). Hildevert von Meaux (gest. um 680) rief einen vor der Taufe gestorbenen Knaben zurück (2, 742). Erzbischof Malachias von Armagh (gest. 1148) betete mit gleichem Erfolg für eine Frau, die ohne letzte Ölung gestorben war (4, 61). Ebrulfus von Bayeux (gest. 596) rief den Mönch Ansbert, der ohne Wegzehrung gestorben war, ins Leben zurück und reichte ihm die Kommunion, worauf Ansbert zum zweitenmal entschlummerte (1, 233; 21, 8).

Wir haben die drastischen Beispiele von GÜNTER deshalb gebracht, damit der Leser schließen darf, daß dann, wenn solche Legenden als »glaubhaft« verbreitet wurden – bzw. ohne die nötige Kritik –, die vergleichsweise harmlosen Scheintodberichte erst recht Eingang finden. Man berücksichtige, daß etwa 2 Prozent der Bevölkerung der Bundesrepublik Deutschland zum Beispiel nach einer Umfrage des Allensbacher Instituts für Demoskopie an Hexen glauben und sich ein hoher Prozentsatz der Menschen nicht entscheiden kann, ob es nicht doch Hexen gibt (siehe die Daten auch anderer Meinungsforschungsinstitute bei PROKOP und WIMMER, 1987). Immerhin sind im Laufe der Geschichte dem Hexenwahn in der Schweiz, in Österreich und Deutschland wahrscheinlich 1 Million Frauen zum Opfer gefallen (WANDA V. BAEYER-KATTE, 1965), und er existiert heute noch (AUHOFER, 1965).

Dann darf man sich freilich nicht wundern, wenn die mit christlicher Mystik durchwobene Parapsychologie den Tod und das Weiterleben nach dem Tode zu einem der großen Probleme ihrer Erhebungen macht. 1981 gab der Direktor des Instituts für Grenzgebiete der Wissenschaft, Innsbruck, und Professor für Klinische Psychologie und Paranormologie Andreas RESCH eine voluminöse Schrift »Fortleben nach dem Tode« heraus. Selbst als Professor an der Lateranuniversität Rom tätig, hat er diese Schrift mit christlicher Mystik durchsetzt, und ganz ohne Zweifel ist sie dem Inhalt nach von Kircheninstanzen toleriert und favorisiert. In diesem Werk finden sich nicht nur religiöse Beiträge wie etwa der von KNOCH mit dem Titel »Was sagt die Bibel über das Fortleben nach dem Tode?«, sondern es finden sich auch parapsychologische von BENDER »Parapsychologie und Fortleben nach dem Tode« oder von SCHAMONI »Auferweckungen vom Tode« sowie der ganz okkulte von SCHIEBELER »Das Fortleben nach dem Tode im Hinblick auf Naturwissenschaft und Parapsychologie«.

Das verwundert nicht, ist doch im parapsychologischen Schrifttum fest verankert, daß man mit Toten in Verbindung treten kann wie etwa durch Beschwörungen und Herbeizitieren mittels Tischrücken oder gar durch Aufnahme von Stimmen der Verstorbenen auf Tonband, um so eine Verbindung zum Reich der eben nur scheinbar völlig Abgeschiedenen herzustellen. Berücksichtigt man den religiösen Grundtenor solcher vielfach akzeptierten »Wissenschaften«, so darf man sich nicht wundern, wenn BENDER schließlich aus der »repräsentativen Gallupumfrage der Vereinigten Staaten« zitiert, wonach 69 Prozent des amerikanischen Volkes einen gewissen Glauben an ein Fortleben nach dem Tode haben, 11 Prozent sich des Urteils enthalten und nur 20 Pro-

Walter Klemm,
»EINE TOTE KEHRT ZURÜCK«.
Lithographie.
Aus: Nikolai Gogol, Das Gespenst. Leipzig, Wien, Bern, Berlin, 1923

zent nicht an das Fortleben glauben. Nach Erhebung des Instituts für Demoskopie in Allensbach (1975) sollen 36 Prozent der Befragten an irgendeine Form des Weiterlebens glauben, 40 Prozent nicht, und 24 Prozent meinen, man könne es unmöglich sagen. Daß diese Daten richtig sind, können wir nicht bezweifeln, ebenso wie auch die Verbindung Parapsychologie und Religionen eine feststehende Tatsache ist, wenngleich der Okkultist AMADOU (1957) dies ein wenig einschränken möchte. Vergebens! Die Okkultistin Aniela JAFFÉ führt allen Lesern deutlich vor Augen, daß alles, was mit Tod und seinen Erscheinungen zusammenhängt, Gegenstand von Okkultismus (Parapsychologie) und Religion ist. Es fehlt wahrhaftig bei der Autorin nicht an Beispielen.

Die gleiche Meinung wird auch in der Festschrift für den Parapsychologen Hans BENDER (1974) vertreten, in der sich Beiträge von Theologen finden. Der herausragendste ist von HAMMERS und ROSIN verfaßt und beschäftigt sich mit der Existenz des Teufels. Denn so lesen wir: »Die seelsorgerische Beschäftigung mit dem Okkulten und dessen Folgeerscheinungen deckt sich in ihrer Intention zumeist mit den psychohygienischen Bemühungen der Parapsychologen.« In ihrer Arbeit haben die genannten Autoren mittels Fragebogen katholische und evangelische Theologen befragt, was sie über den Teufel denken, seine Existenz, sein Betätigungsfeld und anderes. Die Autoren bezeichnen ihre Umfrage unter Theologen der Bundesrepublik Deutschland als Repräsentativbefragung, was bei n = 1540 sicher berechtigt ist. Auch wenn nur 40 bis 50 Prozent der Fragebögen auswertbar waren, ist das Ergebnis doch erregend: 63 Prozent der katholischen Theologen neigen dazu, der offiziellen Teufelslehre ihrer Kirche zuzustimmen. 39 Prozent von diesen stimmen mit der Auffassung von Papst Paul VI. überein, wonach der Teufel (im Gegensatz zu psychiatrischen und psychoanalytischen Deutungen) »eine wirkende Macht, ein lebendiges, geistiges Wesen, verderbt und verderbend, eine schreckliche Realität, geheimnisvoll und beängstigend« (Anführungszeichen wie bei den Autoren) sei.

Wenn man also als Angehöriger einer Religionsgemeinschaft an die anerkannte Macht des Teufels – der Gewalt über Leben und Tod, Gesundheit und Krankheit hat – und auch an die Austreibung dieser Macht durch Exorzismus glaubt, wird um so verständlicher, daß auch der Glaube an die Möglichkeit des Scheintodes nicht weit davon entfernt ist.

In einem weitverbreiteten Werk, erschienen mit kirchlicher Imprimatur (RATHGEBER, 1960), das auch die personelle Existenz des Teufels bestätigt, findet sich folgende Assoziation zum Leben nach dem Tode:

»Wissen die Verstorbenen um unsere Schwierigkeiten und Leiden? Ja, sie können unsere Unruhe, unsere Sorge, unsere Qual erkennen, sie sehen den Schmerz, den wir über ihr Fortgehen empfinden. Sie wissen um die Fehler, durch die wir Gott beleidigen. Aber ihnen erscheinen unsere Leiden und Sorgen in einem ganz anderen Lichte als uns. Sie beurteilen alles im Lichte Gottes. Sie sehen, wie Gott in seiner Weisheit und Barmherzigkeit das verwirrende Problem des Bösen zur glücklichen Lösung bringt; sie sehen den tiefen Sinn unserer Leiden, unserer Versuchungen, ja selbst unserer Fehler und erleben im voraus den Triumph der göttlichen Barmherzigkeit. Das Wissen um unsere Trauer und unsere Kämpfe veranlaßt sie, nur noch inniger für uns Fürsprache einzulegen.«

So unglaublich diese Antwort auch klingen mag, so wahr ist doch die Glaubensbereitschaft vieler Menschen für das Außergewöhnliche und Phantastische. Horst KNAUT (1970) hat hierzu harte Beweise geliefert. Lassen wir ihn selbst sprechen:

»Der Marburger Mediziner Dr. Ulf SCHOBERT ist davon überzeugt, daß es heute kaum noch Menschen gibt, die an den spiritistischen Spuk der Kontaktaufnahme mit Verstorbenen glauben. Ich will das Gegenteil beweisen und sage, daß ich ihm innerhalb von drei Wochen 50 Menschen benennen werde, die von der Möglichkeit solcher Verbindungen fest überzeugt sind. Ich gehe darüber eine Wette ein: eine Kiste Münchner Bier gegen drei Flaschen Korn von der Lahn.

In der Ausgabe 49/69 der Wochenzeitschrift ›Heim und Welt‹ gebe ich unter Chiffre-Nr. 2319/49 folgende Kleinanzeige auf: ›Spiritistisches Medium übernimmt Kontaktaufnahmen mit Jenseitigen. Kostenlos für Geistesfreunde!‹ Die gleiche Kleinanzeige erscheint unter der Chiffre-Nr. 43617 Z in der Münchner Abendzeitung. Schon eine Woche vor Ablauf der Wettfrist melde ich nach Marburg: 183 Zuschriften!

Ein so starkes Echo hatte ich selbst nicht für möglich gehalten. Da schreibt z.B. Herr V. aus K.: ›Meine Mutter sieht häufig meinen verstorbenen Vater als Geist, und sie bedauert, daß sie ihm keine Fragen stellen kann. Würden Sie bitte meinem Vater, der im Oktober 1960 bei einem Verkehrsunfall ums Leben kam, folgende Fragen stellen: Wie kam es zu diesem Verkehrsunfall? Wer ist schuld? Er selbst als Fußgänger oder der Mercedesfahrer? Hat mein Vater noch etwas zu sagen? – Falls eine Kontaktaufnahme möglich ist, so wird auch ein gutes Honorar geboten.‹

Frau K. aus S. fragt: ›Können Sie mit einem lieben Verstorbenen in Verbindung treten? Ich selbst bin Leserin der Zeitschrift »Die andere Welt« und glaube an solche Kontaktaufnahmen. Alle Ihre Unkosten will ich Ihnen gerne ersetzen.‹

Herr Anton H. in K.: ›Liebes Medium! Als Geistesfreund bin ich an spiritistischen Sitzungen sehr interessiert. Ich bin alleinstehend und möchte Sie bitten, bei Ihren Jenseitigen doch einmal nachzufragen, ob und wann ich heiraten werde. Wo kann ich meine zukünftige Frau, meine Dualseele, finden? Wenn mir Ihr Jenseitsfreund einen Weg aus meiner Einsamkeit weisen kann, würde ich Ihnen auch einen namhaften Geldbetrag überweisen.‹

Heilpraktiker C. in N.: ›Ich würde gerne mit Ihnen zusammenarbeiten …‹

H.W. in H.: ›Ich bin jetzt Heilpraktiker, früher war ich Bauingenieur. Ich bin auch Yogi und in vielen Grenzgebieten versiert. Darf ich Sie zwischen Weihnachten und Neujahr einmal besuchen kommen?‹

Frau L. in U.: ›… ist 1942 gestorben und hat nicht mehr mitteilen können, wo das Geld vergraben ist. Es handelt sich um Goldmünzen, um einen großen Betrag. Wenn Sie herausbekommen, wo er das Geld hingetan hat, werden wir uns auch sehr erkenntlich zeigen.‹

Frau L. in G.: ›Wenn die Kirchenbehörde erfährt, daß ich Ihnen schreibe, werde ich sicher Unannehmlichkeiten haben, und daher darf ich doch sicher mit Ihrer Diskretion rechnen …‹

Wolfgang Jörg und Erich Schöning,
»WIEDERKEHR«
– die Ängste früherer Jahrhunderte sind in eigenwilliger Sicht dargestellt.
Zeichnung.
Aus: Instruction über die Kennzeichen des wirklich erfolgten Todes, damit kein lebender Mensch begraben werde …
Berlin, 1794. Ergänzter Neudruck, 1982

Frl. T. M. in B.: ›Ich habe Mitte dieses Jahres einen mir sehr lieben Menschen unter tragischen Umständen verloren – ich wäre glücklich, wenn ich ihm durch Ihre Hilfe noch etwas mitteilen könnte …‹ (Die Schreiberin ist eine bekannte Serien-Autorin einer namhaften Presseagentur.)

183 Zuschriften in dieser Art! In kurzer Zeit würden mir diese Leute viel Geld schicken. Ich will aber nur meine drei Flaschen Korn.«

Spätestens an dieser Stelle wird der Leser fragen: »Welche Erfahrung haben Sie nun selbst mit dem Scheintod in der Praxis gehabt?«

– Bei einem Verkehrsunfall in Berlin wurde eine Frau angefahren oder überfahren, der ärztliche Schnellhilfewagen wurde verständigt. Der Arzt meinte nach kurzer Untersuchung, die Frau sei tot und der Fall gehöre in die Gerichtsmedizin. Die Gehilfen unserer Einrichtung erkannten sogleich, daß die Frau lebte und brachten sie in das nächstgelegene Krankenhaus.

– Ein Leuchtgasvergifteter (CO-Todesfall) wurde bei uns eingeliefert; die Angehörigen kamen erregt zu uns und teilten mit, der Vater sei sicher nicht tot, sondern scheintot. Begründung: Man habe ihn mit einem Heizkissen erwärmt und dabei sei eine Brandblase aufgetreten. Außerdem habe er eine frische rote Farbe gehabt. Die Untersuchung ergab eine tödliche CO-Konzentration im Blut und eine kleine leere avitale Brandblase.

– Ein Amtsarzt schickte uns eine Tondbandkassette mit dem Interview eines alten Mannes, der berichtete, er habe vor einigen Jahrzehnten in einem Berliner Krankenhaus gelegen, sei für tot gehalten und im Keller abgestellt worden. Er habe sich am nächsten Tag gemeldet und alle seien sehr erschrocken gewesen. Der Chefarzt habe ihn gebeten, die Sache nicht weiter zu erzählen und ihm dafür Kost nach Wunsch bringen lassen. Wir konnten nicht nachprüfen, ob der Bericht stimmt oder ob ein Erlebnis (durch jahrelanges Weitererzählen erdacht oder »zugespitzt«) reportiert wurde.

Alles, was uns sonst an Problemen dieser Art begegnete, hing mit der Toterklärung von Patienten zusammen, die als eventuelle Organspender hätten in Frage kommen können. Schon vor zwei

Jahrzehnten hätten wir gewagt, die Niere eines Toten für einen Lebenden zur Transplantation freizugeben, um das Leben des Organempfängers zu retten. Arztethisch bestanden schon damals keine Bedenken. Wir legten uns die Frage vor, was wohl humanistischer sei, die Niere eines Toten zu begraben oder zu verbrennen oder mit ihr ein Menschenleben zu retten. So klar und eindeutig unsere Einstellung war, so standen anfangs rechtliche Fragen im Vordergrund. Zuerst wurden »Diebstahl« und »Sachbeschädigung« bei Organentnahme erwogen, was aber Nonsens war, da die Leiche im fortdauernden römischen Recht keine Sache ist, vielmehr eine »res nullius domini«. Doch wurde allen Ernstes behauptet (wenn auch nicht in der DDR), der Tote sei einem Lebenden insofern gleichzustellen, als er einen Willen habe; denn der Wille eines Menschen im Testament würde erst nach dem Tode wirksam. So könne man auch sagen, der Tote habe einen Willen, sei also eine Persönlichkeit und einer lebenden Person rechtlich gleichzustellen. Über solche formaljuristischen Erwägungen haben wir uns hinweggesetzt, und es verblieben letztlich nur die medizinischen Fragen, ob es möglich sei, den Tod eines Menschen mit Sicherheit frühzeitig festzustellen.

Die mit diesen Fragen befaßten Ärzte (unter ihnen auch ein Facharzt für Gerichtliche Medizin – der Autor selbst) gingen mit großer Vorsicht an das Problem heran: Patienten mit schweren Schädelverletzungen, teilweiser Enthirnung und ohne spontane Atmung beatmeten die Ärzte (obgleich Serienaufnahmen von Darstellungen der arteriellen Hirnversorgung keine Durchblutung mehr zeigten) noch lange weiter, nur weil noch Herzaktionen vorhanden waren. Andere dramatische Fälle sind uns allen in Erinnerung, Fälle mit schwersten unstillbaren Blutungen (etwa stoßweise aus dem Gehörgang), die operativ nicht zu beheben waren und über Tage ständige Bluttransfusionen erforderlich machten, um den Kreislauf aufrecht zu erhalten, bei einem Patienten mit schwerstem Schädelbruch, Hirnzerstörung und Abriß des Gehirns vom Rückenmark.

In vielen Fällen warteten wir – immer um größte Vorsicht und Sicherheit bemüht – ab, bis die Schwerverletzten ohne Hirnströme und demzufolge schon Hirntoten allmählich auskühlten und der Blutdruck nicht mehr zu halten war, trotz maschineller Beatmung und allen notwendigen ärztlichen Maßnahmen. In solchen Fällen müßte jeder einsichtige Arzt den Kampf aufgeben, denn es ist inhuman, bei einem praktisch Dekapitierten (Abtrennung des Kopfes) nur den Rumpf am Scheinleben zu erhalten.

So kann man vergleichsweise auch isolierte Herzen von Tieren mit geeigneten Lösungen durchströmen und noch lange schlagen lassen. Ebenso kann man isolierte Gewebe der verschiedensten Art in Nährlösungen weiterleben lassen, isolierte und lebende Herzen mit Lungen, Nieren, Leber, und isolierte Lunge transportieren, um sie andernorts einem Empfänger einzupflanzen. Die Gewebe leben zwar, nicht aber im herkömmlichen Sinne von »Menschenleben«, wozu gehören: Bewußtsein, Umwelt erkennen, Bewegung, Empfindung, Genuß, eben alle Funktionen der Sinnesorgane.

Welche Bedingungen müssen dann erfüllt sein, um einen Menschen mit so schweren Verletzungen des Gehirns für tot zu erklären und fruchtlose weitere Belebungsversuche abzustellen? Beginnend mit den HARVARD-Kriterien wurden ganze Bündel von Sicherheitsmaßnahmen und Kontrollen gefordert, bevor Wiederbelebungsverfahren eingestellt werden dürfen. Molinari hat sie 1978 zusammengestellt, und sie sind im wesentlichen die Basis der heute üblichen Maßnahmen geblieben (vgl. Tabelle S. 29).

Nach allem, was wir bisher dargestellt haben, folgen nun die historisch wertvollen Darstellungen von Koch. Daß ein Buch wie dieses heute gefragt ist, liegt naturgemäß nicht allein an dem Interesse an den Lebensverlängerungsmöglichkeiten durch Transplantationen, sondern ganz sicher auch an dem allgemein gestiegenen Interesse an Fragen des Todes (Engelke u.a., 1979). Und warum ist das Interesse gestiegen? Die Antwort darauf ist nicht leicht, und in der Literatur werden als Ursachen angegeben:

– Der gestiegene Alkoholverbrauch (vor 20 Jahren waren es in Europa noch 10 Liter reiner Alkohol pro Kopf der Bevölkerung im Jahr – heute sind es je nach Land 11 bis 16 Liter – und mehr);

Wolfgang Jörg und Erich Schöning,
»DIE AN DEN SÄRGEN BEFESTIGTEN GLOCKEN LÄUTEN«
schaurig-frivole Illustration.
Aus: Instruction über die Kennzeichen des wirklich erfolgten Todes, damit kein lebender Mensch begraben werde …
Berlin 1794. Ergänzter Neudruck, 1982

– Der gestiegene Verbrauch von Halluzinogenen, Heroin, Haschisch, LSD, Cocain;
– Der enorm angestiegene Verbrauch von Psychodrogen oder psychotropen Drogen (Diazepame: Librium, Vallium, Radepur, Faustan); der Mehrverbrauch von Schlafmitteln;
– Die Kombination all dieser Mittel in Verbindung mit Leistungszwang und Überforderung;
– Sexuelle Freiheit durch großzügigen Gebrauch antikonzeptiver Mittel;
– Furcht vor Katastrophen (Krieg, Atomunfälle, Waldsterben).

Machen diese Umstände latente oder offenbare Angst und bewirken sie ständiges Suchen nach Sicherheit und Geborgenheit – gar das Gefühl menschlicher Isolierung und – nach Auflösung zwischenmenschlicher Beziehungen – Furcht vor dem Tode oder sogar unbeachtet und vielleicht lebendig begraben zu werden?

Ja, werden einige Leser sagen, es ist – was auch die Ursache sein mag – das Interesse an Tod und Scheintod gestiegen, aber die Sensationsberichte darüber sind wohl zurückgegangen.

Ist das wirklich so, oder werden sie nicht mehr in solchem Umfang verbreitet wie früher? Es ist jedoch klar – und hier kommen wir wieder auf den »Archetyp« zurück –, der Inhalt solcher Sensationsberichte bleibt immer derselbe (wie auch die Heiligenlegenden), und alles deutet auf die Tatsache hin, daß die genetische Komposition einer Bevölkerung immer gleich bleiben wird über zahlreiche Generationen (Hardy-Weinberg-Gesetz) und damit die Anlagen, die Intelligenz, die Musikalität und all die Fähigkeiten, von denen wir den genetischen Hintergrund wissen oder vermuten; auch die Zahl der Minderbegabten wird in den europäischen Populationen gleichbleiben (1 bis 2 Prozent) wie auch die Zahl der Schizophrenen (1 Prozent), und damit wird das Feuer am Brennen gehalten. Und es kommen Erscheinungen hinzu, die davon nicht unabhängig sind, was unser Thema akzentuiert: Sekten, Jenseitsdenken, magisches Denken, Unbildung und wilde Assoziationen, ausgelöst durch Medien und minderbegabte oder bewußt Sensationslust schürende Journalisten.

Otto Prokop

Auflistung der Kriterien verschiedener Kliniker und Untersucher nach Molinari (1978).

Unter »Grundvoraussetzung« versteht der Autor, daß zuerst alle diagnostischen und therapeutischen Maßnahmen erfüllt worden sein müssen, die möglich sind, so daß akustische und optische Reizungen nicht mehr beantwortet werden, die Hornhaut unempfindlich ist, die Hirnreflexe fehlen und die Pupillen nicht mehr reagieren.

Harvard-Kriterien	1. Koma ohne Reaktionsanzeichen 2. Atemstillstand (Apnea) 3. Fehlen von Zephalreflexen (Schädelreflexe) 4. Fehlen von Spinalreflexen (Rückenmarksreflexe) 5. Isoelektrisches Elektroenzophalogramm 6. Gleichbleibender Befund über einen Zeitraum von mindestens 24 Stunden 7. Arzneimittelvergiftung oder Hypothermie (Untertemperatur) liegen nicht vor
Minnesota-Kriterien	1. Grundvoraussetzung – Diagnose einer irreparablen primären Zerebralverletzung 2. Keine spontanen Bewegungen 3. Keine spontane Atmung 4. Fehlen von Hirnstammreflexen 5. Gleichbleibender Befund über einen Zeitraum von 12 Stunden
Japanische Kriterien	1. Grundvoraussetzung – Diagnose einer primären Zerebralverletzung 2. Tiefes Koma 3. Stillstand der Atmung 4. Beidseitig erweiterte Pupillen und Fehlen von Pupillenreflexen und Hornhaut(Kornea)reflexen

5. Flaches Elektroenzophalogramm
6. Abrupter Blutdruckabfall von 40 mm Hg mit Hypotension (Unterdruck)
7. Gleichbleibender Befund über einen Zeitraum von mindestens 6 Stunden

Schwedische Kriterien

1. Koma ohne Reaktionsanzeichen
2. Atemstillstand (Apnea)
3. Fehlen von Hirnstammreflexen
4. Isoelektrisches Elektroenzophalogramm
5. Nach zweimaligen Aortakranial-Injektionen von Kontrastmitteln im Abstand von 25 Minuten füllen sich die Zerebralgefäße nicht auf

Zerebrale Überlebenskriterien

1. Grundvoraussetzung – Abschluß sämtlicher einschlägiger diagnostischer und therapeutischer Verfahren
2. Koma ohne Reaktionsanzeichen
3. Atemstillstand (Apnea)
4. Fehlen von Hirnreflexen mit geweiteten und starren Pupillen
5. Isoelektrisches Elektroenzophalogramm
6. Gleichbleibender Befund während eines Zeitraums von 30 Minuten bis zu einer Stunde und 6 Stunden nach Eintreten des Komas und des Atemstillstands (Apnea)
7. Durchführung eines bestätigenden Tests, der das Ausbleiben der Hirnströme anzeigt

KULTURGESCHICHTLICHES DES PHÄNOMENS »SCHEINTOD«

EA EST CONDITIO MORTALIUM:
AD HASCE EJUSMODI FORTUNAE OCCASIONES
GIGNIMUR. UT DE HOMINE NE
MORTI QUIDEM DEBEAT CREDI.

Plinius, Hist. nat. 58, c. 52

So geht es den Menschen:
sie sind solchen Unglücksfällen unterworfen,
daß man auch nicht einmal
dem Tode trauen darf.

Schriftliche Zeugnisse über angebliche Scheintodfälle gibt es zahlreich, zusammengetragen und überliefert aus unterschiedlichen Motiven. Besonders nachhaltig wirkten auf die Leser zu allen Zeiten an das Mitgefühl und das Mitleiden appellierende »wahre Geschichten« von Kindern. So kann man zum Beispiel bei Hans Boesch in »Kinderleben in der deutschen Vergangenheit«, Jena, 1924, lesen:

»Man scheint oft zu früh zu dem Glauben gekommen zu sein, daß ein krankes Kind schon verschieden sei. Matthäus Schwarz von Augsburg wurde 1499 im Alter von 2½ Jahren als verstorben angesehen. Er wurde damals, als die Särge noch nicht allgemein üblich waren, in Leinwand eingenäht und gen St. Ulrich zum Begräbnis getragen. Da rührte er einen Fuß und ward dadurch vor dem Schicksal bewahrt, lebendig begraben zu werden. Ähnlich ging es dem Hans v. Schweinichen. Im Alter von neun Jahren hatte er große, beschwerliche Krankheiten durchzumachen; er hatte die rote Ruhr, den Stein und anderes auszustehen. Seine Eltern und Geschwister gingen von ihm, da sie meinten, er wäre gestorben. Nach zwei Stunden, als seine Kindsmagd noch bei ihm war, bewegte er einen Arm, worauf diese ein Geschrei machte, er lebe noch. Er wurde hernach gekühlet, daß er wieder ein wenig zu Kräften kam, und bat um warm Brot mit Butter. ›Wie das geschehen, hat Gott Gnade gegeben, daß es von Tag zu Tag besser ward‹.

Das Beispiel des Matthäus Schwarz und des Hans von Schweinichen lehrt, daß bei den Beerdigungen der Kinder sehr summarisch verfahren wurde. Zu Zeiten von Epidemien mag dies noch mehr der Fall gewesen sein, namentlich wenn solche unter den Kindern wüteten, wie im Jahre 1569 zu Nürnberg, woselbst 1600 Kinder an den Blattern verstarben. Da scheint es nicht ausgeschlossen zu sein, daß manches Kind schon zu den Toten gezählt wurde, das noch nicht verstorben war.«

Das weit verbreitete »Meyers Großes Konversationslexikon«, Leipzig und Wien, 1909, berichtet unter dem Stichwort »Totensagen« von der sehr eigentümlich »über ganz Deutschland verbreiteten Sage von der Wiederkehr einer scheintot begrabenen Frau in ein Haus, bei dem ein Schimmel aus dem Dachfenster sieht. Solche Häuser zeigt man in Köln, Lübeck, Danzig, Nürnberg und an vielen anderen Orten.«

Abhängig von Bildung, Lebensauffassung, religiöser Bindung u. a. wirkten und wirken derartige Überlieferungen ...

Der Begriff »Scheintod« erweckt in den meisten Menschen Angst, die sich entweder darin äußert, daß sie davor zurückschaudern und davon weder hören noch sehen, noch lesen wollen (eine ähnliche Reaktion zeigen sie, wenn von Foltern und Scharfrichtern die Rede ist), oder indem sie mit hochmütig herablassender Miene die Existenz des Scheintodes überhaupt als Sage abtun. Vielfach dahinter verborgene Angst kann dadurch bewiesen werden, daß selbst Ärzte noch zu Beginn des 20. Jahrhunderts testamentarisch verfügten, nach Feststellung ihres Todes einen Herzstich von einem Arzt durchführen zu lassen. Die Ärzte hatten damals in ihrem Besteck ein stilettartiges Herzstichmesser und beruhigten damit den Testamentsverfasser im Nachhinein und die Angehörigen über den tatsächlich eingetretenen Tod.

Daß der Verfasser eines Testaments es lieber auf sich nahm, vielleicht durch den Herzstich ermordet zu werden, zeigt, worauf im wesentlichen die Angst vor dem Scheintod beruht, nämlich auf der Gefahr, lebendig begraben zu werden. Es gibt genügend literarische Zeugnisse, in denen die Schrecken und das Entsetzen eines Menschen geschildert werden, der im Sarge, metertief unter der Erde, zum Bewußtsein zurückkehrt und sich rettungslos dem

Erstickungstode ausgeliefert sieht. Nun, es kann nach allen bisherigen Erfahrungen die Behauptung aufgestellt werden, daß kein einziger Fall von Lebendigbegrabenwordensein nachgewiesen werden konnte.

Wenn bei Exhumierungen oder beim Auflassen von Friedhöfen in manchen Särgen die Leichen oder ihre Überreste in anderer als der ursprünglich angebrachten Lage gefunden wurden, ist das kein Beweis für das Lebendigbegrabenwerden. Es ist bekannt, daß im Einzelfall Totengräber und deren Gehilfen ebenso wie Leichenwäscherinnen im Laufe der Zeit das Pietätsgefühl gegenüber den Toten verlieren und nach dem Schließen des Sarges und bei dessen Hinablassen ins Grab keine Vorsicht walten lassen, so daß die Leiche verrutscht und in eine andere Lage gerät, als sie ursprünglich eingenommen hat. Die Leichenverbrennung in Krematorien hat die Angst vor dem Lebendigbegrabenwerden größtenteils schwinden lassen. Aber gibt es nicht dennoch einen Scheintod?

Die Antwort darauf lautet ohne Umschweife: »Ja«. Es gibt das Phänomen »Scheintod«, und es unterliegt keinem Zweifel, daß es ein allgemein menschliches Phänomen sein muß. (Der Begriff »Scheintod« wurde jedoch in der modernen Wissenschaft ersetzt durch »vita reducta« oder »vita minima«.) Dennoch sind uns weder aus der Antike noch aus den älteren Kulturen des Vorderen Orients, aus den mittel- oder südamerikanischen Indianerkulturen, den Keilschriftensammlungen und den ägyptischen Papyri, noch aus den hethitischen Hieroglyphen und der erst neuerdings teilweise lesbaren Mayaschrift so zahlreich Scheintodfälle überliefert wie aus unserer, überwiegend christlich geformten, abendländischen Kultur, in der die Zahl der bekanntgewordenen Scheintodfälle sich ständig vermehrt, selbst bis in unsere Gegenwart. Gewiß hängt dies auch mit der unterschiedlichen Einstellung zum Tode in den einzelnen Kulturen zusammen.

Vielleicht spielen hier klimatische Bedingungen eine gewisse Rolle. Der mittelmeerische Mensch zum Beispiel, gewöhnt an ständig strahlende Sonne, ewig blauen Himmel, immerwährend blühende und fruchtende Vegetation, weniger mit Nahrungs- oder mit Bekleidungssorgen belastet als die Menschen in kälteren Regionen, vor allem aber dadurch frei von der ständigen Bedrohung regelmäßig wiederkehrender Winter mit Frost und Hunger und daher frei von dem stetigen Zwang zur Besitzerwerbung und Vorratswirtschaft, war völlig dem Leben und der Gegenwart zugewandt. Selbst der ägyptische Totenkult und seine Mumienbereitung waren schließlich nichts anderes als das Bestreben, das Jetzt und Hier in alle Ewigkeit aufrechtzuerhalten.

Immerhin wissen wir aber doch von einigen, vielleicht nur vermeintlichen Scheintodfällen aus der Antike, denen allerdings keineswegs eine derartige, emotionell beeindruckende Bedeutung zugemessen wurde wie später in Mitteleuropa.

Es wird schon von Asklepios, von den Römern Äskulap genannt, dem sagenhaften Arzt der Vorzeit, berichtet, daß er Scheintote, die bereits zur Beerdigung bereitlagen, wieder zum Leben erweckt habe. Zeus soll diese Taten als Eingriff in seinen göttlichen Machtbereich der Entscheidung zwischen Tod und Leben angesehen und im Zorn seinen Blitz nach ihm geschleudert haben. So wird der Tod des Asklepios durch Blitzschlag erklärt, gleichzeitig seine göttliche ärztliche Kunst hervorgehoben und seine Erhebung zur Gottheit vorbereitet.

In der »Deutschen Enzyklopädie«, Band 3, ist zu lesen, daß bei den Römern sogenannte »Pollinctores« angestellt waren, die die Toten wiederholt mit warmem Wasser zu waschen hatten, ihnen die Augen zudrückten und drei- oder viermal ihren Namen rufen mußten. Erst wenn dies ohne Wirkung geblieben war, legte man die Körper auf den Boden und bedeckte das Antlitz mit einem Tuch. Bei den Griechen (Homer, Odyssee, 24. Vers 45, und Vergil, Aeneis, VI. 218) hatte das Salben der Leichen vielleicht auch einen ähnlichen (Neben-)Zweck. So kannte die Antike durchaus die Möglichkeit, daß sich Ärzte oder das Leichenpersonal in der Diagnose des eingetretenen Todes irren konnten, ohne dem aber besondere, vor allem gefühlsmäßige Bedeutung zu verleihen.

Apuleius (IV. Florid.), der um 125 u. Z. lebte, erzählt: Der Arzt Asklepiades, der im 1. Jahrhundert v. u. Z. lebte, begegnete eines Tages, als er von seinem Landgut kam, einem großen Leichenzuge. Die Neugierde – oder sein ärztliches Interesse – bewog ihn, nach dem Namen des Verstorbenen zu fragen. Weil ihm aber vor großer Traurigkeit niemand antwortete, näherte er sich der Leiche, die er nach griechischem Brauch über und über mit einem kostbaren Balsam benetzt fand. Er betastete sie überall und fand einige Anzeichen des Lebens. Augenblicklich rief er, der Mensch sei nicht tot. Einige wollten, man solle das, was der Arzt sagte, nicht in den Wind schlagen; andere hingegen, unter welchen insonderheit die Anverwandten und sonder Zweifel hauptsächlich die Erben waren, verspotteten den Arzt und die Arzneiwissenschaft. Asklepiades hatte viel Mühe, nur einen kurzen Aufschub zu erhalten. Man trug die Leiche wieder nach Hause, wo sie mit Hilfe dienlicher Mittel bald wieder lebendig ward. (Wenn das Ganze überhaupt wahr ist, so erscheint es durchaus im Bereich der Möglichkeit, daß Asklepiades die ganze Szene gestellt und bestellt hat ...)

Auch Apollonius von Tyana (Ende des 1. Jahrhunderts u. Z.) begegnete etwas Ähnliches, wie Philostratus in seiner »Vita Apolonii« berichtet. Es handelte sich um ein junges, weit bekanntes, schönes und vornehmes Mädchen, das gleich nach seinem Hochzeitstage von einer heftigen Krankheit befallen wurde. Jedermann hielt die junge Frau für tot. Man legte sie auf eine Bahre, welcher ihr Mann folgte, der sehr betrübt war und viele Tränen vergoß, daß er sie so unerwarteterweise verloren hatte. Apollonius, der zu gutem Glück in dem Sterbehaus zugegen war, rief den Trägern zu, die Bahre niederzusetzen. Er ergriff die Hand der Frau, schüttelte sie stark und sagte ihr sachte etwas ins Ohr, wovon sie im Augenblick wieder lebendig ward, zu reden anfing und zu ihrer Familie zurückkehren konnte.

Valerius Maximus berichtet in der ersten Hälfte des 1. Jahrhunderts u. Z., daß der Konsul Acilius Aviola und der Praetor L. Lamia, welche von Ärzten und Anverwandten, nachdem sie einige Zeit als Leichen gelegen hatten, für tot ausgerufen worden waren, auf den üblichen Scheiterhaufen gebracht wurden. Nach Entzündung des Holzstoßes kamen sie wieder zu sich, riefen um Hilfe, konnten aber aus den lodernden Flammen nicht mehr gerettet werden.

Ähnlich ist die Geschichte, die Platon (427 bis 347 u. Z.) im Buch 10 seines Werkes »Der Staat« berichtet: »Ich will ... von einem herzhaften Mann namens Herus oder Erus Armenius aus Pamphilien erzählen. Er war in einer Schlacht getötet und blieb 10 Tage lang mitten unter den anderen Toten liegen, ohne in die Fäulung zu gehen, wie die anderen alle. Als man ihn nun nachhause getragen hatte, um ihm die letzte Ehre zu erweisen, lebte er zwei Tage hernach wieder auf, da er schon auf dem Scheiterhaufen lag, und erzählte alles das, was er in der anderen Welt gesehen habe. Er sagte, er wisse nicht, auf was für eine Art seine Seele wieder mit seinem Körper vereinigt worden sei, sondern er wisse nur, daß, als er sich bei Anbruch des Tages umgesehen habe, so habe er gesehen, daß er auf einem Scheiterhaufen sei.«

Der Historiker PLUTARCH (um 46–120 u. Z.) erzählt von einem Menschen, der von einer Höhe auf den Hals stürzte und an dem Falle gestorben war, ohne eine äußerliche Verletzung aufzuweisen. Als man ihn nach Verlauf von drei Tagen zu Grabe gebracht hatte, habe er seine Kräfte wieder erlangt und sei wieder zu sich gekommen.

Nach CELSUS (um die Zeitwende) soll DEMOKRIT (460–371 v. u. Z.) einen Traktat mit dem Titel »Über die Apnoe« (Nichtatmung) verfaßt haben, zu welchem ein Fall Anlaß gab, in dem eine Frau nach sieben Tagen, an denen sie wie tot gelegen habe, wieder aufgelebt sei. Andere Autoren wie GALEN (130–200 u. Z.), Diogenes LAERTIOS und PLINIUS (23–79 u. Z.) sind dagegen der Auffassung, der Traktat sei von HERAKLEIDES verfaßt.

EMPEDOKLES sei insonderheit deswegen bewundert worden, so steht es bei Diogenes LAERTIOS, weil er eine Frau gesund gemacht habe, die man für tot hielt, ungeachtet der Tatsache, daß es nur eine »Mutterwürgung« (Erstickungsanfall einer Gebärenden) war. Er nannte diese Krankheit »Apnoe« und versicherte, man könnte in einem solchen Zustande wohl 30 Tage leben.

Hier passen die Worte von PLINIUS d. J. (61–114 ?): »Ea est conditio mortalium ...«

DEMOKRIT versicherte, daß die Ärzte zu seiner Zeit kein glaubwürdiges Zeichen kannten, aus welchem auf den wirklichen Tod geschlossen werden könne, und erzählte, daß ein Mädchen, von jedermann für tot gehalten, wieder zum Erstaunen der Zeitgenossen lebendig geworden sei.

Albrecht Dürer,
»DER TOD«.
Um 1494 bis 1496, Kupferstich.
Aus: Wilhelm Waetzoldt, Dürer und seine Zeit.
Wien, 1935

Es scheint überhaupt, die Griechen waren keineswegs so erstaunt und erschüttert, wenn ein Totgeglaubter wieder lebendig geworden ist. Dies geht daraus hervor, daß es für solche Fälle eine feierliche Zeremonie gab, durch die der Totgeglaubte wieder in die Gemeinschaft der Lebenden aufgenommen wurde, ähnlich wie man das mit neugeborenen Kindern machte. Man nannte solche Wiedererweckten »Hysteropotmi«, wie PLUTARCH in seiner »Moralia« berichtet.

Erst die christliche Religion, die den Tod ihres Stifters als Opfer betrachtet, mit ihrem Jenseitsglauben und dem Gedanken an Erlösung und Belohnung oder Strafe in einem bewußten Dasein nach dem Tode, hat ihre Anhänger in ein neues, angsterfülltes Verhältnis zum Tode, zur biologischen Erscheinung des Sterbenmüssens, gestellt. Natürlich sah sich auch der mittelmeerische Mensch beim Tode seiner Mitmenschen dem Problem des Sterbenmüssens gegenüber, aber ihm war der Zustand des Nichtmehr-Seins unvorstellbar. Daher die Phantasie von einem Land der Schatten jenseits von Styx oder Lethe – aber wie vage und unbestimmt ist diese Schattenwelt. Sie hat keinerlei Einwirkung auf Leben und Handeln in der Gegenwart. Jetzt blüht das Leben, jetzt strahlen Sonne und Meer, locken Blumen, Früchte und Mädchen ..., versunken sind die Gedanken an Sterben und Tod. Erst das Christentum hat das Wiederauferstehen aus dem Grabe Gestalt annehmen lassen und damit die Gedanken der Menschen auf ein genau beschriebenes Jenseits gelenkt. Dies ist ohne Zweifel auch durch die veränderte Daseinsweise der Menschen in den ersten nachchristlichen Jahrhunderten bedingt, die ihr Verhältnis dem Tode gegenüber gewandelt hat.

Gab es doch in dem Rom jener Tage, aber auch in den anderen großen Städten des römischen Reichs, billig emporgetriebene Mietshäuser, bewohnt von »proletarii«, den untersten sozialen Schichten, dazwischen enge stinkende Straßenschluchten mit Kneipen, Kinderhandel, Laster und Prostitution, Einsturzkatastrophen dieser Häuser mit Hunderten von Erschlagenen und Verschütteten – und dazu die ewige Frage der Armen und Entrechteten: Das soll das Leben, unser Leben sein? Während andere prassen und schwelgen, hungern wir, von ständigem Tode

Albrecht Dürer,
»KÖNIG TOD ZU PFERDE«.
1505, Kohlezeichnung.
Aus: Wilhelm Waetzoldt, Dürer und seine Zeit.
Wien, 1935

bedroht – gibt es denn keine Gerechtigkeit? Und die Priester antworteten: Ja, gewiß, jenseits des Grabes, für die Gläubigen. Jetzt erst taucht die Angst vor dem Nichtmehrsein, vor dem Ausgeliefertsein an unüberwindliche Mächte jenseits des Todes auf. Dazu kam die Drohung des Bestraftwerdens nach dem Tode für begangene Untaten. All das hat später den europäischen Menschen des Mittelalters in ein besonderes Verhältnis zum Tode gedrängt. Die Darstellung des Todes als Person, wie sie uns die Totentänze eines HOLBEIN und anderer Künstler zeigen, der Tod als halbverweste Leiche bei Matthias GRÜNEWALD, als vertrocknetes Skelett bei DÜRER, als typischer Knochenmann mit Sense und Stundenglas bei vielen anderen belegt diese These.

Die Ärzte, die nach wie vor kein gesichertes Symptom des eingetretenen Todes kannten, bezeichneten den Zustand des Scheintodes als »Asphyxia«, d.h. schwere Atemstörung, Pulslosigkeit, als Anzeichen für ein aufs äußerste dahingeschwundene Leben. Der Zustand der »Asphyxia« ist aber noch nicht das, was unter dem Begriff Scheintod zu verstehen ist. Es ist nicht allein das Fehlen des Pulses, es sind noch alarmierendere Anzeichen, die diesen Zustand kennzeichnen, nämlich das Fehlen aller mit den Sinnesorganen des Arztes feststellbaren Anzeichen des Lebens, so daß mit bestem Gewissen die Diagnose »tot« gestellt wird, der Betreffende aber wieder erwacht, bzw. durch entsprechende, in früheren Zeiten oft recht grausame Maßnahmen (Brennen, Ätzen, Quetschen an den empfindlichsten Körperstellen) ins Leben und ins Bewußtsein zurückgerufen werden kann.

Besonders grauenvoll wird der Scheintod dann, wenn zu dem Fehlen nicht nur des Pulses, sondern auch der Atmung, der Körperwärme und der Bewegungsfähigkeit ein gestörtes Bewußtsein kommt, wie uns das ein sonst unbekannter Autor namens BARRYAT in den Mémoires de l'académie royale des sciences de Paris, 1748, mitteilt: Ärzte wurden zu einer Frau geholt, die auch bei stärkster Bewegung und Erhitzung an Körperteilen, sogar nicht einmal an der Brust, die leiseste Spur von Pulsschlag zeigte, so daß ihr das Leben abgesprochen wurde. Dieser Fall ist wohl nur so zu verstehen, daß man an diesem Menschen den Puls nicht fand, den man gewohnheitsmäßig am Handgelenk suchte.

Daniel Chodowiecki,
»DER ARZT«
aus der Reihe »Totentanz«.
1791, Radierung.
Aus: Werner Block, Der Arzt und der Tod in Bildern
aus sechs Jahrhunderten.
Stuttgart, 1966

Daß es Menschen gibt, bei denen die Pulsarterie nur verlagert ist, wie HYRTL (1811–1894) das nachgewiesen hat, und daß man den Puls an vielen anderen Stellen des Körpers tasten kann, war den Ärzten der damaligen Zeit wohl unbekannt. HYRTL erst hat mit seiner Injektionstechnik feststellen können, daß beim Menschen wie auch bei den Tieren gelegentliche Strombahnverlagerungen des arteriellen Blutes vorkommen. Im Falle der Arteria radialis, der Pulsarterie, konnte er nachweisen, daß im Bereich des Unterarms und der Hand die Arterien anders verlaufen können, als dies in den Lehrbüchern dargestellt wird. So kann es vorkommen, daß die tastende Hand des Arztes an der gewohnten Stelle keinen Puls findet.

Aber abgesehen von diesen relativ seltenen Fällen, gibt es – und darüber kann kein Zweifel herrschen – zwischen dem klaren, bewußten und in jeder Hinsicht funktionierenden Zustand des Lebens, der Gesundheit, des wachen Daseins, und dem Zustand des Nichtmehrlebens, also des Todes, eine Zwischenzone des latenten Lebens, die oft in Sekundenschnelle durchlaufen, oft aber auch auf Minuten, Stunden, ja Tage – vielleicht sogar, aber unwahrscheinlich – auf Wochen ausgedehnt sein kann. Der französische Arzt RIOLAN d. J. (1580–1657) will sogar Leute gesehen haben, die sechs bis zehn Jahre lang im Zustand der »Asphyxie« verharrten. (Es kann sich dabei aber nur um Fälle gehandelt haben, bei denen für ihn kein Puls tastbar war, ohne daß irgendwelche anderen Beeinträchtigungen des Lebens vorgelegen haben.)

Scheintod ist also als reversibler Tod aufzufassen, besser ausgedrückt, reversibles Totscheinen, da ja der Tod seinem Wesen nach immer irreversibel ist. Eben diese Irreversibilität ist es aber, an die der Mensch einfach nicht zu glauben vermag, die ihm grundsätzlich unvorstellbar ist, jedenfalls in den jüngeren Altersstufen. Zwar ist der Mensch das einzige Lebewesen, das mit dem Wissen lebt, eines Tages zu sterben, d. h. nicht mehr sein zu können. In jungen Jahren verdrängt er dieses Wissen, nimmt es einfach nicht zur Kenntnis; daher ist der junge Mensch der tapferste Kämpfer, der angriffslustigste Soldat, der kühnste Bergsteiger, Taucher, Stierkämpfer, Entdecker usw. Wenn der Mensch älter wird, verdeckt er seine Kenntnis um den unausweichlichen Tod oft mit Vorstellungen von Pflichtbewußtsein, Beispielgeben, Opfermut und schließlich meist mit dem immer heftiger werdenden Glauben an ein Weiterleben nach dem Tode in irgendeiner Form. Schon aus den Grabbeigaben in den Steinzeitgräbern ist erkennbar, daß man dem Toten gewöhnlich eine Existenz nach dem Tode zubilligte, die wohl eine ähnliche wie die bisherige sein müßte, denn man gab dem Toten Lebensmittel, Bekleidungsgegenstände, Wanderstäbe, Waffen, Sklaven und Tiere mit, da man dachte, er würde sich dieser Dinge einmal bedienen müssen.

Niemals aber findet man Anzeichen dafür, daß der Tote wirklich leiblich wiederkehren würde. Selbst der ägyptische Totenkult kennt die Idee der Wiederkehr eines Toten zu den Lebenden nicht. Dies ist – wie bereits erwähnt – erst dem Christentum mit der Wiederauferstehung Jesu Christi vorbehalten geblieben. Später glaubte man auch an die Wiederauferstehung anderer Menschen, und je nach seinen Handlungen im Leben begrüßte oder fürchtete man den leiblich Wiedergekehrten. Er konnte Gutes bringen, er konnte aber auch – vielleicht durch seinen Aufenthalt im Jenseits mit magischen Kräften begabt – früher erduldetes Unrecht rächen wollen oder rein aus Lust am Bösen oder im Auftrag des Teufels Unheil verbreiten. Nach anderen Versionen wird der verstorbene Sünder ob seiner Taten gar nicht ins Jenseits aufgenommen, sondern muß zur Strafe als irrende Seele geisterhaft in Erscheinung treten und was des Unsinns mehr ist.

Es muß aber ein Unterschied zwischen dem Glauben an ein Weiterleben nach dem Tode im Himmel, in der Hölle, im Paradies oder in den ewigen Jagdgründen und dem Glauben an die unheimliche Wiederkehr der Toten aus dem Jenseits in die Welt der Lebenden gemacht werden, in der sie Schrecken und Entsetzen verbreiten können. So jedenfalls wird es in dem Roman »Dracula« von dem Iren Bram Stoker beschrieben, der darin das vermeintliche Wesen der Vampire schildert, von dem noch die Rede sein wird. Aus solchen Vorstellungen wird erst die Haltung der Menschen Scheintoten gegenüber verständlich.

Eine andere dieser Phantasien ist die des Kauens der Toten, wie es M. Ranfft in seinem Buch »De masticatione mortuorum

Abraham Aubry,
»WUNDERBARE GESCHICHTE DER FRAU RICHMUTH ZU KÖL
ZUR ZEIT DES GROSSEN STERBENS IM JAHRE 1357«

Auferstehung einer Scheintoten. 1604, Kupferstich. Aus: Hermann Peters, Der Arzt und die Heilkunst in der deutschen Vergangenheit. Leipzig, 1900

oder Von dem Kauen und Schmatzen der Todten in den Gräbern«, Leipzig, 1728, allen Ernstes beschreibt. Irgend jemand hat vielleicht einmal – bei einer stark in Verwesung begriffenen Leiche immerhin begreiflich – schmatzende, kleinblasige, platzende Geräusche in einem zur Beerdigung bereitstehenden Sarg gehört – Anzeichen des Vorhandenseins von Verwesungsgasen – und brachte dies in Verbindung mit dem Anblick eines in den sich wieder öffnenden Mund der Leiche eingesunkenen Leichentuchs – genug der Anreize für die von Grauen erfüllte Phantasie, daß die Toten an ihren Leichentüchern nagen und kauen würden. Daß die gute Absetzbarkeit solcher Bücher, wie das von RANFFT, eine Fülle von ähnlichen Schriftwerken zur Folge hatte, ist wohl begreiflich (s. S. 96f.).

Eine weitere Einbildung ist die von sogenannten »Revenants«, Rückkehrern aus dem Reich der Toten, deren Zauberkräfte man fürchtete. Voller Entsetzen erahnte man Unheil, das sie verbreiten würden. In neuerer Zeit bemächtigte sich der Film dieses Motivs, vermischte es mit dem abergläubischen Schrecken, der vom Somnambulismus ausging, und fügte noch etwas von den grauenhaften Szenen des sargentsteigenden Dracula hinzu.

Die Faszination der Begriffe Scheintod und Lebendigbegrabenwerden ist auch aus deren engen Beziehungen zum Gespenstersehen und zum »zweiten Gesicht« zu erklären. Selbst sonst klarsehende Leute können sich von diesen Erscheinungen nicht freimachen. Wir wollen hier, um uns nicht ins Uferlose menschlicher Phantasien zu verlieren, nur an zahlreiche Berichte und Schriften erinnern, wie sie sich bei PLUTARCH (Komon), LUKIAN, PAUSANIAS, PLINIUS d. J. finden, oder an die »Gespensterfeste«, die Tage der Larven (Larven = böse Geister, Laren = gute Hausgeister) und Lemuren im alten Rom. Das Märchen von umgehenden Seelen, die infolge einer ungesühnten Schuld als Gespenst erscheinen müssen, fand weite Verbreitung. Daraus wieder ergibt sich der Aberglaube an Materialisation, Telekinese, Metaphysik und Spiritismus. Hat doch der Jesuit Petrus THYRAEUS mit seinen Büchern »De infestis, ob molestantes daemoniorum et defunctorum spiritis locis« (Über durch lästige Geister von Dämonen und Verstorbenen heimgesuchte Wohnungen), Köln 1598, und

»De spectris et apparitionibus libri duo« (Zwei Bücher über Gespenster und Erscheinungen), Eisleben 1597, das Reich des Aberglaubens erweitert. Aber auch noch GOETHE mit seiner Vision (Dichtung und Wahrheit, II. Buch), SCHOPENHAUER in seinem »Versuch über das Geistersehen« und Theodor STORM mit seinem »Schimmelreiter« oder der Österreicher Friedrich von GAGERN, der in seinem Buch »Geister, Gänger, Gesichte, Gewalten« derartige Erlebnisse gesammelt hat, haben diesen Aberglauben bis in die neueste Zeit am Leben erhalten. Seine modernste Gestalt, in die er sich heute kleidet, ist der Glaube an sogenannte »alternative Heilmethoden«, denen der moderne Mensch in seiner unbeherrschten Angst vor Krankheit und Tod in Massen zuströmt und wovon er durch keinerlei logische Überlegungen abzubringen ist.

MEDIZINGESCHICHTLICHE ASPEKTE DES »SCHEINTODS«

Wenden wir uns nun der medizinischen Bedeutung des Phänomens »Scheintod« zu. Das Hauptproblem dabei ist, den eingetretenen Tod unbezweifelbar festzustellen bzw. den noch nicht eingetretenen Tod in jedem Fall zu erkennen. Gerade hierin liegen aber die unvermeidlichen Schwierigkeiten.

Moderne Ärzte mit ihrer hochentwickelten Technik glauben häufig nicht daran, daß es so etwas wie Scheintod überhaupt gibt und geben kann. Doch erleben wir es immer wieder, daß unter bestimmten Bedingungen und bei einer Anzahl von Krankheiten die Erscheinungen einer vita minima oder reducta (W. Laves, Münchener med. Wschr. 107, 3, 1965) auftreten können, die im ersten Moment vielleicht für einen Sterbefall gehalten werden.

In früheren Zeiten, in denen noch keine wirksamen Therapien existierten, konnte sich eine Krankheit, etwa eine Infektionskrankheit, ungehindert bis zur Sepsis entwickeln und die Abwehrkräfte des Organismus bis an die Grenze des Erträglichen und Möglichen aufzehren. Wenn nun noch der erkrankte Körper durch Purgiermittel, Schwitzkuren, Aderlässe und ähnliche inkompatible Therapien zusätzlich geschwächt wurde, ist es leicht erklärlich, daß in jenen Zeiten die Bilder einer vita minima häufiger vor die Augen des Arztes traten als heutzutage. Insbesondere während Pandemien und Epidemien, wenn der überlastete Arzt – sofern überhaupt einer zugezogen werden konnte – die Diagnose »verstorben« stellte, der Scheintote aber im letzten Augenblick doch noch den Kampf mit der Infektion gewann, konnten Fälle von Scheintod leicht auftreten.

Eines der schrecklichen Mittel, die die Schuld an vielen Scheintodfällen trugen, war der Aderlaß, der bei fast allen Erkrankungen des Leibes geradezu automatisch angewendet wurde. Schon in den Frühzeiten der menschlichen Kultur war der Aderlaß ein häufig angewandtes kultisches, magisch-apotropäisches Hilfsmittel. Man findet ihn sowohl bei den Ureinwohnern Australiens, bei denen das mittels des scharfen Randes einer Muschelschalenscherbe entnommene Blut den Geistern zur Nahrung dienen sollte, wie auch bei den Indianern Altmexikos und Perus, wo der einst kultisch vorgenommene Aderlaß auch alltags sehr beliebt war. Die Indianer führten häufig selbst Aderlaßmesser mit sich, um sich dann ohne weitere Umstände Blut abzapfen zu können. Auch im frühen Japan war der Aderlaß beliebt, der auch hier mit einer scharfrandigen Muschel oder aber auch mit kleinen, nur wenig tief eindringenden Pfeilen durchgeführt wurde. Ebenso kannte man in Babylonien den Aderlaß, und im alten Griechenland verordnete Hippokrates bei bestimmten Krankheiten bzw. Krankheitszeichen Aderlässe.

Im Mittelalter Europas wurde der Aderlaß entweder nach astrologischen oder aber auch nach christologischen Gesichtspunkten vorgenommen. Wir kennen die sogenannten »Laßmännchen«, Zeichnungen von Menschenfiguren, mit Eintragungen, wo und wann der Aderlaß gemacht werden durfte oder sollte, wobei die Stellung der Planeten und die herrschenden Tierkreiszeichen maßgebend waren. Es gab sogar ganze Aderlaß- und Purgierkalender, von denen einer aus dem Jahr 1457 stammt. Ein weiterer aus dem Jahr 1469 ist in Mainz mit denselben Lettern gedruckt worden wie die 42zeilige Gutenbergbibel. In den Klöstern gab es die sogenannten »Aderlaßferien«, in denen nach dem alljährlichen Kollektivaderlaß die Tische noch reichlicher gedeckt sein mußten als gewöhnlich. Der Blutverlust sollte durch erhöhte Nahrungszufuhr wieder eingebracht werden.

Wie wichtig und unerläßlich der Aderlaß den Ärzten damals schien und für wie entscheidend sie Ort und Zeitpunkt dieser Handlung hielten, zeigt der jahrzehntelange Aderlaßstreit in Paris, der 1514 ausbrach, als der Arzt Pierre Brissot bei Pleuropneumonie (gleichzeitige Rippenfell- und Lungenentzündung) auf dem Arm der Körperseite mit dem Krankheitsherd zur Ader lassen wollte, so wie es seinerzeit Hippokrates angeordnet hatte. Seine Gegner schrieben aber vor, daß der Aderlaß am Bein der entgegengesetzten Körperseite durchzuführen sei. Da sie die Stärkeren waren, mußte Brissot die Stadt verlassen.

Welche Mengen Blut durch die Aderlaßmode vergeudet wurden, ist am Beispiel des bekannten Arztes Thomas Dover zu er-

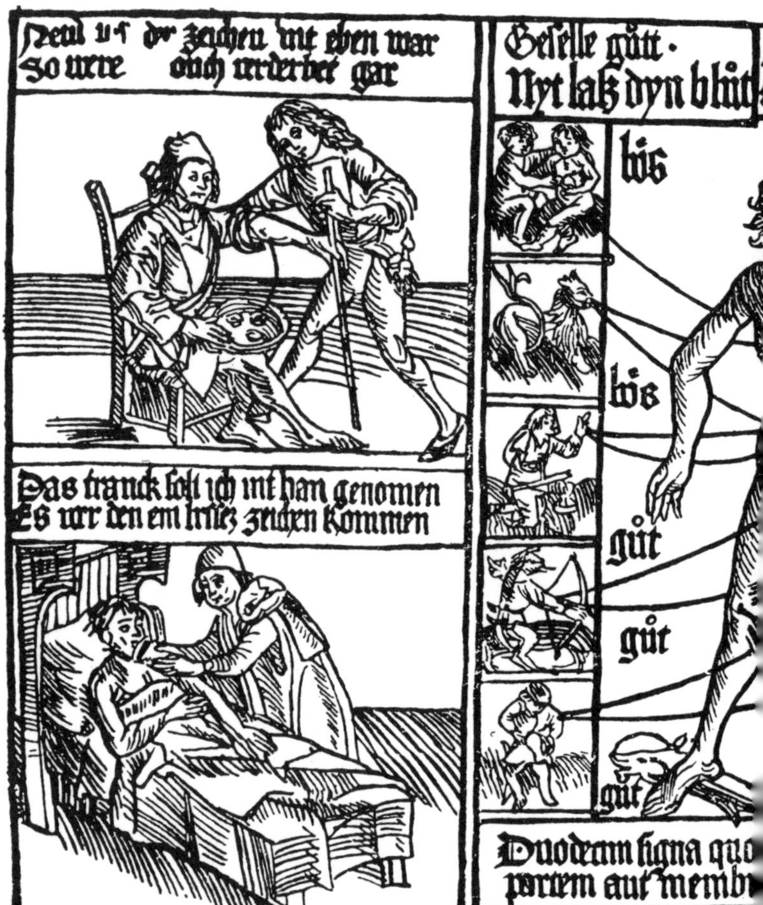

ADERLASSTAFEL.

Um 1480, Holzschnitt.

Aus: Hermann Peters, Der Arzt und die Heilkunst

in der deutschen Vergangenheit.

Leipzig, 1900

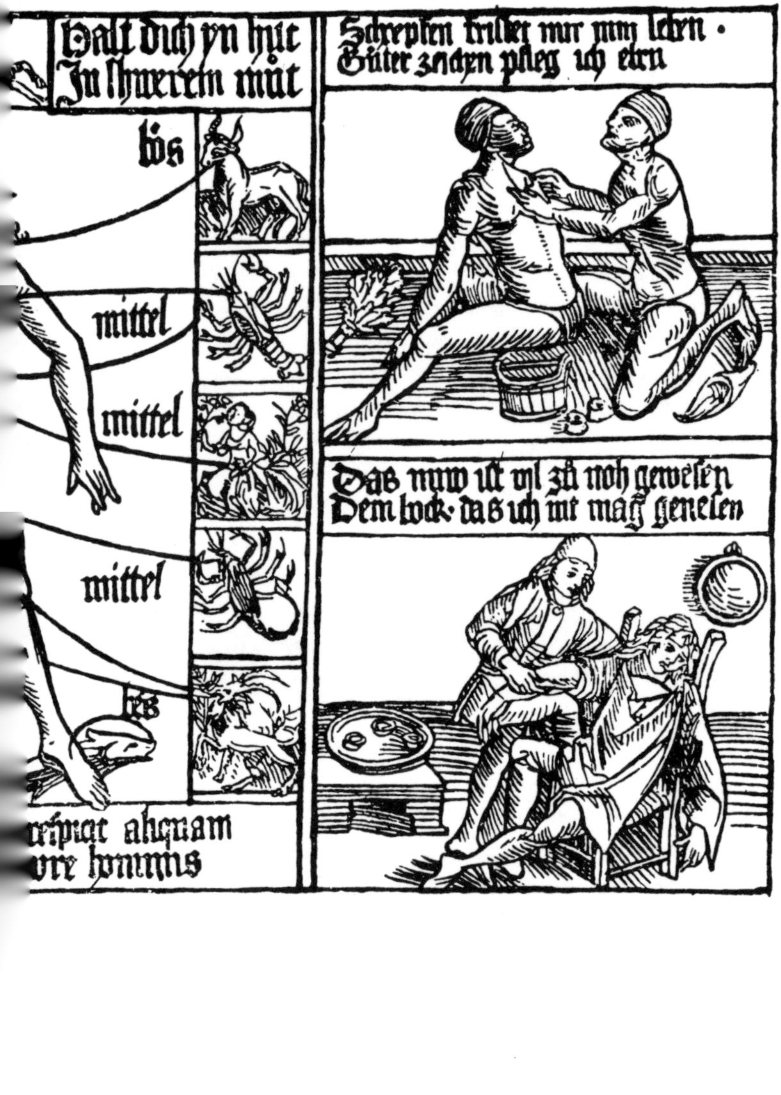

Halt dich vn hüt
Jn schwerem müt
Schrepfen fristet mir mm leben.
Güter zeichen pfleg ich eben
bös
mittel
mittel
mittel
Das nuw ist vil zu noh gewesen
Dem bock das ich nit mag genesen

kennen, des Erfinders des noch zu Beginn des 20. Jahrhunderts häufig verordneten Doverschen Pulvers (Pulvis Doveri), das in der Pharmakologie auch als Pulvis Ipecacuanhae opiatus angeführt wurde. Er war schon in seiner Jugendzeit in dem Hause des berühmten Arztes Thomas SYDENHAM (1624–1689) anläßlich einer Pockeninfektion einem Aderlaß von 1/2 Liter Blut unterzogen worden und daher geneigt, selbst häufig Blut abzuzapfen. Während einer Expedition nach Guayaquil brach unter den Matrosen eine bösartige Infektionskrankheit aus – vielleicht war es sogar Pest –, und DOVER wies die Schiffschirurgen an, den Patienten an beiden Armen je 100 Unzen Blut zu entnehmen. Wenn diese Nachricht stimmt, so müssen das pro Mann zweieinhalb Liter Blut gewesen sein – und da sich die Pesterreger schneller vermehren als die roten Blutkörperchen, kann man sich denken, daß die armen Leute alsbald die Anzeichen einer vita minima zeigten. Es ließen sich noch viele Aderlaßgeschichten aus der Literatur entnehmen, es sei hier aber nur noch auf den französischen Arzt F. BROUSSAIS (1722–1838) hingewiesen, der so viel von der heilenden Wirkung des Blutentzuges hielt, daß er anläßlich einer seuchenhaften Erkrankung – es wird wohl Typhus abdominalis gewesen sein – im Jahre 1824 hunderttausend, 1827 dreiunddreißig Millionen und 1828 immer noch fünfundzwanzig Millionen Blutegel importieren ließ. Sogar sein Zeitgenosse HUFELAND bezeichnete das Verfahren BROUSSAIS' als Vampirismus!

Unter diesen Umständen rigorosen Blutentzugs konnte es leicht zu jenen Zuständen kommen, die als vita minima zu bezeichnen sind und bei denen das mit Typhus- oder Cholerakeimen überladene Blut immer dicker und immer weniger fähig wurde, Sauerstoff zu transportieren. Die Lebensäußerungen verminderten sich dadurch bis zur Unerkennbarkeit, und wenn doch im letzten Aufbäumen der Abwehrkräfte der vermeintlich schon Tote sich noch einmal bewegte oder stöhnte, dann war das erste Mittel, ihn zum Leben zurückzuführen – der Aderlaß!

Erst als zur Zeit HUFELANDS der Vitalismus – die Anschauung von einer übernatürlichen, immateriellen Lebenskraft in den Organismen – anstelle der Humoralpathologie – der Lehre der antiken Heilkunde, nach der alle Krankheiten auf eine fehlerhafte

Zusammensetzung des Blutes und der anderen Körperkräfte zurückzuführen sei –, trat, sank die Häufigkeit der Aderlässe.

Dennoch war die Idee des Scheintodes noch so lebendig, daß Hufeland 1792 und Johann Peter Frank (1779–1819) sich lebhaft für den Bau von Leichenhäusern und für verbindliche Vorschriften über den Zeitpunkt der Beerdigung oder Verbrennung einsetzten. Damit haben sie und andere die Möglichkeit, daß ein Scheintoter lebendig begraben oder verbrannt wird, praktisch auf Null reduziert.

Das ändert jedoch nichts an dem eigentlichen kritischen Punkt der Feststellung des eingetretenen Todes. Zwar besteht durch die erwähnten Einrichtungen und die seither erlassenen Anweisungen und Verordnungen für den Betreffenden keine Gefahr mehr, denn dem für tot gehaltenen Organismus wird ausreichend Zeit gelassen, die eindeutigsten Zeichen des eingetretenen Todes zu entwickeln. Sind sie in dem vorgeschriebenen Zeitraum noch nicht eingetreten, so können nunmehr die notwendigen Reanimationsvorkehrungen getroffen werden. So weit geht der Schutz für den Betroffenen. Das Problem für den Arzt ist damit aber nicht gelöst.

Eine wissenschaftlich exakte Definition des Todes existiert nicht, denn unter dem Begriff »Tod« kann Verschiedenes verstanden werden. Einmal gibt es Zustände, in denen ein Organismus zwar noch in der Lage ist zu existieren, ohne aber mehr die Tätigkeiten, die seiner Art entsprechen, ausüben zu können. Ist demnach etwa ein Kind, das ohne Großhirn geboren wurde (G. Björck, Med. Trib. 2, 1967) und nie zu einem vollwertigen Menschen werden kann, aber atmet, ein schlagendes Herz, einen intakten Kreislauf und funktionierende Verdauung besitzt, also alle Anzeichen des Lebens zeigt, daher das Recht hat, für die folgenden etwa 70 Jahre gepflegt, ernährt und bekleidet zu werden, als menschliches Wesen anzusprechen?

Anders liegt der Fall, wenn man mit dem Begriff »Leben« den Anspruch verknüpft, daß das Individuum die Aufgaben eines erwachsenen Daseins erfüllen kann. Dann muß die Vorstellung vom Tod untrennbar mit dem Nichtfunktionieren des Gehirns verbunden sein. Damit ist das Kriterium des Todes der Hirntod,

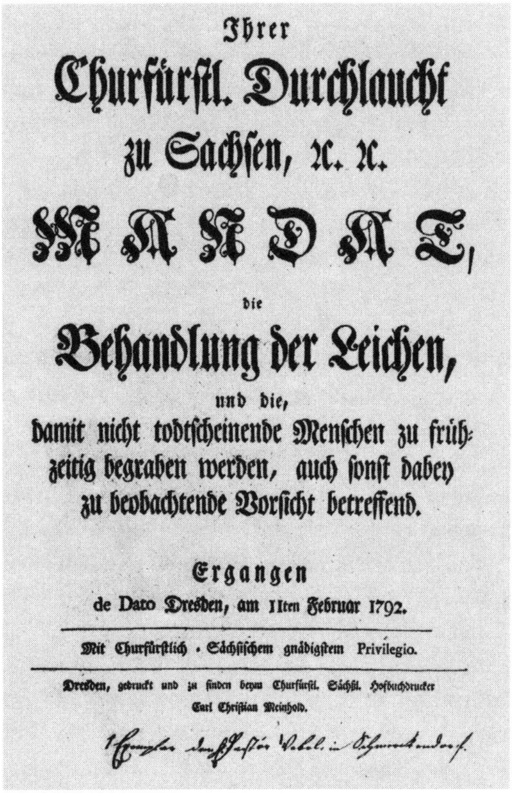

Ihrer
Churfürstl. Durchlaucht
zu Sachsen, ꝛc. ꝛc.
MANDAT,
die
Behandlung der Leichen,
und die,
damit nicht todtscheinende Menschen zu früh-
zeitig begraben werden, auch sonst dabey
zu beobachtende Vorsicht betreffend.

Ergangen
de Dato Dresden, am 11ten Februar 1792.

Mit Churfürstlich - Sächsischem gnädigstem Privilegio.

Dresden, gedruckt und zu finden beym Churfürstl. Sächsl. Hofbuchdrucker
Carl Christian Meinhold.

In dem Mandat aus dem Jahre 1792
sind in den Kapiteln I bis VIII genaue
INSTRUKTIONEN
enthalten, und »damit nun dieses Mandat um so mehr
zu Jedermanns Wißenschaft gelange,
so ist solches nicht nur gehörigermaßen zu publiciren,
sondern auch ... wenigstens einmal des Jahres,
in Städten von Hauße zu Hauße zum Durchlesen
abzugeben, und auf dem Lande vor versammelten
Gemeinden abzulesen.«

d.h. der Ausfall der Gehirnfunktionen bzw. des gesamten Zentralnervensystems über 12 Stunden hinaus. Dann liegen Schäden vor, die irreparabel sind und durch folgende fünf Bedingungen charakterisiert sind:

1. Bewußtlosigkeit
2. fehlende Spontanatmung
3. beidseitige Mydriasis (Pupillenerweiterung) und fehlende Lichtreaktion
4. einstündige isoelektrische Linie im Elektroenzephalogramm
5. Weiterbestehen der genannten vier Bedingungen und nochmaliger Nachweis der isoelektrischen Linie nach weiteren 12 Stunden. (Prokop)

Damit ist angedeutet, daß dem Elektroenzephalogramm eine zentrale Bedeutung zukommt. Auch der angiographisch (mit Hilfe der Röntgenkontrastdarstellung von Gefäßen) festgestellte Kreislaufstillstand im Gehirn für mindestens 30 Minuten zeigt irreparable Hirnschädigungen an. Doch gibt es Fälle, bei denen trotz neunstündigem Atemstillstands und klinischem Gesamtbild des Hirntodes noch eine langsame Theta-Aktivität, unterlagert von Sub-Delta-Wellen im Elektroenzephalogramm, feststellbar ist. Erst der Kreislaufstillstand erlaubte die Toterklärung nach einer Stunde. Die Auffassung, daß Begriff und Phänomen des Scheintodes aus Wissenschaft und Praxis der modernen Medizin verschwunden sei, trifft insofern zu, als man das Wort »Scheintod« meint. Der Begriff und das Phänomen »vita minima« oder »vita reducta« (was sinngemäß dem Begriff »Scheintod« entspricht) und die zugehörige Therapie der Reanimation sind aber trotzdem wesentliche Bestandteile der modernen wissenschaftlichen Medizin.

Wenn auch J. F. Volrad Deneke in »Herz/Kreislauf«, 1. Jahrgang Nr. 8 und 9 vom November und Dezember 1969, den Begriff »Scheintod« ablehnt, so nimmt er dennoch von einigen historischen Ereignissen Kenntnis. Daran ändert nichts, daß er sie gleichzeitig als anekdotische Ausschmückungen eines einzelnen Falles, der von Zeitung zu Zeitung wanderte und mit wechselnden Ortsangaben von Jahrzehnt zu Jahrzehnt bis über die Mitte des 19. Jahrhunderts hinaus kolportiert wurde, entwertet. Deneke hat gewiß recht, wenn er meint, daß den bekanntgewordenen Scheintodfällen eine vornehmlich religiöse Interpretation gegeben wurde, da naturgemäß damals noch keine naturwissenschaftliche Betrachtung möglich war. Das ändert aber nichts daran, daß solche Fälle eben vorgekommen sind und heute noch, wenn auch unter dem Namen »vita reducta« oder »minima«, auftreten.

Heute gibt es genügend physikalische und chemische Testmöglichkeiten, die eine solche vita reducta, ein solches auf Sparflamme brennendes Lebenslicht, dem Arzt mit Sicherheit zur Kenntnis zu bringen. Als aber noch bis tief ins 19. Jahrhundert hinein die Sinnesorgane des Arztes – Auge, Ohr, Tastsinn, Wärmesinn usw. – ganz allein die Entscheidung: lebend oder tot? zu treffen hatten, muß es unverhältnismäßig häufig vorgekommen sein, daß ein Arzt die minimalen Lebenserscheinungen eines solchen Patienten nicht erkannte, ihn für tot erklärte und zur Beerdigung freigab.

Unterstützend wirkte hierbei die fehlende Kenntnis der Ärzte, daß es derartige Zustände wirklich gab und gibt. Wie auf S. 40 bereits kurz erwähnt, tauchte erst im 18. und zu Beginn des 19. Jahrhunderts in der medizinischen Literatur der Begriff »Asphyxia« auf, von einigen auch durch »Pseudothanatos« oder »Apoplexis cerebelli« umschrieben, d. h. Pulslosigkeit, Scheintod oder »Hirnschlag«. Der Begriff Asphyxie (= nichtpulsierend) umschreibt aber nur ein speziell dem Arzt zur Kenntnis gelangendes Symptom. Wesentlich – und für Arzt und Laien viel mehr im Vordergrund stehend – waren der dazugehörige wirkliche oder vermeintliche Atemstillstand und die Leichenkälte. Diesen medizinischen Begriff hat Savary in seinem großen »Dictionnaire des sciences médicales« ausführlich erläutert und klassifiziert. Nach ihm war es Hufeland (3), der in seinem 1808 erschienenen Werk »Der Scheintod ...« die Symptome und Ursachen der Asphyxie schilderte. Offenbar müssen damals – speziell in der Zeit der napoleonischen Kriege und der in ihrem Gefolge einherziehenden Seuchen und Hungersnöte – solche Scheintodfälle besonders häufig gewesen sein.

Aus Hufelands (3) Darstellung geht deutlich hervor, daß auch für ihn die Asphyxie nicht in erster Linie »Pulslosigkeit«, sondern vor allem »Fehlen der Atembewegungen« war. Daher auch seine Einteilung der Ursachen der Asphyxie in Störungen der Atemmuskulatur durch mechanische Einwirkung, durch nervöse Einwirkung und Störung der Lungentätigkeit durch Fremdkörper (Zwerchfellbruch, Verlagerung der Luftröhre oder Rippenfellexsudat usw.). Auch in der Aufzählung der Symptome der Asphyxie betont er vor allem die Behinderung des Atemholens. Die Kreislaufstörung kommt für ihn erst in zweiter Linie. Er stützt sich dabei auf die zu seiner Zeit am meisten anerkannte Theorie Bichats, die wir hier aus medizinhistorischem Interesse in Hufelands Worten wiedergeben:

»Das durch die Kontraktion des rechten Herzens fortgestoßene venöse Blut geht durch die Lungen, welche dann nur wenig Luft enthalten, die hinlänglich genug wäre, dasselbe in arterielles zu verwandeln, dieses Blut gelangt von hier nach dem linken Herzen, welches durch jenes gereizt und zum Zusammenziehen gebracht wird; von hier durchläuft es dann gar bald, hinter dem ihm vorausgehenden arteriellen Blute in die Arterien, von wo aus dasselbe in die Organe gelangt, was, je nach deren größerer oder geringerer Entfernung vom Herzen in längerer oder kürzerer Zeit geschieht. Da nun das venöse Blut nicht belebt ist, so kann es auch diese Organe nicht stimulieren, oder bringt vielleicht sogar eine Art von betäubender (stupéfiant) Wirkung auf sie hervor, die um so größer und auffallender ist, je mehr diese Organe der Belebung durch das rote Blut bedürfen. Diese beiden Umstände muß man ganz besonders berücksichtigen und festhalten, wenn man sich erklären will, warum dabei das Gehirn und die Lungen, im Begriff ihrer Funktion, einen weit schlimmeren Eindruck erleiden, als das Herz selbst, welches doch, da es das schwarze Blut zuerst empfängt, auch zuerst aufhören sollte, seine Wirkung zu äußern. Doch können die Lungen zu den Organen gezählt werden, in die das schwarze Blut unmittelbar gelangt, so daß demnach das Lungenkapillargefäßsystem aufhören muß, sich zusammenzuziehen, wenn das allgemeine Kapillargefäßsystem noch auf das Blut reagiert; daher die gänzliche Blutstockung,

Jacques Tortorel und Jean Périssin,
»BLUTGERICHT VON AMBOISE 1560«,

zur Zeit der Hugenottenverfolgung. Die medizinische Sorgfalt wurde in derartigen Krisensituationen oft angezweifelt. Staatliche Kunstsammlungen Dresden, Kupferstich-Kabinett

welche im erstgenannten System bewirkt wird und die den Ausgangspunkt der nachherigen Verstopfung und des Vollseins aller übrigen Venen bildet. Hinzuzufügen ist hier noch, daß außer dem Mangel an Erregung und Belebung der Lungenkapillargefäße durch das rote Blut noch zwei andere Ursachen hinzukommen, die Aufhebung ihrer Tätigkeit zu beschleunigen, nämlich

1. der Mangel desjenigen Reizes, den die Lungen gewöhnlich von außen her, d. h. von der Luft empfangen und
2. der Mangel dessen, welcher von dem Gehirneinfluss herkommt, der aber durch die Berührung des schwarzen Blutes mit dem Gehirn völlig aufgehoben worden ist. Dies wäre demnach die Rolle, welche die Lungen bei Erzeugung der Phänomene der Asphyxie spielen.

Das Gehirn, obgleich etwas weiter vom Herzen entfernt, empfindet doch gar bald auch die Wirkungen des mit ihm in Berührung kommenden schwarzen Blutes. Die Erfahrungen und Versuche Bichats beweisen, daß dasselbe mehr als jedes andere Organ einen üblen Eindruck davon erhält; daher auch der komatöse Zustand, das Aufhören jeder Bewegung, die Empfindungs- und Bewußtlosigkeit, welche an dem Individuum, in Folge der mangelnden Reaktion des Gehirns auf alle Organe des tierischen Lebens wahrgenommen werden. Das Herz selbst leidet unter dem Einflusse des schwarzen Blutes auf sein Gewebe; denn seine Kontraktionen werden schwach und hören bald ganz auf; doch läßt alles vermuten, daß es noch fortfährt, sich zusammenzuziehen, wenn es kein schwarzes Blut mehr empfängt, indem seine linken Höhlen bei Öffnung des Körpers leer gefunden worden sind. Das Vorhandensein einer großen Menge Blutes in den rechten Herzhöhlen beweist, daß das rechte Herz sich bei dem Blute, das es erhalten, vergebens zusammenzieht, da mitten im Kapillargefäßsystem der Lungen das Hindernis zu suchen ist, das die Aufnahme dieser Flüssigkeit in die Lungen und seinen Durchgang daselbst hemmt. Die äußerlich wahrnehmbare Zirkulation ist daher schon gehemmt, wenn die, welche im allgemeinen Kapillargefäßsystem vonstatten geht, noch fortbesteht, dies erklärt es auch, warum die Wärme bei Asphyctischen noch weit längere Zeit fortdauern kann, als bei denen, die an Syncope sterben. Die Blutüberfüllung des venösen Blutsystems und die Leerheit des arteriellen erklären zu Genüge jene blaue Färbung der Haut und der Muskeln.

Indes bleibt noch zu erklären übrig, wie der Leichnam eines asphyctisch gestorbenen viel mehr Blut zu enthalten scheint, wie der eines an einer anderen Todesart verblichenen Individuums. Bichat löst diese schwierige Frage auf solche Weise: er nimmt an, daß die Organe, da sie ein schwarzes Blut empfangen, das nicht mehr die zur Assimilation geeigneten Stoffe enthält, an dieses Blut alle die Flüssigkeiten und Säfte, die es ihnen gewöhnlich liefert, abtreten, ohne ihm jedoch die zu entziehen, die es sich in der Regel von ihm aneignet, so daß folglich dadurch die Quantität des Blutes auf reelle Weise vermehrt würde.

Durch diese Theorie läßt sich überdies noch erklären, warum in derjenigen Asphyxie, die unerwartet und plötzlich stattfindet, die Funktionen des Lebens in sehr kurzer Zeit aufhören und nicht eine solche Blutüberfüllung des Venensystems und der Lungen herbeiführen, wie z. B. bei Asphyxie durch Kohlendampf, wo der Kranke nur allmählich stirbt. Denn da die Unterdrückung der Respiration gleich im Anfange vollständig eintritt, so erleidet das Blut von Seiten der Luft keine Veränderung und wird dann unmittelbar für die Organe so betäubend (stupéfiant), als es dies nur sein kann, es übt dann einen viel größeren Einfluß auf sie aus.«

In seinem Bericht fährt Hufeland mit dem Kapitel »Von den Asphyxien im Besonderen« fort, aus dem wir der Kuriosität halber den Teil über die Wirkung der Elektrizität folgen lassen:

»Fast alle Schriftsteller haben die Asphyxie durch den Blitz zu denen gezählt, welche durch die Untätigkeit der zum Einatmen notwendigen Muskeln bedingt wird. Mit Recht aber hat Adelon über eine dergestalt lokalisierte Todesart gerechte Zweifel erhoben. Denn wirkt hier nicht vielmehr der Blitz auf das Nervensystem im allgemeinen und kann der Tod nicht ursprünglich durch das Nervensystem stattfinden? Alles läßt vermuten, daß dem wirklich so sei. Mir ist zwar bekannt, daß der Intensitätsgrad der Einwirkung des Blitzes sehr verschieden ist, in manchen Fällen die Lebensverrichtungen nur momentan unterbrochen werden und das Individuum wieder ins Leben zurückgerufen werden kann; allein demungeachtet bleibt immer noch zu bestimmen übrig, ob dieser scheinbare Zustand des Todes, den man ebenfalls mit dem Namen Asphyxie bezeichnet, nicht die Folge einer schwachen Erschütterung des Nervensystems sei.

Indes sind gegen diese Art von Asphyxie, gegen die man nur selten Mittel anzuwenden nötig hat, zwei besondere Heilmethoden gerühmt worden. Eine derselben besteht darin, das vom Blitz getroffene Individuum in einen Düngerhaufen einzugraben oder in ein Erdbad zu bringen (wo nämlich der Körper in schräger Lage und mit erhobenem Kopfe in eine Grube gelegt und, mit Ausnahme des Gesichts, eine Hand hoch mit lockerer Erde bedeckt und so mehrere Stunden lang liegen gelassen wird; ein Mittel, das, wie man sagt, bisweilen glücklichen Erfolg gehabt hat. Das andere besteht in Anwendung der Elektrizität in Form von sehr schwachen elektrischen Schlägen. Ich würde mich über diese Mittel gar nicht auszusprechen suchen, wenn die Erfahrungen deren gute Wirkung bestätigt hätte, allein die Fälle von durch sie erlangten glücklichen Erfolge sind so wenig zahlreich, daß hier Vernunftsschlüsse deren Anwendung als zweckmäßig oder als unzweckmäßig als eine kräftige oder schwache, unzuverlässige darstellen können.

Das Erdbad ist wahrscheinlich in der Absicht, dem Körper des Individuums, das sich unter dem (vom Blitze ausgehenden) elektrischen Strome befunden, die Elektrizität, von der er gleichsam überladen worden, zu entziehen, gerühmt worden; und man hat zu diesem Zweck durch völliges Zudecken des Körpers mit Erde die Berührungspunkte mit ihr zu vermehren gesucht. Obgleich dieser Grund dem Anscheine nach ziemlich richtig und deshalb das Mittel selbst als ein rationelles anzusehen ist: so ist doch seine Wirkungskraft für geringfügig zu halten, wenn man bedenkt, daß in dem Augenblick, wo ein durch die Elektrisiermaschine mit dem elektrischen Fluidum geschwängertes Individuum von dem Isolierstuhle herabsteigt und mit dem Fuße nur einen ganz kleinen Punkt des Erdbodens berührt, dasselbe dann sogleich seine überschüssige Menge elektrischen Fluidums verliert und daß außerdem alles glauben läßt, es dürfe weniger der Überschuß der Elektrizität, als vielmehr die von dem Einflusse des Blitzes auf das Nervensystem herrührende Wirkung sein, gegen die man seine Mittel anzuwenden suchen muß.

Was das zweite Mittel, die Elektrizität, betrifft, so ist diese nach Betrachtung folgender Tatsache vorgeschlagen worden. Man hat nämlich beobachtet, daß junge Hühner, die durch heftige elektrische Schläge an den Kopf oder die Brust völlig empfindungs- und bewegungslos gemacht worden waren, aus diesem Zustand mit Hilfe minder starker elektrischer Schläge wieder zu sich gebracht werden konnten. Es müßte demnach angenommen werden, daß eine starke elektrische Entladung allzu betäubend auf das Nervensystem wirkt, während dagegen eine schwache elektrische Decharge ein Erregungsmittel dieses Systems abgibt. Einige Personen würden leicht ähnliches in den gewöhnlichen und täglich angewendeten therapeutischen Mitteln finden, doch wollen wir uns hier nicht in leere Mutmaßungen verlieren, sondern darüber den Ausspruch der Erfahrung abwarten.«

Lassen wir es bei diesen Zitaten bewenden. Hufelands weitere Darstellung erstreckt sich auf den Scheintod der Neugeborenen – wohl heute noch die am häufigsten auftretende Form des »Scheintodes« –, den der Erfrierenden, der Ertrinkenden und der Erhängten oder Erwürgten und geht auch auf die Behandlungsweise in diesen Fällen näher ein. Eine zweckmäßige Behandlung war – und ist – aber immer nur dann möglich, wenn die Auslösung, die Ursache des Scheintods bekannt ist. Wurde aber der Arzt zu einem Menschen geholt, dessen scheintoter Zustand spontan eingetreten ist oder durch unbekannte Einwirkungen hervorgerufen wurde, dann bediente er sich der berühmten »Lebensproben«, wie z. B. das Vorhalten einer Flaumfeder oder eines Spiegels vor Mund und Nasenöffnung oder das Auftropfen von Siegellack auf empfindliche Hautstellen, die irgendwelche augenblickliche Reaktionen oft nicht hervorzurufen vermögen (K. F. Hoffmann, Rettungsmethoden bei Scheintod nach Joseph Bernt, Ärztl. Praxis, XIX, Nr. 36, 1967). Wenn dieser Zustand länger anhält, so konnte in früheren Zeiten und unter primitiveren Verhältnissen die Anordnung zur Beerdigung erteilt werden.

Daß zu allen Zeiten Furcht vor dem Lebendigbegrabensein existierte, zeigt zum Beispiel die Veröffentlichung von A. G. Hoffmann, Einige Bemerkungen über den Scheintod und die Gefahr einer frühen Beerdigung, Frankfurt/M., 1804.

Wir konnten eingangs betonen, daß bei der Einstellung des Menschen diesen Dingen gegenüber von großer Bedeutung die allgemeine Haltung der betreffenden Kultur bzw. Kulturstufe gegenüber dem Tode ist. Das vielschichtige Thema der Bestattung, die Kulte, religiösen Hintergründe, Sitten und Gebräuche der Völker in Geschichte und Gegenwart, kann nicht Gegenstand unserer Darstellung sein. Aber einige Einstellungen und Gepflogenheiten seien kurz benannt: In jeder Gesellschaft entstanden Überlegungen zum Verbleib der Verstorbenen. Eine davon war: Der Leichnam wird verbrannt oder vergraben, um die Lebenden vor den unangenehmen Folgeerscheinungen des Todes, nämlich der Verwesung, zu schützen.

Bei den Ägyptern übergab man die Leichen den berufsmäßigen Einbalsamierern, einer sozial sehr tief stehenden Menschengruppe, die die Aufgabe hatte, die Eingeweide und das Gehirn aus den Leichen zu entfernen und sie durch Anwendung mumifizierender Substanzen in einen Zustand zu bringen, der den Verwesungsprozeß unterbrach. Die im Klima Ägyptens sehr rasch eintretende Zersetzung der Leichen machte diese Beschäftigung der Balsamierer bestimmt zu keiner angenehmen. Offensichtlich bemühten sie sich deshalb, die Leichen in möglichst frischem Zustand zu erhalten. Da es auch bei den Verstorbenen noch soziale Unterschiede gab, waren selbst die Einbalsamierungsvorgänge sozial gestuft. Bei Ärmeren wurden bloß die Bauch- und Brusthöhleneingeweide entfernt oder gar nur die Bauchhöhleneingeweide, während bei Reicheren sämtliche Körperhöhlen und auch die Schädelhöhle ihres Inhaltes beraubt wurden. Gewöhnlich geschah dieses mit hakenähnlichen Instrumenten, die durch eine Öffnung in der Bauchdecke bzw. durch die Nase eingeführt wurden. Es ist bezeichnend, daß man im alten Ägypten den Einbalsamierern die Leichen junger und hübscher Frauen nach bestehender Vorschrift erst dann auslieferte, wenn die Verwesung schon so weit vorangeschritten war, daß ein Mißbrauch nicht

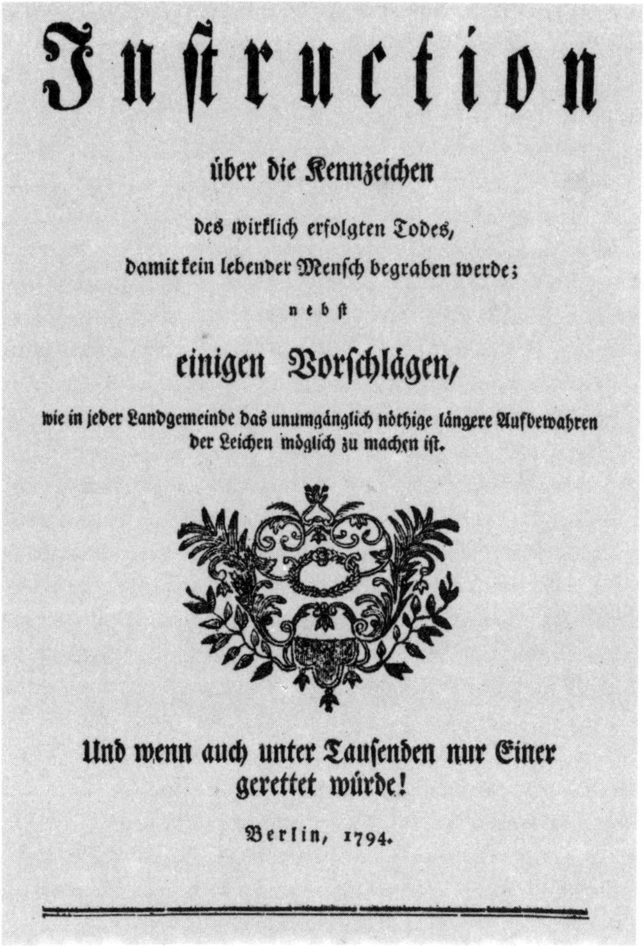

Instruction

über die Kennzeichen

des wirklich erfolgten Todes,

damit kein lebender Mensch begraben werde;

nebst

einigen Vorschlägen,

wie in jeder Landgemeinde das unumgänglich nöthige längere Aufbewahren der Leichen möglich zu machen ist.

Und wenn auch unter Tausenden nur Einer gerettet würde!

Berlin, 1794.

Titelblatt des 1982 erschienenen Neudrucks
»INSTRUCTION ÜBER DIE KENNZEICHEN DES WIRKLICH ERFOLGTEN TODES,
DAMIT KEIN LEBENDER MENSCH BEGRABEN WERDE . . .«,
1794, der durch zwei Patentschriften und Illustrationen ergänzt wurde, eines von zahlreichen Werken über die Gefahren zu früher Beerdigungen

mehr möglich war. Es scheinen Fälle von Nekrophilie (geschlechtlicher Mißbrauch weiblicher Leichen) so häufig gewesen zu sein, daß man sich zu jener Vorschrift gezwungen sah. Fälle von Scheintod, wonach etwa noch eine Lebende in die Hände solcher Balsamierer geraten ist, sind nicht überliefert.

Wenn man den Scheintod nach seinen Ursachen einteilt, so ergeben sich die verschiedensten Gesichtspunkte. Vergiftungen, Nervenerkrankungen, neurotische Zustände u.ä. können die Herbeiführung eines totenähnlichen Zustandes veranlassen, auch schwere Infektionskrankheiten können den Organismus soweit schwächen, daß der betreffende Patient wie ein Verstorbener aussieht. So ist es kein Wunder, daß besonders aus Seuchenzeiten solche Fälle vom Lebendigbegrabenwerden bekannt geworden sind. Am bekanntesten ist wohl die Geschichte jenes »lieben Augustin«, der zu Pestzeiten in Wien in den Wirtshäusern auf seinem Dudelsack aufspielte und als total Betrunkener mit Pestleichen zusammen einfach in ein Massengrab geworfen wurde. Zum Glück wurde das Massengrab, weil noch nicht gefüllt, auch nicht zugeworfen, so daß sich der »liebe Augustin«, nachdem er seinen Rausch unter den Pestleichen ausgeschlafen hatte, selbst wieder befreien konnte.

Gliedert man die Scheintodfälle nach dem Lebensalter, so ist zu bemerken, daß sie sich in den ersten Lebensstunden der Menschen häufen. Je weiter das Lebensalter ansteigt, desto seltener werden die Scheintodfälle, um erst in höherem Alter eine zweite Häufung zu zeigen.

Da sind zunächst die Neugeborenen, bei denen die Kurve der Scheintodfälle ihren ersten Gipfel zeigt. Man unterscheidet hier den »blauen Scheintod«, wobei das Kind – offenbar durch Versagen des Atemzentrums oder dessen anfänglicher oder zeitweiliger Lähmung unter den Erscheinungen der minimalsten, aber noch erkennbaren Herztätigkeit, fehlender Atembewegungen, Bewegungslosigkeit bei erhaltenem Muskeltonus, Bewußtlosigkeit und Blaurotfärbung der Haut – zur Welt kommt. Durch die üblichen Weckmethoden, Beklopfen, Beklatschen, durch Wechselbäder und Lobelininjektionen usw., können solche Kinder dem Leben erhalten bleiben.

Ernster sind wohl die Fälle des »weißen Scheintodes«, bei welchem die Kinder völlig blaß, auch an Rumpf und Gliedmaßen leichenfarbig, pulslos, schlaff (ohne Muskeltonus) und bewußtlos, ohne Atemtätigkeit, zur Welt kommen. Hier liegen gewöhnlich organische Schädigungen des Herzens vor. Unter Umständen kann man den Kreislauf und damit die Atmung durch Herzmittelinjektionen neben den üblichen Erweckungsmethoden in Gang setzen.

Auch sonst kommt es so häufig vor, daß Kinder ohne jedes Lebenszeichen zur Welt kommen, daß diese Fälle gar nicht registriert werden. Jede Hebamme lernt, was in solchen Fällen für mechanische und sonstige physikalische Maßnahmen zu treffen sind. Gewöhnlich genügen diese auch völlig, um das Neugeborene zum Atmen und Schreien zu bringen. Auch solche Fälle, in denen ein Arzt hinzugezogen werden muß, um das Neugeborene ins Leben zu rufen, sind verhältnismäßig häufig und werden nicht als wesentlich festgehalten. Offenbar ist für das menschliche Neugeborene der Wechsel der Umwelt – von einer 37 °C warmen, fast schwerelosen Umwelt, in welcher, ohne eigene Betätigung, die Versorgung mit Nahrung und Sauerstoff gewährleistet ist, in eine nur noch etwa 20 °C warme, den Einwirkungen der Schwerkraft ausgesetzte Umwelt – nicht ohne Probleme. Dieser Wechsel, in welchem durch eigene Muskeltätigkeit die Lunge zur Entfaltung und zur Tätigkeit gebracht werden muß, in welchem verhältnismäßig schnell der Kreislauf vom gemischtblütigen zum arteriell und venös getrennten Kreislauf umgestellt werden muß, ist offenbar mit negativen Gefühlen verbunden.

Erstaunlich ist nur, daß das Intervall zwischen dem Augenblick der Geburt, in welchem das Kind völlig schlaff und leblos, wie tot zur Welt kommt, und dem Eintritt der ersten Lebenserscheinungen – Öffnen der Augen, Atmen, Schreien, Strampeln, Herztätigkeit – oft beängstigend lang dauert. Man wundert sich dann, wie lang ein so komplizierter Organismus wie der des Menschen ohne (fast ohne?) Kreislauf und ohne (fast ohne?) Sauerstoffversorgung zu existieren und zu funktionieren vermag. Die relative Häufigkeit des Scheintodes bei Neugeborenen und die relative Häufigkeit ihrer Wiederbelebung muß unter den Bedingungen des Lebensbeginns, d.h. des Beginns des Lebens außerhalb der Gebärmutter eines gewöhnlich vollkommen gesunden Menschen gesehen werden und dürfte eigentlich gar nicht unter dem Aspekt »Scheintod« erscheinen, denn es handelt sich doch nur um den verzögerten Eintritt extrauteriner Lebenszeichen.

Ganz anders sind jedoch diejenigen Erscheinungen zu betrachten, die bei Erwachsenen, d.h. bei bereits längerer Zeit extrauterin lebenden Menschen, zu der Bezeichnung »Scheintod« führen. Hier handelt es sich stets um einen geschädigten Organismus, der, abgesehen von den normalen natürlichen Abnutzungserscheinungen, zusätzlich bis zur Grenze der Belastbarkeit von Traumen verschiedenster Art betroffen wurde. Hier den eingetretenen Tod festzustellen, ist eine Aufgabe, die den Arzt zu schwierigen Entscheidungen drängt.

Dazu ist zunächst zu sagen, daß der Tod keine zeitlich und sachlich einheitliche Erscheinung ist, sondern ein komplexer Vorgang, der nicht an einem einzelnen Symptom unmittelbar erkennbar ist. Es gibt kein zuverlässiges Zeichen, das es dem Arzt gestatten würde, den Eintritt des Todes »aus dem Handgelenk« zu erklären.

DER »KLINISCHE« UND DER »BIOLOGISCHE« TOD

Die vielfältigen Faktoren, die zum Eintritt des Todes führen, lassen es notwendig erscheinen, zwischen einem sogenannten »klinischen Tod« und einem »biologischen Tod« zu unterscheiden. Der klinische Tod ist definiert durch den Funktionsausfall der drei großen Organsysteme, Zentralnervensystem, Atmung und Kreislauf, soweit dies mit klinischen Methoden feststellbar ist. Doch ist nach den vorliegenden Erfahrungen noch nicht sicher, ob der erkannte Zustand vielleicht nur zeitbegrenzt und daher reversibel ist.

Es besteht die Möglichkeit, daß der als klinisch tot befundene Mensch sich im Zustand einer vita minima oder vita reducta befindet und nach einer gewissen, sehr unterschiedlich langen Zeit eventuell von selbst oder mit Hilfe geeigneter ärztlicher Mittel oder Verfahren wiederbelebt werden kann. Ist diese Phase im Sterben des Menschen nur kurz und flüchtig, bietet sie dem Arzt meist keine besonderen Schwierigkeiten. Wenn sie aber längere Zeit andauert, bedarf es eines intensiven ärztlichen Einsatzes, um auch dieses minimale Leben wieder anzufachen. Gelingt es nicht, ist es die Pflicht des Arztes, den Eintritt des Todes, d.h. des irreversiblen, biologischen Todes, nachzuweisen.

Bei den Bemühungen, die Lebensfunktionen wieder herzustellen, kann es vorkommen, daß der betreffende Organismus so schwer geschädigt ist, daß nur noch der Kreislauf, die Herztätigkeit, wieder in Gang gesetzt werden kann, bei völligem Versagen der Gehirnfunktion. In diesem Fall ist der Patient sozusagen nur noch ein hirnloses Körperpräparat, das mittels Apparaturen durchblutet und beatmet wird, ohne daß der Mensch sprechen, Willensäußerungen von sich geben oder spontane Handlungen ausführen kann, andererseits aber auch Einflüssen von außen vollkommen unzugänglich ist, nichts hört, nichts versteht, nichts fühlt, nichts empfindet, nur noch animalisch existiert. Ein solcher Zustand kann eine kurze Zeit, einige Stunden, aber unter Umständen monatelang andauern.

Es ist begreiflich, daß der Arzt, wenn seine Apparaturen für aussichtsreichere Fälle benötigt werden, sie schließlich abzuschalten in Betracht ziehen muß. Die ethische, moralische, aber auch die verantwortungsvolle materielle Entscheidungskraft des Arztes wird in solchen Fällen aufs äußerste beansprucht. Welche der ihm anvertrauten Menschen muß nun der Arzt zugrundegehen lassen? Es hat bereits Gerichtsverfahren gegeben, weil Ärzte in durchaus aussichtslosen, hoffnungslosen Fällen die Apparaturen abgeschaltet hatten. Es besteht aber auch die Möglichkeit, daß der geschädigte Organismus nur soweit belebt werden kann, daß zwar das Gehirn voll funktioniert, der übrige Körper aber nur noch mittels Apparaturen am Leben erhalten werden kann. Der betreffende Mensch besteht praktisch also nur noch aus einem denkfähigen Kopf mit einem daranhängenden, total gelähmten Körper.

P. Röttgen verfaßte 1967 ein Manuskript mit dem Titel »Das Recht zu sterben«, das in der Arbeit von E. Bahrmann et al. zitiert wird. Wir entnehmen daraus nur den einen Satz: »Sorgfältige Pflege erhielt den gesunden Kopf mit dem daranhängenden Körper am Leben. Was für ein Leben!«

Wenn ein solcher Mensch verlangt, daß dieses Leben – eine einzige Qual – beendet werden soll, erhebt sich das neuerdings viel zitierte Problem der »Sterbehilfe«. Der Fall des Prof. Hackethal, der einer krebskranken Frau mit einem völlig zerstörten und nicht wieder herstellbaren Gesicht zu einem schmerzlosen Tod verhalf, ist durch die Weltpresse gegangen. Der Arzt wurde vor Gericht freigesprochen, doch hat ihm das Oberste Gericht der Bundesrepublik Deutschland 1987 verboten, in dem Fall eines allein als Kopf existierenden Menschen, »Sterbehilfe« zu leisten, d. h. ihn gezwungen, das qualvolle Dasein dieses Patienten bis ins Unerträgliche zu verlängern.

Ideologische Prinzipien auf das reale Leben angewandt, haben schon viel Unheil angerichtet, man denke nur an die zahllosen Hexen- und Ketzerverbrennungen in einer gar nicht so lange zurückliegenden Zeit.

Unsere Problematik hier aber ist die der Diagnose des eingetretenen Todes. Ist sie nicht möglich, so muß die Wiederbelebung, die Reanimation einsetzen. Wie aber stellt man eine solche Diagnose? Im allgemeinen begnügt man sich mit der Feststellung des Atem- und Kreislaufstillstandes, die beide ja notwendigerweise auch den Hirntod zur Folge haben müssen. Der biologische Tod, d.h. die irreversible Funktionseinstellung der großen Organsysteme, Zentralnervensystem, Kreislauf und Atmung, hat das Auftreten der frühen Leichenerscheinungen zur Folge: Totenflecken und Totenstarre. Da aber die Sinnesorgane des Arztes allein nicht immer ausreichen, den Funktionsausfall der großen Organsysteme bedingungslos festzustellen, müssen unter Umständen apparative Maßnahmen ergriffen werden, d.h. eine künstliche Beatmung und künstliche Kreislauferhaltung eingesetzt werden.

In den meisten Fällen des klinischen und praktischen ärztlichen Betriebes kann man sich allerdings auf die ärztliche Diagnose des Atem- und Kreislaufstillstandes verlassen, da der Arzt ja die vorausgegangene Krankheit, bzw. den Unfall, das Trauma, kennt. In Fällen jedoch, in denen kein plötzlicher natürlicher oder ein gewaltsamer Tod vorliegt, sondern ein sogenanntes »fading away« stattgefunden hat, wie es bei Anämie, Anoxämie, Alkoholvergiftung, Epilepsie, elektrischen Einwirkungen (z.B. Blitzschlag), Schädeltrauma, Betäubungsmittelvergiftungen und Urämie auftreten kann, setzen die Aufgaben der Reanimation, der Wiederherstellung erloschener Lebensfunktionen, ein. Diese Bemühungen müssen oft stunden-, ja wochenlang fortgesetzt werden. Haben sie aber keinen Erfolg, ist der Patient weder zu spontaner Atmung noch zu eigener Herztätigkeit zu bringen, so obliegt dem Arzt die Aufgabe, die Funktionstüchtigkeit des Gehirns zu überprüfen.

Diese Funktionsfähigkeit kann durch ein Elektroenzephalogramm (EEG) festgestellt werden, d.h. es können apparativ jene elektrischen Wellen aufgezeichnet werden, die ein lebendiges, in Funktion befindliches Gehirn aussendet. Diese Wellen werden mit den Namen griechischer Buchstaben bezeichnet und ändern sich je nach den Zuständen des Gehirns im Schlaf und im Wachsein und bei den verschiedenen Tätigkeiten. Sie werden gewöhnlich mit chlorierten Silberelektroden von verschiedenen Gegenden des Kopfes aufgefangen und in spitzen (Spikes) oder gerundeten (Waves) Kurven aufgezeichnet. Die als Alpha-Wellen bezeichneten bedeuten das gewöhnliche Hirnstrombild. Delta-Wellen deuten einen Herdbefund (Astrozytom) an, und Theta-Wellen finden sich bei Meningoenzephalitiden. Solange ein Gehirn Wellen aussendet, ist es als lebend zu bezeichnen, und die Bemühungen der Reanimation sind fortzusetzen. Zeigt der Schirm des Elektroenzephalographen aber keine Wellen mehr, tritt also eine sogenannte »elektrische Stille«, auch »isoelektrisches Enzephalogramm« oder »Isometrie im EEG« oder auch »Null-Linien-EEG« genannt, ein, sollte man nicht vorschnell auf den eingetretenen Hirntod schließen. Es besteht immer noch die Möglichkeit, daß auch die »elektrische Stille« reversibel ist, Ausdruck einer reversiblen Funktionsblockierung des Gehirns, wie sie bei akuten Schlafmittelvergiftungen oder bei traumatischem schwerem Hirnödem kurzzeitig auftreten kann. (Selbst bei einem schweren Verkehrsunfall eines 25jährigen Mannes mit Abriß des verlängerten Marks im Bereich der Hirnbrücke zeigte das EEG noch Wellen im Bereich von 4 bis 8 Hz (Theta-Wellen), bevor der Patient an versagendem Kreislauf starb.)

So ist also auch die Diagnose »Hirntod« allein auf Grund der »elektrischen Stille« noch nicht zu stellen, ganz abgesehen davon, daß die isoelektrische Linie, die die elektrische Stille anzeigt, absolut gerade verlaufen muß. Auch nur leichte Abweichungen von der Geraden, die vielleicht zu übersehen wären, könnten ein sogenanntes »flaches EEG« darstellen und damit noch ein Lebenszeichen sein.

Es müssen daher zur Diagnose »Hirntod« auf Grund der elektrischen Stille noch weitere Kriterien beachtet werden:

Die elektrische Stille muß mindestens 1 Stunde unverändert andauern, wobei der Meinungsstreit darüber nicht abgeschlossen ist. So muß Bewußtlosigkeit vorliegen, es darf keine Spontanatmung stattfinden, und die Pupillen müssen weit und lichtstarr sein. Dazu kann das Fehlen einer arterio-venösen Sauerstoffdifferenz in den zu- und abführenden Hirngefäßen von Bedeutung sein, und die Karotisangiographie (röntgenologische Kontrastdarstellung der großen Halsarterie und ihrer Gehirnäste) kann die Diagnose »Hirntod« sogar noch vor dem Aussetzen der Herzfunktion erlauben.

Ein weiteres zusätzliches Anzeichen – aber nicht allein entscheidendes – Todeszeichen ist die Reflexlosigkeit, d. h. das Fehlen der Muskeleigenreflexe, das Fehlen der Pupillenreflexe, des Augen-Herzreflexes (okulokardialer Reflex) und des Karotissinusreflexes. Von den Rückenmarksreflexen – Streck- oder Fluchtreflex – ist natürlich hier abzusehen.

Wenn es, schreibt LEOPOLD (D. LEOPOLD, Die Problematik der Feststellung des Todes, Zschr. ärztl. Fortbil. 64. Jg. H. 4, 1970), nach 10 bis 20 Minuten bei normaler Temperatur (Normothermie) oder nach 20 bis 60 Minuten subnormaler Temperatur (Hypothermie) nicht gelingt, durch intraarterielle Trans- oder Infusion, durch extra- oder intrathorakale Herzmassage und künstliche Beatmung einen effektiven Blutkreislauf zu erreichen, so ist eine Reanimation nicht zu erwarten, da dann die lebenswichtigen Organe nicht durchblutet und mit Sauerstoff versorgt werden. Die irreversible Schädigung des Zentralnervensystems ist danach als sicher anzusehen.

Ausdruck der Akribie und peniblen Einstellung der Ärzte hinsichtlich der Erhaltung des Lebens ihrer Patienten, auch wenn die elektrische Stille im EEG nachgewiesen ist, ist der Zweifel, der erhoben wurde, ob die mittels Oberflächenelektroden von der Kopfhaut erfaßte elektrische Stille auch wirklich das Fehlen jeglicher hirnelektrischer Erscheinungen bedeutet. Diese besonders gewissenhaften Zweifel sind aber von anderen Experten nicht geteilt worden und können daher übergangen werden.

Mit dem Erscheinen der »elektrischen Stille«, dem Stillstand der Atmung und des Kreislaufs, sind viele Gewebe und Zellen des Körpers noch eine verschieden lange Zeit funktionstüchtig. Dies ermöglicht die Organtransplantation, die durch Übertragung solcher Organe auf geschädigte Menschen schon vielen das Leben gerettet hat. Die Tages- und Illustriertenpresse berichtet immer wieder davon (s. a. J. GERLACH, Individualtod – Partialtod – Vita reducta, in Münchener medizinische Wochenschrift 16, 1968).

Ist einmal als eines der ersten Kennzeichen des eingetretenen biologischen Todes die Totenstarre erfolgt, so kann apparativ an der Reaktion verschiedener Muskeln auf elektrische Reize festgestellt werden, wie lange sie schon besteht. Die Tatsache, daß die Muskeln einer Leiche noch lange nach dem Tode durch elektrische Reize zum Zucken gebracht werden können (s. a. L. GALVANI, 1737–1798, der 1780 an exzidierten Froschmuskeln Zuckungen feststellte), haben im 19. und Anfang des 20. Jahrhunderts phantasievolle Autoren benützt, um ihren Lesern gräßliche Geschichten von »galvanisierten Leichen« zu erzählen, die sich von ihren Lagern erhoben, Schreckensschreie und Massenohnmachten verursachten und noch viele andere – oft verbrecherische – Untaten begingen. Für den klar urteilenden Menschen unserer Zeit genügt es zu wissen, daß auch eine galvanisierte Leiche zu koordinierten Muskelbewegungen nicht mehr fähig ist, da der steuernde Apparat, das Gehirn, die komplizierten Vorgänge, die auch nur zum Heben einer Hand oder eines Armes notwendig sind, nicht mehr hervorrufen kann.

Ein anderes der früh einsetzenden Todeszeichen sind die Totenflecken. Man unterscheidet die sogenannten hypostatischen Totenflecken, die mit dem Finger wegdrückbar sind und bei Verlagerung der Leiche an anderen Körperstellen auftreten können. Darauf beruht unter anderem das jedem Krimi-Leser wohlbekannte Verbot, Leichname zu bewegen, falls man zufällig welche findet, was ja in Kriminalromanen zum Erhöhen der Spannung häufig der Fall ist.

Liegt der Tod aber schon längere Zeit zurück, so hat das Blut, das in den Gefäßen nicht mehr befördert wird, den Gesetzen der Schwerkraft nunmehr folgen muß, sich an den tiefsten, d.h. der Erdoberfläche nächsten Stellen des Körpers gesammelt, seine Fließbarkeit verloren und bildet jetzt die nicht mehr wegdrückbaren und nicht mehr veränderlichen »Imbibitionstotenflecken« (Unter Imbibition versteht man die Durchtränkung von Gewebe mit Flüssigkeit, z.B. Blut.).

Aber nicht nur der periphere Nerv und sein Muskel sind noch eine Zeitlang nach dem biologischen Tod (post mortem) reizbar und zu einer reflexartigen Tätigkeit fähig. Auch gewisse Blutzellen können u.U. mittels chemischer Substanzen zu Bewegung und Wanderung veranlaßt werden.

Überhaupt laufen in den Körpergeweben nach dem Tode eine Menge chemischer Prozesse ab, deren Verlauf durch den Nachweis, ob verschiedene Stoffe – wie etwa Kreatinin – noch vorhanden sind, was wesentlich für die Bestimmung der Todeszeit sein kann, zu erbringen ist.

Der Ablauf weiterer chemischer Vorgänge in der Leiche ist feststellbar durch das Noch-Vorhandensein zahlreicher Enzyme (saure und alkalische Phosphatase, Amylase, die verschiedenen Transaminasen und weiterer -asen, welche Wortendung den Enzymen zugeteilt wurde), aber auch Elektrolytionen können durch ihre Nachweisbarkeit Aussagen über den Verlauf der postmortalen chemischen Vorgänge ermöglichen. Alle diese Prozesse enden in einer Auflösung der Stoffe, beginnend mit einer Glykolyse (Zerfall des Glykogens und der Glykose der Leiche, an dem wieder zahlreiche Enzyme beteiligt sind) und enden mit einer allgemeinen Autolyse (d.i. Selbstauflösung), was die landläufige Annahme, der bestattete Leichnam würde von »Würmern« zerstört, widerlegt. In exhumierten Särgen findet man oft keine Würmer.

Wie lange der Chemismus des Körpers noch über den biologischen Tod hinaus funktioniert, hat uns Uher in der Zeitschrift »Naturwissenschaften« 45, 1, 21, 1958 berichtet: Postmortal, im Stadium der Überlebensperiode der Gewebe gesetzte Gewebsirritationen stellen sich im wesentlichen genau so dar wie solche, die während des Lebens entstanden sind. Nach der Injektion von Terpentinöl 1 Stunde nach dem Tode soll nach 10 bis 12 Stunden eine Gewebereaktion zu beobachten sein. Es treten Histiozyten (Gewebswanderzellen) auf, und Makrophagen werden gebildet. Wenn man auch annimmt, daß das Ergebnis solcher Versuche nicht immer das gleiche ist, weil in dem einen oder anderen Fall besonders günstige, vom Experimentator nicht beachtete oder ihm nicht bekannte Faktoren mitwirkten, so ist doch die Überlebensrate einzelner Gewebe und das Wirken ihrer Enzyme erstaunlich hoch, bzw. lang hinausgezogen. Sind aber alle diese Erscheinungen endgültig erloschen, sorgt der nicht mehr gesteuerte Chemismus des Körpers von ganz allein für die Auflösung des Körpers und die Rückkehr seiner Bestandteile in den Kreislauf der Natur.

Diese Tatsache hat einmal jemand veranlaßt, die Wahrscheinlichkeit zu berechnen, wie weit sich diese Moleküle oder gar Atome in der Welt verbreiten. Er kam zu dem Schluß, daß ein jeder von uns ein Atom aus dem Körper Julius Caesars besitzt. Natürlich bedingt dies nicht, daß wir alle etwa große Feldherren und Schlachtenlenker sein müßten. Es muß aber doch ein ähnlicher Gedankengang gewesen sein, der Mme. de Sévigné, die berühmte Briefschreiberin (1626–1696), bewegt hat, als sie am 17. 7. 1676 ihrer Tochter, Mme. de Grignan, von der in Paris erfolgten Hinrichtung der nicht minder berühmten Giftmörderin Marquise de Brinvilliers berichtete. Es war angeordnet worden, die Asche der nach der Hinrichtung verbrannten Verbrecherin in die Luft zu streuen. Sie schrieb: »Nun ist es endlich geschehen, die Brinvilliers ist in der Luft; man hat ihren armen kleinen Körper nach der Exekution in ein sehr starkes Feuer geworfen und ihre Asche in den Wind; auf diese Weise werden wir sie einatmen und durch die Vermittlung der kleinen Geister werden wir eine Art Vergiftungslaune in uns aufnehmen, über die wir alle erstaunen werden.«

Fassen wir zusammen: Außer der »elektrischen Stille« muß noch eine Reihe weiterer Zeichen vorhanden sein, ehe die Diagnose »irreversibler Tod« gestellt werden kann – Ausfall der Spontanatmung, Fehlen der Reflexe, weite lichtstarre Pupillen und Nichtreagieren auf Schall-, Berührungs- und elektrische Einwirkungen. Es ist gewiß klar geworden, daß die ärztlichen Fähigkeiten und Erkenntnisse durchaus die Feststellung des eingetretenen oder nicht eingetretenen Todes erlauben. Wenn es trotz allem immer wieder zum Auftreten von Scheintodfällen kommen kann und kommt, so liegt das an den jeweiligen Umständen, unter denen der Tod, bzw. das tödliche Trauma erfolgt ist und der Einsatz komplizierter technischer Apparaturen im Augenblick nicht möglich ist, wie noch berichtet werden wird.

Nehmen wir aber einmal den Fall an, daß ein Patient im Zustand der vita minima bzw. reducta für tot erklärt und zur Beisetzung freigegeben wird.

Die Wahrscheinlichkeit, daß das winzige Lebenslicht, so winzig, daß es dem Blick und dem Urteil des Arztes, auch dem Blick und dem Tastgefühl der Leichenfrau und der Sargträger entgangen ist, in der Erde zum Bewußtsein hätte aufflammen können, ist physiologisch so unwahrscheinlich, die Möglichkeit dazu äußerst gering und kaum vorstellbar. Viel wahrscheinlicher und natürlicher ist, daß das letzte Lebenslicht unter dem Sauerstoffmangel und der Kälte des Grabes ganz still und unvermerkt gänzlich erlischt, ohne auch nur Spuren von Bewußtsein erweckt haben zu können.

Ist aber eine Feuerbestattung vorgesehen, so dauert gewöhnlich die Zeitspanne zwischen der Sarglegung der Leiche und ihrer Verbrennung oft mehrere Tage, während derer die Leiche in Kühlräumen liegt, so daß auch unter diesen Umständen ein eventuelles Wiedererwachen des Bewußtseins unmöglich ist.

Die Wissenschaft kennt jedoch auch Fälle, wo sich Menschen – aus unterschiedlichen Motiven – in einen scheintodähnlichen Zustand versetzten, die insofern noch in den Bereich medizinisch-physiologischer Betrachtungen gehören. Gleich der erste Fall zeigt, mit wie wenig kritischem Verstand solche Geschichten niedergeschrieben und kolportiert wurden:

Da hat der Berliner Arzt Michael Benedict Lessing bei A. Hirschwald in Berlin, Burgstraße 25, im Jahre 1836 ein Buch erscheinen lassen, das den Titel »Benachrichtigung über die Unsicherheit der Erkenntniß des erloschenen Lebens« trägt. Darin berichtet er, daß der berühmte italienische Nationaldichter Vincenzo Monti (1754–1828) an den ebenfalls berühmten Arzt-Dichter Albrecht von Haller (1708–1777) einen Brief geschrieben haben soll, der einen solchen Fall von »Selbstscheintod« enthält:

Ein italienischer Bauer, der in jenen Tagen der österreichischen Herrschaft über Oberitalien, die verhaßt genug gewesen ist, sich offenbar politisch exponiert hatte, stellte sich, als er gefangengenommen werden sollte, einfach tot. Es gelang ihm, den Atem anzuhalten oder ganz unmerklich flach zu atmen und sich vollkommen bewegungslos zu verhalten. Schon setzten sich eine Menge Fliegen auf seinen bloßen Körper, und der herbeigeholte, erfahrene Arzt konnte weder Pulsschläge noch Herztätigkeit feststellen; eine vor den Mund gehaltene Kerzenflamme flackerte nicht; auch die grausamsten Wiederbelebungsversuche waren umsonst. Als man endlich den für einen Spion gehaltenen Bauern wirklich für tot hielt, ließ man ihn unter Aufsicht eines Geistlichen liegen – und mit diesem ging er dann auf und davon.

Von Scheintod kann also hier nicht die Rede sein, auch nicht von einem vorgetäuschten, wie das vielleicht der junge Monti in naiver Weise geglaubt haben könnte. Es war wohl eine abgekartete Komödie, die von dem Arzt, dem Geistlichen – und vielleicht sogar einem der Häscher – gespielt worden war. Damals gab es mehrere, die österreichische Herrschaft in Italien bekämpfende Organisationen, deren einer die Mitspieler dieser Szene angehört haben. Zu bewundern ist allerdings die Standhaftigkeit, mit der der »Scheintote« die Fliegenschwärme auf seinem Körper und die ihm zwecks Wiederbelebung zugefügten Schmerzen ertrug, ohne eine Reaktion zu zeigen.

Nimmt man aber tatsächlich an, der Bauer hätte Puls und Atmung bis zur Unerkennbarkeit unterdrücken können, so erinnert das an die Künste der indischen Fakire, deren Geheimnis wohl darin besteht, durch Übung, Autosuggestion und autogenes Training das vegetative Nervensystem zu beeinflussen und dadurch Puls und Atmung dem Willen zu unterwerfen. (Meines Wissens ist allerdings noch keine ausreichende medizinische Erforschung der Fakirkunststücke erfolgt.)

In dieses Kapitel gehört eher der Fall des englischen Oberst Townsend, der sich nach eigener Willkür in den Zustand des Scheintodes versetzen konnte. Sein Herz hörte auf zu schlagen, das Atemholen hatte ein Ende, der ganze Körper nahm eisige Kälte und die Steifheit des Todes an, das Gesicht wurde farblos und fiel zusammen; das Auge erschien starr und gläsern; der Geist selbst äußerte keine Tätigkeit mehr, denn ihm fehlte während dieses Zustandes ebenso das Bewußtsein wie dem Körper das Leben. Stundenlang pflegte der Engländer in dieser Lage zuzubringen, bis seine gewöhnliche Körperbeschaffenheit zurückkehrte. Ausführlich ist dieses außergewöhnliche Beispiel im »Journal des Savans«, Juliheft 1746, von den Beobachtern Dr. Cheyne, Dr. Baynard und Apotheker Shrine beschrieben, welcher Darstellung wir detailliert folgen: Der Oberst war lange krank gewesen und ließ die drei Herren – seine Ärzte – durch Boten ersuchen, Zeugen der von ihm gemachten Erfahrung zu sein, die er in ihrer Gegenwart wiederholen wollte. Sie wagten nicht, den Vorschlag anzunehmen, aus Furcht, der Ausfall möchte für ein an sich schon so schwaches Leben tödlich sein. Endlich waren sie einverstanden, teils wohl aus Neugierde, teils durch das Zureden des Kranken. (Es sei hier eingeschaltet, daß dieser Dr. Cheyne nicht mit dem jedem Arzt bekannten Beschreiber des sogenannten »Cheyne-Stoke'schen Atmens« identisch sein kann, denn dieser Fall ereignete sich vor 1746, während der Wissenschaftler Dr. Cheyne von 1777 bis 1836 lebte.)

Der Oberst legte sich auf den Rücken, Dr. Cheyne fühlte den Puls, Dr. Baynard legte ihm die Hand auf die Herzgrube, und Herr Shrine hielt ihm einen Spiegel vor den Mund. Binnen wenigen Augenblicken fühlte man weder den Pulsschlag noch die Bewegung des Herzens, auch lief der Spiegel nicht vom Atem an. Jeder vergewisserte sich jetzt über den Zustand dieser drei Lebensbewegungen, und jeder ward von ihrem Aufhören auf das vollkommenste überzeugt; man unterhielt sich über die sonderbaren Phänomene, und nach einer halben Stunde schickte man sich an, davonzugehen, da man steif und fest glaubte, der Kranke habe seine Erfahrung zu weit getrieben; allein indem sie zum Abschiede den Körper noch einmal untersuchten, verspürten sie eine Bewegung. Nun fühlten sie den Puls wieder; die Bewegung des Herzens nahm nach und nach zu, und das Atemholen ward wieder deutlich; endlich fing der Kranke an zu reden und machte die Zuschauer ebenso erstaunt über seinen vermeintlichen Tod wie über seine Erweckung. Nach ihrem Weggang ließ der Hausherr seinen Notar rufen, brachte sein Testament in Richtigkeit und gab nach fünf bis sechs Stunden ruhig seinen Geist auf. Von diesen Selbstscheintod-Erscheinungen gibt es weitere Beispiele. Hierher gehört wohl auch jener Zustand, in welchen sich Verwundete in den Indianerkriegen zu versetzen wußten und in welchem sie die gräßlichen Schmerzen des Skalpiertwerdens ohne das geringste Zucken zu ertragen vermochten.

Die Geschichte der Kriminalistik kennt ebenfalls solche Fälle. Weimann beschreibt den Fall eines Totstellreflexes bei einem Mörder kurz nach der Tat. Der Grubenarbeiter Sch. hatte ein Verhältnis mit der Witwe S., das sich anfangs sehr friedlich auswirkte, später aber kam es infolge der Trunksucht des Sch. zu Streitigkeiten. Sch. verlangte unter Todesandrohungen Geld. Eines Tages kam die achtjährige Tochter der Witwe zu den Nachbarn und berichtete, daß der Onkel die Mutter erschlagen habe. Das Kind schilderte den Tathergang und erwähnte, daß der Onkel dreimal von hinten mit der Axt auf die Mutter geschlagen habe, dann habe er sich aufs Sofa gelegt und das Kind gebeten, ihn totzuschlagen. Das Kind verließ mit seinen Geschwistern den Raum, konnte aber durch das Schlüsselloch beobachten, daß Sch. versuchte, sich selbst mit dem Beil auf den Kopf zu schlagen. Als durch die Intervention der Nachbarn die Polizei eintraf, fand sie Frau S. notdürftig bekleidet auf dem Bauche liegend, in der rechten Hand ein Dreimarkstück, rechts neben Frau S. lag Sch., den Arm über ihren Rücken, während der ganzen stundenlangen Tatbestandsaufnahme unbeweglich in dieser Lage verharrend. Erst der später eintreffende Arzt erkannte ihn als lebend. Er wurde ins Krankenhaus eingeliefert, war bei Bewußtsein, sprach aber nicht, aß nichts und nahm von seiner Umgebung keine Notiz. Nach fünf Tagen erst begann er zunächst wortkarg und dann immer gesprächiger zu reden und legte ein Geständnis ab. Allerdings behauptete er, in Notwehr gehandelt zu haben. Er wisse nur, daß er mit dem Opfer hingestürzt sei, und wisse dann nichts mehr. Die Gerichtsverhandlung führte zum Todesurteil. Der Gerichtspsychiater erklärte diesen Zustand für einen hysterischen Stupor oder Schlafzustand, der einer primitiven Fluchtreaktion entspräche. Es dürfte sich kaum um Simulation gehandelt haben. (Hier scheint eine Beziehung zu den Totstellreflexen bei Tieren zu bestehen. So beschreibt W. Preyer in dem 1878 in Jena erschienenen Titel »Die Käfer und der tierische Hypnotismus« das Sichtotstellen kleiner Käfer, wenn sie ergriffen werden.)

GIBT ES EMPFINDUNGSFÄHIGKEIT NACH ENTHAUPTEN ODER ERHÄNGEN?

Wenden wir uns an dieser Stelle einem besonderen Aspekt zu, der nicht nur Mediziner, Juristen oder Theologen, sondern über Jahrhunderte hinweg eine breite Öffentlichkeit beschäftigte: Gibt es Anzeichen von Leben (und damit Empfindungsfähigkeit) in einem abgetrennten Körperteil oder in gewaltsam getöteten Körpern? Zahlreiche Stimmen forderten Gewißheit, um auch im Strafvollzug Grausamkeiten zu vermeiden.

In seinem 1836 in Berlin erschienenen Werk »Benachrichtigung über die Unsicherheit der Erkenntnis des erloschenen Lebens« konstatiert M. B. Lessing: Selbst bei Enthaupteten bleibt noch eine Weile die Reizbarkeit, also Empfänglichkeit für Schmerz und Empfindung mit Bewußtsein zurück.

Schmitz erzählt von der Hinrichtung des 47jährigen Schreiners Dieter Christoph wegen Raubmordes zu Coblenz, am 8.3.1824, 6 Uhr morgens: »Mit dem Schlage des Messers fiel auch fast in demselben Augenblick der Kopf zur Erde. Er kam auf die rechte Seite zu liegen, ohne mit der Schnittfläche den 1 Fuß hoch aufgeschütteten weichen Sand berührt zu haben. Es wurde keine Bewegung des Kopfes bemerkt; das Auge war halb geöffnet. Der Kopf wurde alsbald von mir erhoben. Gleich nachdem einer von uns ihm das Wort ›Mörder‹ in das Ohr gerufen hatte, öffneten sich die Augen vollkommen und starr, und mit dem Ausdruck der Verwunderung blickten sie ohne Zeichen des Schmerzes auf die Beobachtenden hin. Dies währte mehrere Sekunden, worauf sich das Auge nach oben rollte, so daß die Pupille kaum mehr sichtbar war. Die Augenlider schlossen sodann das sich senkende Auge, und mehrere Tränen liefen über die Wangen.«

Der Arzt Dr. Vezin beobachtete, so wird in den »Blättern für gerichtliche Anthropologie 1861« erwähnt, am abgetrennten Kopf der Raubmörderin de Grott schnappende Atembewegungen und ebenso am Kopf des Gattenmörders Fleischer.

Der Arzt Sue (Opinions sur le supplice de la Guillotine, Paris, 1797, zit. nach den »Blättern für gerichtliche Anthropologie«) ist der Auffassung, daß, solange das Blut in den Kapillaren (des Gehirns) noch warm sei, das Gehirn auch noch normal funktioniere.

Der berühmte Anatom Soemmering (1755–1830) meint, daß die Enthauptung die schmerzhafteste Todesart sei. Im abgeschnittenen Kopf herrsche noch das fürchterliche Bewußtsein seiner Schmerzen, eine Empfänglichkeit für jeden Eindruck und für jede Vorstellung. Ein abgehauener Kopf würde reden oder schreien, wenn man an ihm eine »künstliche Lunge« anpassen könnte. Am 20.5.1795 schrieb Soemmering an seinen Briefpartner Oelsner:

»Im Kopf, der vom Körper durch die Hinrichtung getrennt wird, bleiben Empfindung, Persönlichkeit, das Ich, einige Zeit noch am Leben, und er empfindet den Nachschmerz, von dem der Hals betroffen ist. Wenn nun aber der Grundsatz, daß der Sitz der Fähigkeit zu fühlen, sich im Gehirn befindet, nicht angefochten werden kann, so ersehen wir daraus die Folgen, die dadurch entstehen. Solange also auch das Gehirn seine Lebenskraft bewahrt, besitzt auch der Hingerichtete das Gefühl seines Daseins. All die auffallenden Erscheinungen, die durch eine große Zahl von glaubwürdigen Beobachtern ... belegt werden, beweisen, daß der Kopf seine Lebenskraft noch lange behält ... Andere haben mir versichert, gesehen zu haben, wie der Kopf mit den Zähnen knirschte, als er schon vom Körper getrennt war; *und ich bin überzeugt, daß, wenn weiter ein regelmäßiger Luftstrom durch die Stimmorgane, falls sie nicht zerstört wurden, fließen würde, dieser Kopf sprechen könnte.*«

Er führt aus: Legt man einen abgehauenen Kopf so auf einen Tisch, daß die Schnittfläche berührt oder gedrückt wird, treten Krämpfe der Gesichtsmuskeln und der Zunge auf. Rief man den Namen des Enthaupteten in sein Ohr, so öffneten sich die geschlossenen Augen und wendeten sich nach der Seite hin, woher der Ruf kam. Es muß also das Bewußtsein im Kopfe des Enthaupteten noch einige Zeit andauern (es muß hier der Wahrheit gemäß aber eingeflochten werden, daß die Versuche an den Köpfen einiger Hingerichteter völlig ergebnislos waren, da keinerlei Reaktion erzielt wurde. Es wird andererseits behauptet, daß der

William Hogarth,
»DER LOHN DER GRAUSAMKEIT«,
die Sektion eines Hingerichteten.
1751, Kupferstich.
Die Diskussion der Empfindungsfähigkeit einzelner Organe bewegte nicht nur Mediziner.

Kopf von Marie Antoinette, als ihn der Henkergehilfe Sansons hochhob und ohrfeigte, noch mit den Lidern geblinzelt hätte).

Prof. I. Wendt, Breslau, stimmt Soemmering zu. Er hat am Kopf des Enthaupteten namens von Troer, 1803 zu Breslau um 9.30 Uhr morgens hingerichtet, der ihm übergeben wurde, wichtige Beobachtungen gemacht. Zeugen der Hinrichtung waren die Doktoren Lachel, Lindner, Menzel, Votheer, der Generalchirurgus Schwindt, der Bataillonschirurgus Jüngling, die Wundärzte Illing, Häsener, Hanisch, Weber.

Mittels eines kleinen Trokars wurde in das Rückenmark eingestochen, worauf der Kopf den Ausdruck eines Schmerzes zeigte, wie ihn kein Raffael lebendiger hätte darstellen können. Ein Fuchteln mit der Hand gegen die Augen rief Lidschluß hervor, ein Hinwenden der geöffneten Augen zur Sonne rief ebenfalls Lidschluß hervor. Das Rufen des Namen »Troer« bewirkte stets das Öffnen der immer wieder zufallenden Augen und deren Hinwenden nach dem Rufer sowie das mehrmalige Öffnen des Mundes, als ob Ansätze zum Sprechen gemacht werden sollten. Dieser Hörversuch fand statt 1 Minute und 30 Sekunden nach dem Schlag. Danach erneute Reizung des Rückenmarks, die mit deutlichen Zeichen des Schmerzes beantwortet wurde, so daß die Zuschauer riefen: »Dies ist Leben!«

Diese Zeichen des Schmerzes bestanden aus krampfhaftem Schließen der Augen, Zusammenbeißen der Zähne, Zucken der Backenmuskeln, die sich den unteren Augenlidern näherten. Wendt steckte den Finger in den Mund und verspürte ein deutliches Drücken. Andere versuchten dasselbe und empfanden es auch. Bei jedesmaligem Berühren des Rückenmarks durch den Trokar drückte der Kopf die Zähne fester aufeinander. Als Wendt sich mit dem eingeführten Trokar dem unteren Teile des Gehirns näherte (wo nach Gall die Lebenskraft sitzt), drückte der Kopf die Zähne so fest aufeinander, daß ein Anwesender seinen Finger, den er dazwischengesteckt hatte, nicht eher wieder herausziehen konnte, als bis der Trokar entfernt worden war. Nun waren 2 Minuten, 40 Sekunden seit dem Schlag vergangen. Der Kopf schloß langsam die Augen, im Antlitz kehrte die Ruhe wieder, er erblaßte, und keine Spur des Lebens blieb mehr zurück. Wendt äußerte hierzu: Kann eine solche Todesstrafe, wo nach dem tödlichen Streiche das Bewußtsein des Delinquenten mit Gefühl für jeden äußeren Eindruck fortdauert, gerechtfertigt sein? Zwei Minuten und vierzig Sekunden sind unter solchen Umständen eine Ewigkeit. Gegen diesen Schmerz ist der Schmerz des Radebrechens eine Barmherzigkeit (speziell da es beim Rädern die sogenannte Klausel der Gnade gibt, welche eine Erdrosselung des Delinquenten vor der Marter vorsieht).

Josef Schleer (übrigens ein Neffe Mesmers) schildert in »Experimentelle Untersuchungen an Enthaupteten im Jahre 1808« die Hinrichtung des Johannes Lais am 1. 7. 1808 in Breisach. Anwesend waren Dr. Künzer, provisorischer Amtsphysikus, Jäger, Landchirurg, Frarenschen, Ober-Wundarzt, Dr. Keller, Dr. Sattler, cand. med. Fürst, cand. med. Meinrad Müller. Die Hinrichtung erfolgte mit dem Schwert. Durch die Fassungslosigkeit und Unachtsamkeit des Scharfrichters fiel der Kopf auf die Erde und gelangte erst 1 Minute nach dem Schlag zur Beobachtung auf die bereitgehaltene Platte. Auf Namensaufruf erfolgte ein kaum merkbares Hinwenden der Augen zum Rufer unter halbgeschlossenen Lidern und Verziehen des Gesichts ins Unangenehme. Weitere Versuche verliefen negativ. Auch das Berühren des Rückenmarks mit einer Stricknadel blieb ohne Erfolg. Der Zeuge Dr. Keller hat keine Augenbewegung auf das Rufen hin gesehen (genauer Bericht im Badischen Magazin, 3. Jg. 1813).

Erwähnenswert ist ebenfalls ein Auszug aus der Schrift von Carl Friedrich Clossius »Über die Enthauptung«, Tübingen 1797. Dieser Aufsatz war als Zugabe für den Soemmeringschen Aufsatz im »Moniteur« gedacht. Er vertritt die Auffassung, daß die Strafe des Enthauptens zu den harten Todesstrafen zu rechnen ist, wie durch Zitate belegt werden kann:

»Dank sey deßwegen jedem Fürsten eines Landes gesagt, welcher diese Strafe durch seltene Einwilligung gleichsam in Vergessenheit gerathen läßt.«

»Wie nur ein Dummkopf die Folter, um das Geständnis von einem angeschuldigten Verbrechen zu erpressen, vorschlagen konnte, so konnten auch nur rohe Schurken die peinlichen und langsamen Todesstrafen erfinden.«

»... daß die ostindische (und italienische) in Frankreich abgeänderte Maschine (Guillotine) den Vorzug in jeder Hinsicht vor dem Beil oder dem unsicheren Schwert verdiene.«

»Herr Soemmering hat seine Gründe, daß nach dem Enthaupten das Bewußtsein noch einige Zeit fortwähre, gut zusammengestellt und ist davon so überzeugt, daß er es für gewiß hält, der abgehauene Kopf würde noch reden, wenn er nur nicht von den Atmungswerkzeugen getrennt wäre.«

Soemmerings Ansicht wurde nicht geteilt von einem Herrn Wedekind, der die rasche Blutleere des Gehirns und die damit verbundene sofortige Einstellung der Gehirntätigkeit ins Treffen führte.

Clossius aber glaubt auf Grund seiner Kenntnisse der Blutgefäße des Kopfes eine sehr rasche Blutentleerung bestreiten zu können. Befunde an verbluteten Wöchnerinnen und enthaupteten Hunden sprechen für seine Auffassung (er zitiert u. a. auch Haller, Elem. physiol. R.I., S.486, der Fälle von warmblütigen Tieren, die nach Herausnahme des Herzens noch schrien, gesammelt hat).

Clossius zitiert Schmucker (Chirurgische Wahrnehmungen, 1.Teil, S.557): »Am 7.12.1757, drei Tage nach der Schlacht bei Leuthen, fand ich unter den österreichischen Verwundeten einen Korporal voller Blut, welcher sich im Stehen mit den Händen auf ein aufgerichtetes Faß gestützt hatte. Ich fragte, ob er nicht verbunden wäre, dieser elende, bejammernswerte Mensch richtete sich in die Höhe und zeigte auf seine Wunde. Allein, Himmel, welcher Anblick! Der Kehl- und Schlundkopf war durch eine Kanonenkugel weggeschossen und die Halswirbel waren ganz entblößt zu sehen. Doch lebte er unter diesen Umständen bis den 11. Dezember, wo er den Geist aufgab.«

Mayer (zit. nach Clossius) sagt in seiner »Beschreibung des menschlichen Körpers«, 3. Bd., S. 42: »Mir ist ein Fall von einem Missetäter bekannt, der enthauptet werden sollte. Der Nachrichter hieb ihm, um seine Geschicklichkeit zu zeigen, während der Delinquent zu dem Sandhaufen ging, den Kopf hinweg, und der Körper vollführte den Schritt, den er im Begriffe war zu tun, als er den Hieb empfing, noch wirklich, ehe er fiel.«

Es soll vorgekommen sein, daß Missetäter nach Verlust des Kopfes von dem Stuhl aufstanden (Clossius).

Alle die Bewegungen des abgesetzten Kopfes, die Verdrehungen der Augen, das Zucken der Gesichtsmuskeln, die Bewegungen des Mundes, alle beweisen das Vorhandensein von Lebenskraft (wir würden heute sagen: Bewußtsein), die bei einigen nur kurze Zeit, bei anderen mehrere Minuten lang erhalten bleibt. Die Lippen der enthaupteten Königin von Schottland, Maria Stuart, bewegten sich eine Viertelstunde lang (aus Ballard, Mem. of learned ladies of Great Britain, S. 166, zit. nach Clossius).

»Solange«, schließt Clossius seine kleine, aber beherzigenswerte Schrift, »die Möglichkeit eines Überrestes von Gefühlen und der Einwirkung äußerer Reize, der Kälte, der Luft, des Windes in dem noch lebenden Kopf bei nicht angetastetem Hirn nicht durch unumstößliche Gründe geleugnet werden kann, solange gebietet die Menschlichkeit, eine andere Form von Todesart zu erwählen, in welcher der Todesstreich und die gänzliche Zerstörung ... des Hirns zusammentreffen.«

Im Journal of Mental Pathology 1905, S. 103, lesen wir: Ein reformierter Pastor namens Meury in Jersey City, USA, erzählt, daß er einen gewissen Gentz, der eine Frau erschossen hatte und nun gehängt werden sollte, zum Richtplatz begleitete. Der Pastor machte mit dem Delinquenten aus, daß er, Gentz, nach dem Aufhängen gewisse Zeichen machen sollte, und zwar zweimal seine Hände zucken, dann einmal und endlich wieder zweimal das Ganze, aber erst eine Minute, nachdem der Hals gebrochen sei.

Der Geistliche berichtet wörtlich weiter: »Als Gentz mit Gewalt aufgezogen wurde, ward sein Körper steif. Ungefähr 3/4 Minuten verflossen. Dann sahen sechs Männer, die um die Abmachung Bescheid wußten, und ich, daß die gefesselten Hände die ausgemachten Zeichen ausführten. Das Entsetzen war zu groß!«

Jetzt unternimmt dieser Pastor einen Kreuzzug gegen die Todesstrafe in New Jersey. An dem Faktum selbst darf man danach wohl nicht zweifeln. Es ist aber nur ein Beweis dafür, daß das Bewußtsein noch ganz kurz nach der Exekution bestehen kann. Es wird dies aber glücklicherweise wohl nur eine große Seltenheit sein, da bei der richtigen Technik der Blutstrom zum Gehirn so plötzlich unterbrochen wird (noch gründlicher freilich beim Erdrosseln), eventuell sogar das Rückenmark durch Verrenkung des Halswirbels oben zerquetscht, daß wohl auch nur ein momentanes Bewußtsein danach kaum anzunehmen ist. Die angstvollen Gesichter etc. bei Gehängten sind wohl schon vorher innerviert worden, und andere Zuckungen sind rein reflektorisch. Immerhin ist dies eine grausame Art zu töten. Man wird deshalb andere Mittel zu diesem Zwecke anwenden, wenn man überhaupt noch die Todesstrafe beibehalten will, die ich (Näcke) für gewisse Fälle doch für gut halte.

Hier kommen dann nur die Guillotine und die amerikanische Methode der Elektrisation in Frage, doch scheint die Methode für letzteres noch weiterer Vervollkommnung zu bedürfen, wie dies Frl. Robinowitsch (Journ. of Mental Pathology, 1905) weiter ausführt.

Schließlich sei noch eine letzte Veröffentlichung erwähnt, die die Suche der Vertreter der medizinischen Wissenschaft nach Fakten belegt: Im Jahre 1859 kam in Boston ein Fall vor, beobachtet von Dr. Clark, Dr. Ellis und Dr. Schan. Der Delinquent wurde bei der Erhängung um 10 Uhr vormittags aus einer Höhe von 7 bis 8 Fuß fallen gelassen. Sieben Minuten später wurden 100 Herzschläge gezählt, neun Minuten später 98 Herzschläge, zehn Minuten später 60, und erst nach 12 Minuten war kein Herzschlag mehr feststellbar. Um 10.40 Uhr wurde die Leiche abgenommen. Um 11.30 Uhr wurde eine Pulsation über der »Claviculare« erkannt. Der Herzschlag, mit dem Stethoskop vernommen, war wieder 29mal in der Minute hörbar. Nun wurde der Thorax eröffnet und das Herz bloßgelegt. Das rechte Herzohr erweiterte und verengte sich energisch. Bis 12.00 Uhr konnten noch 40 Schläge, bis 13.45 Uhr noch 5 Schläge pro Minute festgestellt werden. Erst gegen 14.00 Uhr erlosch die Herztätigkeit (Hofmann).

DER VAMPIRISMUS

Vampir ist ein serbokroatisches Wort und bedeutet Werwolf oder Blutsauger (Syn. vukodlak). Unter Vampirismus versteht man jene weit verbreitete Form des Aberglaubens, daß sich Menschen vor, aber auch nach dem Tode in Ungeheuer verwandeln können und ihren Mitmenschen auf diese Weise Schaden zufügen. So ist z.B. die Sage vom Werwolf bekannt, nach der sich Personen, die sich entweder dem Teufel verschrieben haben, die durch einen bestimmten Zauber dazu in der Lage sind oder die überhaupt durch eine Art angeborenen Fluches dazu verdammt sind, sich nächtlicherweile in eine wolfsähnliche Bestie verwandeln. Glühäugig hechelnd rast sie dann, will man den zahlreichen Darstellungen glauben, durch die Wälder und umkreist schrecklich heulend die Wohnstätten der Menschen. Sie überfällt nächtliche Wanderer, beißt ihnen den Hals durch und saugt das Blut. Sie dringt aber auch in dunkle Hausflure und Scheunen ein, um dort sich allein aufhaltende Personen umzubringen. Gewöhnlich endet die Sage von einem solchen Werwolf damit, daß man sich zu seiner Bejagung zusammenfindet und ihm schließlich so nahe auf den Pelz rückt, daß ihm eine Verletzung beigebracht werden kann. Man erkennt dann am nächsten Tage den nun wieder in menschlicher Gestalt erscheinenden Werwolf an einer Verwundung an derselben Stelle. Daraufhin wird der Betreffende entweder von der Volkswut vernichtet oder dem weltlichen oder geistlichen Gericht übergeben.

Andererseits hält es der Volksglaube für möglich, daß Verstorbene, vor allen Dingen solche, die ein ungesühntes Verbrechen hinterlassen haben, zwar tot sind und im Grabe liegen, aber um Mitternacht ihr Grab verlassen, entweder jede Nacht oder an bestimmten Tagen, Jahrestagen des Verbrechens, Jahrestagen des Todes, Vollmondnächten, Freitagen usw., und in Gestalt einer riesigen Fledermaus durch die Lüfte eilen und unschuldigen Schläfern das Herzblut aus dem Leibe saugen, so daß diese anscheinend ohne jede äußere Ursache blässer und schwächer werden, allmählich dahinschwinden und schließlich sterben. In diesem Zusammenhang ist es interessant, daß die Loritja, ein Eingeborenenstamm Australiens, behaupten, beim Sterben verlasse die Seele den Körper wiederholt und kehre ebensooft wieder in ihn zurück, bevor sie ihn dann endgültig verläßt (Drobec). Aber auch in deutschen Gegenden, in der Mark, kannte man den »Nachzehrer«, in Preußen ging die Rede von einem geheimnisvollen »Blutsauger« oder in Pommern vom schrecklichen »Gierfraß«. Dort war auch die Sage von den Wilis verbreitet, den verkörperten Seelen von vor der Hochzeit verstorbenen Bräuten, die junge Burschen zum Tanz verlocken, bis sie tot hinstürzen. Die südslawischen Vilen entsprechen vielleicht diesen nordslawischen unheimlichen Gestalten.

Daß es solche blutsaugenden Fledermäuse wirklich gibt, ist bekannt. Die Vampire sind Fledermäuse der Familie der Desmodontidae, z. B. Desmodus rotundus, die einzigen Säugetiere, die sich als richtige Parasiten ausschließlich von Blut ernähren, das sie lebenden Wesen, vom Menschen bis zur Kröte, abzapfen. Mit den großen oberen Schneidezähnen, die messerscharf sind, verletzen sie fast schmerzlos die Haut ihres Opfers und lecken das hervortretende Blut.

Darwin war der erste, der einen solchen Vampir beobachtete, und Humboldt beschrieb sie ebenfalls. Ihr Magen hat auf einer Seite einen Blindsack. Sie kommen zu Millionen von Argentinien bis zur Südgrenze der USA vor und sind als Überträger von Tier- und Menschenseuchen sehr gefährlich. So z. B. sind sie an den Tollwutepidemien der Menschen in Mexiko und auf Trinidad schuld gewesen. Diese blutsaugenden Fledermäuse sind gute und lautlose Flieger. Sie landen stets in der Nähe ihres Opfers und kriechen dann zu diesem hin bzw. klettern an ihm hoch. Hier schlagen sie, mit bodenwärts gerichtetem Kopf, blitzschnell zu, so daß ihre messerscharfen Zähne ein Loch in die Haut schneiden. Nun dreht sich das Tier um – den Kopf aufwärts gerichtet – und preßt seine zu diesem Zweck speziell geformten Lippen fest um die Wunde und befördert das heraustretende Blut durch pumpendes Lecken in seine dünne Speiseröhre. An einem eigenen Verdauungsplatz, der durch die tintenschwarzen, teer-

Der im Mittelalter weit verbreitete
WERWOLFGLAUBEN
fand auch in den folgenden Jahrhunderten
immer wieder Anhänger.
Aus: K. Voelkner, Von Werwölfen und anderen
Tiermenschen.
Leipzig, 1924

ähnlichen Exkremente gekennzeichnet ist, verdauen diese Tiere das Blut. Irreführend ist, daß diese Blutsauger zwar im Volksmund Vampire heißen, zoologisch aber anders (s. o.). Dafür wieder gibt es eine Reihe früchtefressender Fledermäuse, die offiziell Vampire heißen (z. B. Vampirus spectrum, der südamerikanische Vampir, oder der Große Vampir, Vampyrus, oder der Kurznasenvampir, Artibeus), aber kein Blut saugen. Sieht der Laie z. B. in einem Lexikon unter Vampir nach, so werden ihm hier früchtefressende Fledermäuse geboten, während der Vampir im Sinne des Volksmundes an anderer Stelle, etwa unter Desmodus oder Desmodontidae, gesucht werden muß.

Wahrscheinlich ist diese zoologische Merkwürdigkeit des Blutsaugers der Urgrund der Vampirsage. Darin heißt es, dem Vampir sei nur dadurch das Handwerk zu legen, daß man einen Pfahl aus zauberkräftigem Hainbuchenholz um Mitternacht an jener Stelle des Grabes in die Tiefe schlägt, an der das Herz des Leichnams zu vermuten ist. In manchen Gegenden wird zu diesem Zweck das Grab geöffnet und der Zauberpfahl der Leiche selbst durch das Herz gestoßen. Der Volksaberglaube meint also, daß unter gewissen Umständen der Tote nicht wirklich tot ist, sondern in Bestiengestalt sein Grab wieder verlassen kann.

Im Jahre 1733 erging aus einem Dorfe in Serbien an der türkischen Grenze ein Gerücht, das sich über ganz Deutschland ausbreitete: Es sollten sogenannte Vampire in diesem Dorf nachts aus den Gräbern kommen und ihre lebenden Verwandten umbringen. Dies stand in allen Zeitungen, sogar Kaiser Franz I. erfuhr davon und ernannte, da zufällig gerade ein paar Jahre Frieden waren, eine Kommission, die an Ort und Stelle Untersuchungen anstellen sollte. Sie ließ die betreffenden Leichen ausgraben, jeder einen Pfahl durchs Herz stoßen und durch einen Zigeuner Hopfen verbrennen. Die von Regimentschirurgen und Offizieren unterschriebene aktenmäßige Relation, das Protokoll, war dem Prinzen von Württemberg als damaligem Gouverneur des Banats zugesandt worden und durch ihn dem Kaiser übermittelt. Alle Welt erfuhr davon, Bänkelsänger und Zeitungsschreiber bemächtigten sich dieser gruseligen Geschichte, in akademischen Disputationen wurde sie ventiliert und in Buß- und Leichenermahnun-

Rudolf Schlichter,
VAMPIRE,
die einen Menschen in Angst und Schrecken versetzen.
Farblithographie.
Aus: A. K. Tolstoi, Die Familie des Vampirs.
München, 1923

gen fleißig angewandt. Der Kaiser selbst zeigte viel Wißbegierde und verlangte von Dr. Beyer, einem berühmten Naturforscher, ein schriftliches Gutachten darüber. Dieses ist aber niemals öffentlich bekannt geworden, sondern wahrscheinlich vom kaiserlichen Beichtvater unterdrückt worden, weil es nicht seinen Absichten entsprach. (Diese Geschichte ist in HUFELAND 3 zu finden, der sie offenbar aus einer Breslauer Sammlung merkwürdiger Geschichten, 18. Stück, 1755, entnommen hat.)

ÉPAULARD übrigens versteht unter Vampirismus jede Leichenschändung, also Nekrophilie und Nekrosadismus, und führt zahlreiche Fälle an, die bis auf Herodot zurückgehen.

HELLWIG meint, daß die Vorbedingung des Vampirglaubens die Idee ist, der scheinbar Tote lebe in Wirklichkeit noch, und man könne an verschiedenen Kennzeichen auf eine Fortdauer des Lebens schließen. So z. B. sei ein solches Symptom ein frisches Aussehen des Toten, Offenhalten eines oder beider Augen, Fehlen von Verwesungszeichen, Unterbleiben der Totenstarre usw. (Mir erscheint aber noch tiefergreifend die Tatsache zu sein, daß der Mensch im allgemeinen nur schwer oder gar nicht an den Zustand des »Nichtmehrseins« zu glauben vermag, speziell wenn es sich um geliebte Menschen handelt.)

HELLWIG berichtet 1910 aus der Schweiz: Als bei einem Todesfall in Schwerikon eine Nachbarin dem Leichenbeschauer und Sargmacher die Leiche in den Sarg legen half und diese keine Starre aufwies, äußerte der Leichenbeschauer sofort zu seiner Gehilfin: »O, da stirbt bald wieder jemand, sie (d. h. die verstorbene Frau) ist ja noch viel zu wenig starr.« Gleichzeitig wies er aber die Nachbarin an, über diese Beobachtung Stillschweigen zu bewahren. Selbst wenn sie darüber befragt würde, solle sie sagen, sie hätte die Leiche nicht befühlt, sonst würden die Leute in Unruhe und Sorge geraten. Während sich dann beide in der Küche die Hände wuschen, kam eine Tochter herbei und wollte wissen, ob die Mutter auch wirklich starr gewesen sei. Der Leichenbeschauer beantwortete zum Erstaunen seiner Gehilfin diese Frage mit der Unwahrheit: »O ja, ganz gewiß!«

Beruhigt kehrte die Tochter in die Stube zurück, um den anderen Anwesenden diesen Bescheid zu überbringen. Später erzählte der Leichenbeschauer der Nachbarin, daß er früher jene Vermutung noch nicht gekannt habe. Deshalb habe er des öfteren wahrheitsgemäß verneint, daß die Leiche starr gewesen sei. Hierüber aber seien die Leute stets sehr bestürzt gewesen. Beinahe jedesmal, selbst bei der kleinsten Kinderleiche, werde er nach der Starre gefragt. Als die Nachbarin ihn fragte, ob er selbst in solchen Fällen heimlich auf diese Zeichen achte, entgegnete er, manchmal wohl, anderesmal nicht. Es habe sich schon ergeben, daß diese Vorstellung sich bewahrheitete, meist aber nicht. Wenn er diese Zeichen bestätigt fand, hat er wieder daran geglaubt, im anderen Fall habe er sich selbst oft einen Dummkopf gescholten.

Dies ist ein interessanter Beitrag zur Psychologie des Aberglaubens, da dessen Bestätigung immer wieder dazu beiträgt, daß er nicht ausstirbt.

ZUSAMMENFASSUNG UND AUSBLICK

Es ist wohl kaum mehr feststellbar, welcher Vorgang es war, der die Fülle von Scheintodliteratur auslöste, ob es der Sensationslust dienende Sammlungen von Scheintodgeschichten waren oder ob es die sich mit steigender Bevölkerungsdichte vermehrenden wirklichen oder vermeintlichen Scheintodfälle selbst waren, die das ärztliche Gewissen zu ihrer Bekämpfung aufriefen und Anlaß zu kasuistischen Darstellungen, d.h. zur Beschreibung von Krankheitsfällen, gaben.

Nach vereinzelten Darstellungen von Scheintodfällen im Altertum und im Mittelalter beginnt Ende des 17. und Anfang des 18. Jahrhunderts eine allmählich zunehmende Flut von Scheintodliteratur, teils medizinischer, teils geistlicher, teils belletristischer Provenienz, die um die Wende des 18. und 19. Jahrhunderts ihren Höhepunkt erreichte. In der zweiten Hälfte des 19. und im 20. Jahrhundert ebbt die Flut rasch ab, und heute redet – mit Ausnahme vereinzelter Zeitungsnotizen – kein Mensch mehr vom Scheintod.

Wie so häufig, liegen wohl auch dieser Erscheinung mehrere, zufällig zusammentreffende Ursachen zugrunde.

Zunächst waren es die großen Seuchenzüge der Pest und der Blattern, die mit ihren Verheerungen das nur geringfügig organisierte und meist der Kirche und ihren Organen überlassene Bestattungswesen völlig sprengten, dadurch häufig zu Nachlässigkeiten und damit zu zahllosen Scheintod- und Lebendig-Begraben-Geschichten führten.

Ferner sind in diesem Zusammenhang das sich mehr und mehr vervollkommnende Nachrichtenwesen und die größere Zahl der Lesekundigen zu beachten. Ereignisse, die früher, bei geringerer Bevölkerungsdichte, im Umkreise eines Dorfes, einer kleinen Stadt geblieben wären und bald vergessen wurden, erhielten größere Verbreitung und längere Wirksamkeit durch die ersten Zeitungen und ihre Vorgänger. Man schenkte den gelesenen Nachrichten mehr Glauben als den mündlich überlieferten.

Weiterhin ist die größere Zahl der in den kriegerischen Auseinandersetzungen eingesetzten Soldaten, dadurch die größere Zahl der Verwundeten und Toten, in Betracht zu ziehen und im Zusammenhang mit der doch eigentlich bis 1871 noch katastrophalen Versorgung der Verwundeten bzw. Bestattung der Toten zu sehen.

Wohl einer der ersten, die dieses Problem auf Grund am eigenen Leibe erlebten Erfahrungen aufgriffen, war Jacques Bénigne WINSLOW, der in Dänemark als Sohn eines protestantischen Pastors geborene, später zu Paris unter dem Einfluß BOSSUETS katholisch gewordene große Anatom (1669–1760). Er war in seiner Jugend selbst zweimal in der Gefahr, lebendig begraben zu werden, und trug in seiner Schrift »An mortis incertae signa minus incerte a chirurgicis, quam ab aliis experimentis«, Paris, 1740 (1 Quartbogen) dazu bei bzw. veranlaßte, daß der Scheintod als sozialmedizinisches Problem aktuell wurde.

Schon 1742 erschien von dem in der medizinischen Literatur bereits bekannten Jacques Jean BRUHIER, Dr. med., Vorsteher des Anatomischen Theaters zu Paris, WINSLOWS erwähnte These in französischer Übersetzung mit Zusätzen und eigener Zueignungsschrift an die Académie royale des sciences in zwei Teilen, deren erster bereits 438 Großduodezseiten umfaßte. (Der Titel: Dissertation sur l'incertitude des signes de la mort et abus des Enterremens et Embaumemens précipités par. M. Jacques Bénigne WINSLOW, Docteur Régent de la Faculté de Médecine de Paris de l'Académie Royale des sciences etc. traduit et commenté par Jacques Jean BRUHIER, Docteur en médecine). Schon 1749 erschien von diesem Werk eine neue Ausgabe im Umfange von 609 Seiten, deren deutsche Übersetzung von 1754 mit Anmerkungen und Zusätzen vermehrt von D. Johann Gottfried JANCKE, der Arztneywissenschaft öffentlicher Lehrer auf der hohen Schule zu Leipzig, uns hier vorlag.

Wie dringend für WINSLOW die Beschäftigung mit dem Scheintodproblem gewesen sein muß, geht aus seiner folgenden Äußerung hervor: »Was mich betrifft, so bitte ich alle diejenigen, die mich einmal in den letzten Zügen liegend sehen werden, inständigst, daß sie von allen denjenigen Mitteln, die ich in dieser Abhandlung vorgeschlagen habe, oder von anderen, die man sonst noch erdenken könnte, kein einziges unterlassen mögen, um versichert zu sein, ob ich wirklich die unvermeidliche Schuld der Natur bezahlt habe.«

Weitere Scheintodliteratur bringen 1772 JANIN (Réflexions sur le triste sort dées personnes, qui ... ont été enterrées vivantes), ferner 1786 das große Werk FRANKS »System der medizinischen Polizei« und 1795 ANSCHELS »Thanatologie«. Im Jahre 1796 erscheint das »Alphabetische Taschenbuch der hauptsächlichsten Rettungsmittel für totscheinende ... Menschen« von A. V. ZARDA, das zwar keine Geschichten enthält, dafür aber völlig sachliche Anweisungen und Rezepte, was in den verschiedenen Fällen von Scheintod alles getan werden muß und in welcher Reihenfolge.

Bis zum Ende des 18. und in den ersten Jahren des 19. Jahrhunderts war die Hauptsorge der Verfasser dieser und ähnlicher Schriften die Erkennung des eingetretenen Todes und der Zeichen des Scheintodes.

Es ist wohl dem Einfluß des »Code Napoléon«, jenem revolutionären Gesetzwerk zuzuschreiben, daß, beginnend mit dem Werk »Der Scheintod, oder Sammlung der wichtigsten Thatsachen und Bemerkungen darüber, in alphabetischer Ordnung mit einer Vorrede von D. Christ. Wilh. Hufeland, Königl. Preuß. Geh. Rath und wirklichen Leibarzte«, Berlin 1808, der Differentialdiagnose »Tod – Scheintod« zwar noch gebührendes Interesse geschenkt ward, das Schwergewicht des Problems aber doch mehr auf eine staatliche Ebene verschoben wird. Wohl interessiert es den Arzt noch, an welchen Merkmalen man den Scheintod erkennt, aber er stellt nunmehr noch andere Fragen: Was unternimmt der Staat, um die Gefahr des Lebendig-Begrabenwerdens von den Bürgern abzuwenden?

Noch zu HUFELANDS Zeiten war das Problem nicht so dringend gewesen. Er konnte es finanziell durchsetzen, daß in Weimar das erste Leichenhaus erbaut wurde. Es sollte den Zweck haben, wirklich oder vermeintlich Gestorbene an einem neutralen Ort zu deponieren und so lange aufzubewahren, bis man über den Eintritt des Todes Gewißheit hatte. (Jeder Tote war hier durch Fäden mit Alarmglocken verbunden.)

Gustav Richard Steinbrecher,
»DER TOD ALS WÜRGER«
– der Tod spielt zum ersten Auftreten der Cholera auf einem Pariser Maskenball 1831 auf.
Nach einer Zeichnung von Alfred Rethel.
1851, Holzschnitt.
Aus: Werner Block, Der Arzt und der Tod in Bildern aus sechs Jahrhunderten.
Stuttgart, 1966

Carl Gottlieb Merkel (Illustrator)
und Johann Gottfried Flegel (Stecher),
»PEST. IN DER LUFT KOCH ICH VERDERBEN
UND WAS ATHMET – ES MUSS STERBEN.«
Holzschnitt.
Aus: Bilder des Todes oder Todtentanz für alle Stände.
Leipzig, 1850

Damit tauchten neue Probleme auf. Wer baut Leichenhäuser? Wer trägt die Kosten? Sind sie wirklich notwendig? Als Erläuterung sei hier eine Quelle genannt, die historischen Hintergrund bietet:

In einem Zeitungsartikel ohne Datum und Verfasserangabe (etwa in den zwanziger Jahren unseres Jahrhunderts geschrieben) unter dem Titel »Die Angst vor dem Scheintod in Alt-Berlin« ist zu lesen: Bei den Berlinern wurden die Leichen bis zum letzten Augenblick im offenen Sarge im Hause behalten. Dies geschah nicht bloß aus Pietät, sondern mehr noch, weil eine allgemeine, ganz ausgeprägte Furcht herrschte, der Angehörige könnte nur scheintot sein und lebendig begraben werden. Die Häuser waren damals nur klein, meist aus Holz, höchstens aus Fachwerk, mit niedrigen Zimmern und sehr wenig luftig. Wenn im heißen Sommer die Leiche rasch in Verwesung überging, so war das natürlich eine mißliche Sache, nicht nur für die Hausgenossen, sondern auch für die Nachbarn. Die Köllner Vorstadt baute deshalb 1694 auf ihrem Friedhof die erste Berliner Leichenhalle. Sie war massiv und hatte drei offene Fenster mit Drahtgitter, um die nötige frische Luft zuzulassen. Sie war so geräumig, daß zwei Leichen in großen Särgen, wie der Chronist schreibt, »ganz gemächlich« Platz fanden. Aber es mußte dem Mißtrauen der Bevölkerung Rechnung getragen werden. Die Leichen lagen in den Särgen ohne Deckel und mit einem wollenen Tuche bis ans Gesicht bedeckt. An der einen Hand der Toten wurde eine von der Decke herabhängende Schnur befestigt, durch die bei der geringsten Bewegung eine sechs Zoll große Glocke geläutet wurde, die bis an das äußerste Ende des Kirchhofs zu hören war. Eine Kerze erleuchtete in der Nacht die Kammer, die Tür war von außen verschlossen, aber von innen mit Leichtigkeit zu öffnen, und obendrein mußte noch ein Wächter die Nacht hindurch die Totenwacht halten.

Viele bewegte die Fragen: Gibt es keine anderen Möglichkeiten? Welche Gründe vereiteln andere Lösungen? In leidenschaftlichen Polemiken setzte man sich auseinander. Man unterzog die lokalen Totenbräuche einer kritischen Untersuchung und legte dadurch neue kulturgeschichtlich interessante Fragenkomplexe

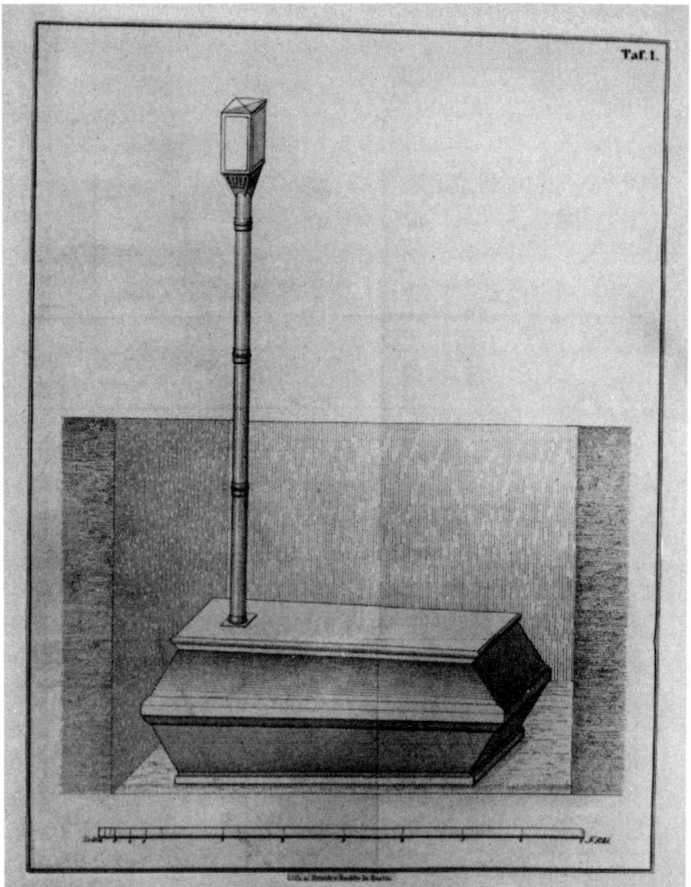

Apparat zur
ENTDECKUNG DES SCHEINTODES
im Grabe, erfunden von J.A. Meier. Tafel I und II. Berlin, 1843.
Aus: Johann Gottfried Taberger, Der Scheintod
in seinen Beziehungen auf das Erwachen im Grabe
und die verschiedenen Vorschläge zu einer wirksamen
und schleunigen Rettung im Falle dieser Art.
Hannover, 1829

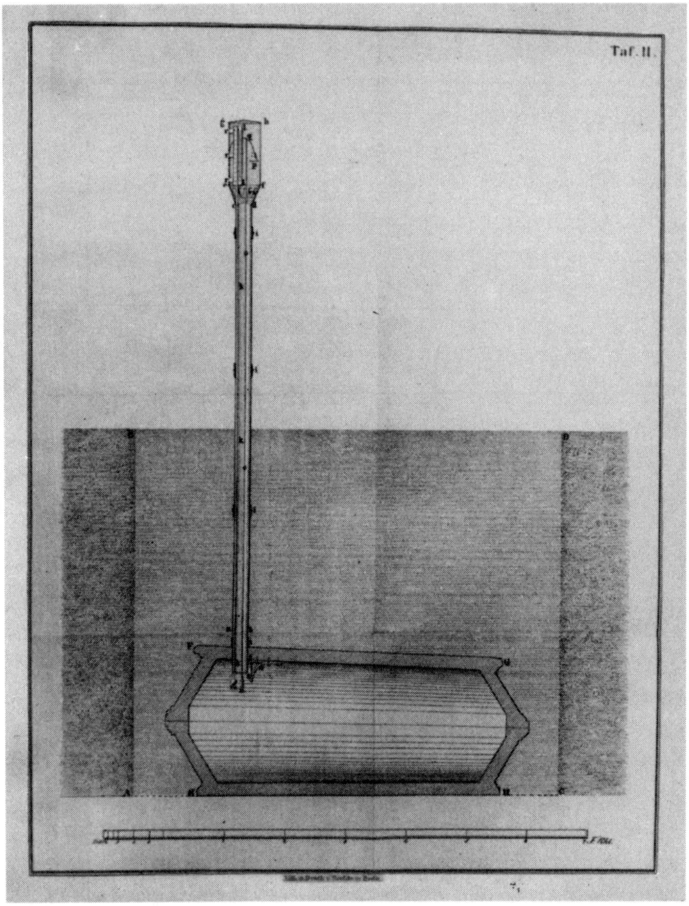

ABCD Durchschnitt des Grabes EFGH Durchschnitt des Sarges abcd Blechröhre cdef trichterförmige Erweiterung iiii Verstärkung oder Muffe; die untere Verstärkung hat gleichzeitig den Zweck, das Einsinken der Röhre zu verhindern kk Thermometerröhre ll Scala des Thermometers m Quecksilberkugel des Thermometers n Gewicht, mittels der Schnur oo an der Feder q der Glocke p aufgehängt o Darmsaite p Glocke q Feder an derselben rrr Bleche zur Befestigung der Scala

frei. Schließlich konzentrierte sich der fast weltweite Disput auf die notwendige Entscheidung: Wie lange soll – auf gesetzlicher Grundlage – ein Toter liegen bleiben, bevor er beerdigt wird?

Mit diesen Problemen schlugen sich nach HUFELAND auch TABERGER (1829), BOUCHUT (1830) und LESSING (1836) herum, alle drei unter dem Einfluß der großen Pocken- bzw. Choleraepidemie, die in den dreißiger Jahren des 19. Jahrhunderts Europa verheerte. Auch andere Quellen belegen die Diskussion:

So schreibt SCHNEIDER, Zschr. für die Staatsarzneikunde, 34. Band, 17. Jahrg., 3. Jahresheft, Erlangen 1837: »Zweckmäßige Leichenschau ist anzuordnen und Leichenhäuser sind zu errichten, um die mögliche Gefahr des Lebendigbegrabens zu verhüten. Es ist unbegreiflich, daß es zu unserer Zeit noch so viele Feinde der Leichenhäuser gibt. Durch die väterliche Fürsorge der kurfürstlichen Regierung dahier und meine nicht geringen Bemühungen ist es endlich dahingekommen, daß der städtische Totenhof mehr als noch einmal vergrößert und darauf ein Leichenhaus errichtet worden ist.«

Als Gegenstimme und für die damalige Zeit bezeichnende Denkweise sei folgende Kontroverse hier angeführt: GRAFF, Dr. med., großherzoglich-hessischer Medizinaldirektor zu Darmstadt, schreibt in der Zschr. für Staatsarzneikunde 1837 in einem Auszug aus einer demnächst erscheinenden medizinischen Topographie von Darmstadt: Um den Scheintod zu entdecken, braucht man vier Angestellte, davon zwei Ärzte, die nichts anderes zu tun haben, reichlich bezahlt werden, im Leichenhaus wohnen müssen und Tag und Nacht ständig abwechselnd wachen müssen. Der Verfasser errechnet 20000 Gulden für ein solches Leichenhaus und jährlich 3000 Gulden zur Bezahlung der Angestellten und der Utensilien ... Es sei bisher in allen deutschen Leichenhäusern noch nicht ein einziger Fall von Erwachen oder Wiedererwecken eines Scheintoten bekannt geworden oder veröffentlicht worden. Daher seien Leichenhäuser überflüssig.

Als ein anderer Gegner der Leichenhäuser äußert sich Prof. Dr. J. D. METZGER in »Über die Kennzeichen des Todes und den auf der Ungewißheit derselben begründeten Vorschlag, Leichenhäuser zu errichten«, Königsberg und Weimar 1792. Es genüge,

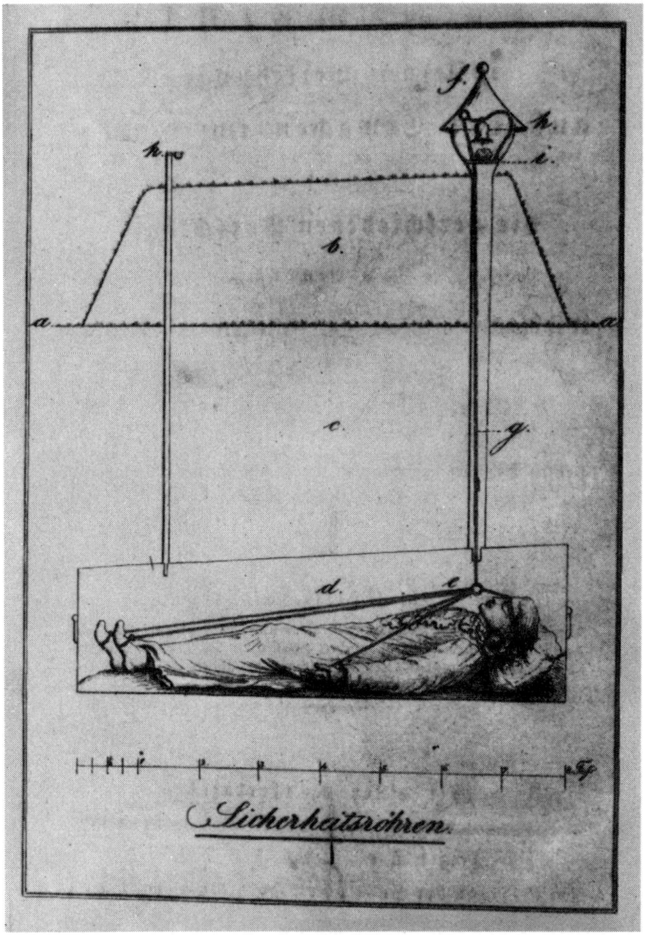

Zu den zahllosen Vorrichtungen,
die bei der geringsten Bewegung eines Scheintoten die
Umgebung alarmieren sollten,
zählen mit einer Glocke verbundene
SICHERHEITSRÖHREN.
Aus: Kaiserliche Patentschrift, Nr.?

Das Pariser Leichenschauhaus,
DIE MORGUE,
Anfang des 20. Jahrhunderts. Kupferstich.
Deutsche Staatsbibliothek, Berlin

wenn in Krankenhäusern Leichenkammern existierten, wo solche Scheintodfälle schon vorgekommen seien. Ihm, dem Verfasser, sei ein Leichenhaus einer reichen Stadt bekannt, das fast völlig leer stehe. Reiche Leute legten ihre Leichen nie dort hin, nur arme! Es sei daher viel besser, man bahre die Leichen daheim auf, wobei eine Frist von 24 Stunden genüge, die allerdings bis auf 8 Tage erhöht werden könne. Zur Erhöhung der Sicherheit könne man ja die Leichenschauer bei Mißgriff oder Unterschleifen streng bestrafen, allerdings auch bei einem durch sie entdeckten Scheintod in 20facher Gebührenhöhe belohnen. Damit sparten Gemeinden und Magistrate unnütze hohe Ausgaben.

Dr. Johann Wendt schreibt in »Hilfe bei Vergiftungen und bei den verschiedenen Arten des Scheintodes«, §180, Breslau, 1825: Die Totenschau soll erst am dritten Tage nach dem Tode vorgenommen werden. Nur vorher eingetretene Fäulnis kann diese Frist verkürzen. Zur Ausübung der Totenschau sollen nur Ärzte befugt werden, da sie allein dazu befähigt sind. Bei Epidemien muß der Arzt von Amts wegen gehalten sein, die Beerdigung früher zu gestatten. Auf dem Lande müssen allerdings Laien als Totenbeschauer ausreichen, jedoch sollen diese entsprechend ausgewählt werden. Die Wahl besorgt der Arzt, beraten durch den Pfarrer und Ortsvorsteher. Nach der Wahl müssen die Betreffenden über die Todeskennzeichen auf das genaueste unterrichtet werden. Wendt gibt hierfür 12 Punkte an, die aber für unsere Belange nichts Neues bringen.

In einem preußischen Ministerialerlaß vom 6. 11. 1811 dürfen

1. Leichen nicht eher als 24 Stunden post mortem seziert werden und sind entweder zugedeckt im Bette oder in hinlänglich warmer Stube oder Kammer und dgl. zu lassen, wenn nicht die offenbare Gewißheit des Todes und die Ursache desselben (z. B. tödliche Verletzungen, Unglücksfälle) dies unnötig macht.
2. Wo nach Ablauf dieser Zeit der Arzt nicht völlig überzeugt ist, daß er auf Anforderung einer sachkundigen Behörde solches erweisen zu können glaubt, so muß die Leiche solange unverletzt und in gehöriger Wärme gehalten werden, bis der Arzt die Gewißheit des Todes für ganz erweislich hält.

3. Ebenso ist mit den Leichen Verunglückter zu verfahren, an welchen die vorgeschriebenen Wiederbelebungsversuche vorgenommen oder sichere Zeichen des Todes noch nicht vorhanden sind.

Ein Ministerialerlaß vom 2.3.1827 gestattet ein frühes Beerdigen, wenn eine Epidemie solches erfordern sollte oder wenn ein approbierter Arzt oder Wundarzt bezeugt, daß alle Todesanzeichen ausgeprägt sind oder der Bürgermeister oder der Dorfschulze mit zwei erfahrenen Männern die Verhältnisse untersucht und die Beerdigung gestattet haben.

Ein preußisches Ministerial-Edikt vom 13.11.1827 ordnet an, daß niemand vor Ablauf von 72 Stunden nach seinem Ableben beerdigt werden soll – aber es müssen dann auch Verwesungszeichen vorhanden sein.

In Österreich durften Sektionen nicht vor Ablauf von 48 Stunden durchgeführt werden. Der Bericht des K.u.K. Gubernialrats von Kotz (»Gesundheitsbild des österreichischen Kaiserstaats«, Wien 1821) diente (nach Taberger) in den damaligen Lehrbüchern der medizinischen Polizei zum Vorbild.

Es ließen sich weitere Beispiele anführen. Wesentlich ist folgendes: Diese persönlichen Schutzmaßnahmen, ferner die Werke von Trusen, Lessing, Bruhier, nicht zuletzt von Hufeland und Kempner, zusammen mit den immer wieder sich ereignenden Scheintodfällen veranlaßten nun staatliche Maßnahmen. Damit scheint die Polemik beendet. Moderne Gesetze, moderne Wissenschaft, moderne Technik haben das Problem des Lebendig-Begrabenwerdens gelöst. Niemand mehr reicht Patente ein, wie ein zum Leben zurückgekehrter Begrabener sich der Umwelt bemerkbar machen kann, niemand hinterläßt testamentarische Bestimmungen, welche Maßnahmen an der eigenen Leiche vorzunehmen seien, um den tatsächlichen Eintritt des Todes zu sichern (Herzstich, Pulsadereröffnung udgl.). An dieser Stelle scheint es angebracht, noch einige Verhaltensbeispiele von Personen und Persönlichkeiten zu erwähnen:

In London war es Brauch, die Leichen öffentlich auszustellen (offene Särge im Sterbehause und in geschlossenen Kirchen). Of-

KAISERLICHES PATENTAMT.

PATENTSCHRIFT

— № 83933 —

KLASSE 34: Hauswirthschaftliche Geräthe.

EDM. NAUNDORF in LUCKENWALDE.

Sarg mit Schaufenster.

Patentirt im Deutschen Reiche vom 10. Februar 1895 ab.

Der Zweck des vorliegenden Sarges besteht darin, eine Schaustellung der Leiche auch bei geschlossenem Sarge zu ermöglichen, oder auch ein Oeffnen der durch Glasscheiben geschlossenen Schauöffnungen vom Sarginnern aus zu gestatten, um Scheintodten die Möglichkeit zu geben, sich nach aufsen bemerkbar zu machen, so lange der Sarg sich über der Erde befindet.

Zu diesem Zweck ist, wie aus beiliegender Zeichnung ersichtlich, der Deckel des Sarges mit einem nach aufsen schlagenden Fenster ausgestattet, dessen Innenvorhang von aufsen bethätigt wird, während der Fensterverschlufs nur von innen zu öffnen ist.

Fig. 1 zeigt eine Seitenansicht des geschlossenen, zur Schaustellung bereiten Sarges, Fig. 2 einen Schnitt nach Linie *x-x* der Fig. 1 mit einseitig geöffnetem Sargdeckel. Fig. 3 ist eine Innenansicht des Sargdeckels mit geschlossener Schauöffnung, Fig. 4 eine solche mit geöffnetem Fenster.

Der Deckel *A* des Sarges ist beispielsweise mit zwei Schauöffnungen $a\,a^1$ ausgestattet, deren eine *a* durch ein nach aufsen aufklappbares Fenster *b* geschlossen ist, während das Fenster b^1 der Schauöffnung a^1 nicht aufklappbar zu sein braucht.

Vorhänge $c\,c^1$ der Fenster $b\,b^1$ lassen sich durch Schnüre $d\,d^1$ von aufsen bethätigen, um gewünschtenfalls einen Einblick in das Sarginnere ohne Abheben des Sargdeckels *A* zu ermöglichen.

Das aufklappbare Fenster *b* besitzt, wie aus Fig. 3 und 4 ersichtlich, Haken *e*, unter welche auf der Innenseite des Sargdeckels drehbar angeordnete Riegel *f* greifen, die gleichzeitig mittelst einer Schnur *g*, deren Schleife *h* zweckmäfsig um die Hand des Eingesargten gelegt wird, bethätigt werden können, so dafs bei Stellung der Riegel *f* nach Fig. 4 das Fenster *b* nach aufsen aufklappbar ist.

Ein unbefugtes Oeffnen des Sarges ist nicht möglich, weil die genannten Riegel *f* nur durch die auf der Innenseite des Deckels herabhängende Schnur *g* bethätigt werden können.

Die Vorhänge $c\,c^1$ lassen sich dagegen durch entsprechendes Anziehen ihrer Schnüre $d\,d^1$, wie schon erwähnt, von aufsen heben oder senken, und kann daher, was in hygienischer Beziehung von grofser Wichtigkeit ist, eine Inaugenscheinnahme der Leiche bei geschlossenem Sarge vorgenommen werden.

Patent-Anspruch:

Ein Sarg mit Schauöffnungen, deren auf der Innenseite des Deckels liegende Vorhänge unter Vermittelung von Schnüren von aufsen bewegt werden können, während die eine der Schauöffnungen durch ein nur vom Sarginnern aus zu öffnendes Klappfenster gebildet wird.

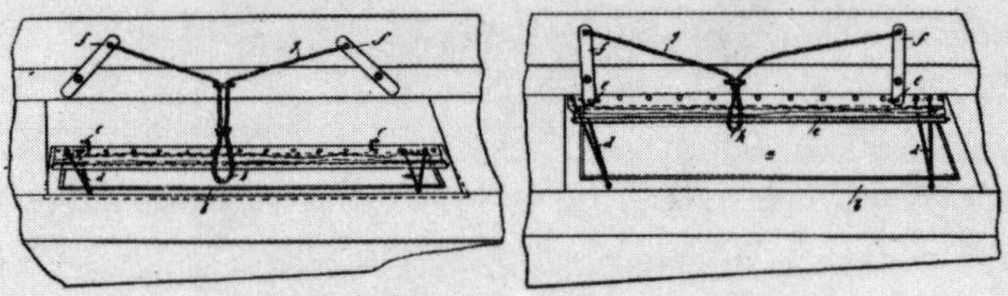

Patentschrift Nr. 83 933
des Kaiserlichen Patentamtes (Auszug) zum
»SARG MIT SCHAUFENSTER«,
patentiert ab 10. Februar 1895.
Aus: Instruction über die Kennzeichen des wirklich erfolgten Todes, damit kein lebender Mensch begraben werde …
Berlin, 1794.
Ergänzter Neudruck, 1982

fenbar bestand in Preußen ein ähnlicher Brauch, sonst hätte Friedrich II. nicht schon am 11.1.1752 angeordnet, daß seine Leiche nicht dem Volke zum Spektakel auszustellen sei. Ein ähnlicher Brauch besteht wohl bis heute noch im sächsischen Erzgebirge.

In den »Niederländischen Dorfgeschichten« von C. van Schaick (übersetzt von Eduard Wegener, Leipzig, Verlag Carl Borck, 1850, 3. Band, 14. Kapitel, S. 29) wird geschildert, daß der drontische Bauer eine Leiche immer erst nach 8 Tagen begräbt, früher wäre ihm dies eine Schande, weil es ein alter Brauch ist. Dies findet allgemein statt, ein Beweis, daß eine achttägige Frist praktisch durchführbar ist.

Der erste Präsident des amerikanischen Kongresses, Henry Laurent zu Philadelphia, trug seinen Töchtern auf, nach seinem Tode seinen Körper zu verbrennen, weil eine von ihnen während ihrer Blatternerkrankung scheintod gewesen war. Dies hatte ihn mit Furcht vor dem Lebendigbegrabenwerden erfüllt.

Der berühmte Komponist Meyerbeer trug beständig eine letztwillige Verfügung bei sich, deren Finder 1000 Taler Belohnung erhalten sollte, und in welcher er sich eine längere Frist vor der Beerdigung ausbedung (Schlesische Zeitung vom 14.5.1864).

Der Rabbiner Dr. Perles zu Posen führt an, schon 1798 verfügte ein jüdischer Gelehrter aus Furcht vor dem Scheintode testamentarisch, daß seine Leiche einige Tage unbeerdigt bleiben möge, wobei er die Berechtigung hierzu aus dem Talmud nachgewiesen hatte (Kempner).

Der König der Belgier, Leopold I., wurde infolge ausdrücklicher letztwilliger Selbstbestimmung der Wartefrist erst am 16.12.1866 beerdigt, eine Woche nach erfolgtem Ableben.

Andere Verzögerungen der Beerdigung (wenn auch nicht ausdrücklich testamentarisch verfügt) seien aus Kempner hier angeführt: Zar Nikolaus I. lag als Leiche 16 bis 17 Tage unbeerdigt. König Friedrich Wilhelm IV. wurde erst 8 Tage nach seinem Tode in der Friedenskirche zu Potsdam beigesetzt. Der König von Portugal, Don Pedro, der am 11.11.1861 starb, wurde erst 10 bis 11 Tage später begraben. Gräfin Josephine Schaffgotsch starb am 24.2.1862 und wurde am 4.3.1862 beigesetzt. Die Gattin Sir Wal-

KAISERLICHES PATENTAMT.

AUSGEGEBEN DEN 14. OCTOBER 1881.

PATENTSCHRIFT

— № 14895 —

KLASSE 61: Rettungswesen.

W. F. BOSSELMANN in HAMBURG.

Rettungsapparat für begrabene Scheintodte.

Patentirt im Deutschen Reiche vom 5. December 1880 ab.

1. Der einfachste Apparat, der dazu dient, Luft in den Sarg zu lassen, damit der Begrabene bei etwaigem Wiederaufleben nicht den gräfslichen Qualen des Erstickungstodes preisgegeben ist.

2. Derselbe Apparat mit verbesserter Luftzuführung.

3. Derselbe Apparat mit Signal und Controlvorrichtung für stattgefundene Bewegungen des Begrabenen.

Zu 1. *a* ist der Deckel des Sarges, in welchem sich gerade über dem Munde des darunter Ruhenden eine runde Oeffnung von etwa 10 cm Durchmesser befindet, und sei hier vorweg bemerkt, dafs gleiche Buchstaben dort den gleichen Gegenstand bezeichnen. Auf der eben erwähnten Oeffnung des Sargdeckels befestige ich durch Schrauben *b*, Fig. 3, ein Gufsstück, welches aus einem kurzen Rohraufsatz *c*, 3 bis 5 cm hoch, besteht und welches mit einem inneren Flantsche *c'*, Fig. 2, und einem äufseren *c''* versehen ist. Ersterer umschliefst eine Oeffnung von ca. 8½ cm Durchmesser und dient dazu, wenn der Sarg verchlossen werden soll, einen in *c* hineinzulegenden Deckel zu unterstützen, während *c''* lediglich zur Befestigung an dem Sargdeckel dient. Ist der Verstorbene in den Sarg gelegt, so verschliefst man die durch *c'* gebildete Oeffnung durch einen vorhin erwähnten Deckel von 9½ cm im Durchmesser aus Eisenblech, der oben mit einer Oese versehen ist, indem man ihn lose in *c* hineinlegt. Ist der Sarg in die Gruft gelassen, so nimmt man den Deckel fort, setzt ein etwa 1½ bis 2 m langes Blechrohr *d* auf das Gufsstück *c* und füllt dann die Grube mit Erde und formt den Grabhügel. Das Rohr *d* hat oben einen verzierten Kopf mit Oeffnungen und ist dieser einerseits mit Gewinde zum Auf- und Zuklappen, andererseits mit Ueberfall und Krampe zum Vorlegen eines Schlosses versehen. Nach Verlauf einer oder mehrerer Wochen, wenn man eine Wiederbelebung jedenfalls nicht mehr zu fürchten hat, wird der Kopf des Rohres *d* geöffnet, der vorhin erwähnte, aus *c* entfernte eiserne Deckel mit seiner Oese an eine leichte Stange mit Haken gehängt und von oben durch *d* hinunter wieder in *c* hineingelegt. Das Rohr *d*, welches unten 11 bis 12, oben 16 bis 18 cm weit ist, läfst sich dann leicht herausziehen und kann auf anderen Gräbern wieder benutzt werden. Diese ganze Manipulation ist eine sehr einfache, die Anordnung eine so billige, dafs jede Gemeinde die nöthige Anzahl solcher Apparate beschaffen kann, um so mehr, als die kostspielige Erbauung und Einrichtung der Leichenhäuser dadurch unnöthig wird.

Zu 2. Will man dem Verstorbenen eine bessere Luft für den Fall des Aufathmens im Sarge zukommen lassen, so ist eine etwas kostspieligere Einrichtung erforderlich, welche darin besteht, dafs dem Verstorbenen, wenn der Deckel auf den Sarg gelegt werden soll, ein unten bei *c'*, Fig. 1, erweiterter und mit Federn *ff* versehener Gummischlauch *e* dergestalt über den Mund gelegt wird, dafs die Federn *ff*, (welche, wenn frei, sich nach der Mitte hin zusammenrollen), jederseits hinter den Kinnbacken anliegend, den Gummischlauch *e* mit dem Munde verbinden. In das obere Ende des Gummischlauches, um es offen zu halten, wird ein eisernes Drahtkreuz gesetzt

Patentschrift Nr. 14 895 (Auszug) zum
»RETTUNGSAPPARAT FÜR BEGRABENE SCHEINTODTE«
patentiert ab 5. Dezember 1880.
Patent-Ansprüche:
»1. Die Verbindung der atmosphärischen Luft mit dem inneren Sargraum durch das auf die mit Flantschen versehene Hülse c aufgesetzte Rohr d bezw. den mit einer

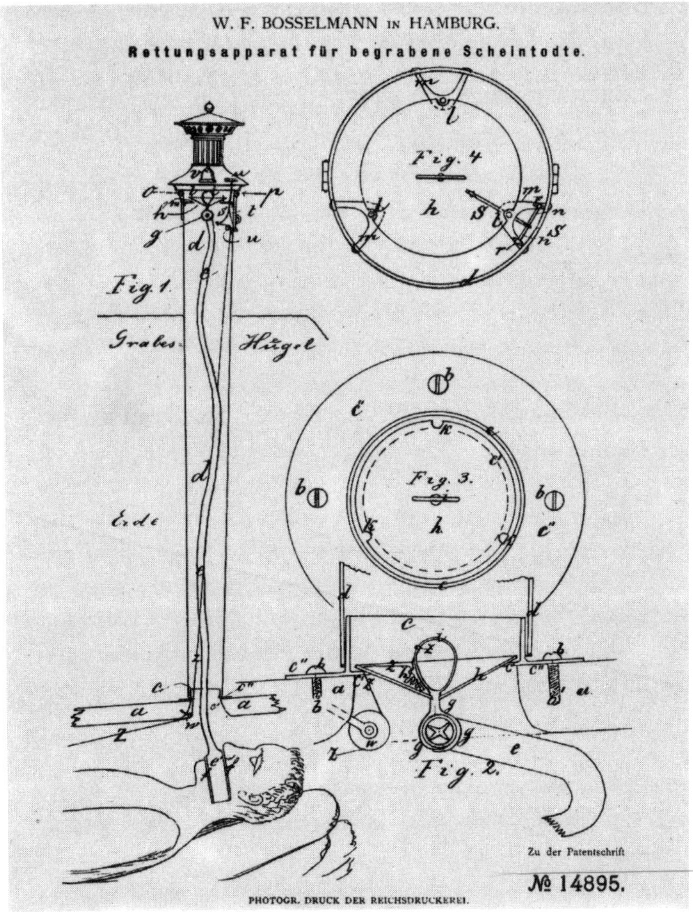

Erweiterung und den Federn f versehenen Gummischlauch e, damit etwa wiedererwachende Begrabene nicht dem Erstickungstode preisgegeben sind. 2. Der Signalapparat, bestehend aus dem im Innern des Rohres d angebrachten Hebel s, mit Feder t, Hammer u, Glocke v und der Schnur z wodurch man, ohne das Grab zu öffnen, sich davon überzeugen kann, ob der Begrabene sich bewegt hat.«

ter Scotts, des großen Romanciers, starb am 15. 5. 1825 und wurde am 22. 5. 1825 beigesetzt. Ein Herr von Morawsky, Kammerherr und Rittergutsbesitzer auf Lubonia bei Bojanowo, Posen, starb am 13. 12. 1861 und wurde am 19. 12. 1861 beigesetzt. Die Witwe Königs Louis Philippes, Marie Amalie, starb am 24. 3. 1866 und wurde am 4. 4. 1866 beigesetzt. Graf Rantzau, preußischer Gesandter, starb am 2. 5. 1864 in Dresden und wurde auf Verlangen der Familie, die erst die wirkliche Verwesung abwarten wollte, am 10. 5. 1864 in der dortigen Familiengruft beigesetzt. Graf Henckel von Donnersmarck verfügte letztwillig, daß seine Leiche unbeerdigt bleibe und seziert werde. Schopenhauer hatte testamentarisch festgesetzt, daß man ihn sechs Tage nach seinem Ableben ruhig und unangetastet im Bett liegen lassen solle. Der Minister Stein bestimmte für sich die Einbalsamierung. Eine Frau Wiesen verfügte testamentarisch ihre Sektion und nachfolgende Verbrennung. Ferdinand von Braunschweig verstarb am 3. 7. 1792. Er ließ noch bei gesunden Tagen, aus Besorgnis, lebendig begraben zu werden, einen Sarg verfertigen, in dem ein Fenster, desgleichen eine Luftröhre angebracht war. Auch hatte er verordnet, daß ein Schlüssel mit in den Sarg gelegt werden sollte, um im Falle des Erwachens den Sarg von innen aufschließen zu können und somit dem Tode zu entkommen.

Der berühmte Anatom Winslow verlangte testamentarisch die Aufbewahrung seines Leichnams bis zur eingetretenen Fäulnis, da er in der Überzeugung von der Ungewißheit der meisten Kennzeichen des Todes schon bei Lebzeiten Vorkehrungen dieser Art treffen wollte (Taberger).

Offenbar spielen auch persönliche Erlebnisse hier hinein, denn er sagt in seiner Selbstbiographie: »Depuis de l'âge de deux ans jusqu'à treize, j'ai été presque toujours valétudinaire, extramement foible, prenant peu de nourriture, souvent alité et deux fois prêt a être enseveli, scavoir au commencement et à la fin de cette époque« (Während meines Alters von 2 bis 3 Jahren bin ich fast immer kränklich und außerordentlich schwach gewesen, nahm wenig Nahrung zu mir, mußte oft im Bett bleiben und war zweimal nahe daran, ins Leichentuch gewickelt zu werden, besonders am Anfang und am Ende dieses Zeitraums).

Heute gibt es keine Scheintodereignisse dieser Art mehr. Die Infektionskrankheiten werden heute schon von Laien in ihren Initialstadien erkannt, ihre Krankheitsbilder sind so klar abgegrenzt und die dagegen angewendeten Mittel sind so effektiv, daß kein menschlicher Organismus mehr in solchem Ausmaß von Bakterien und ihren Toxinen überschwemmt werden kann, die Lebensfunktionen nur mehr so schwach zu glimmen vermögen, um einen Scheintod zu verursachen. Seren, Impfstoffe, Sulfonamide, Antibiotika, die ärztliche Ausbildung, die Klinikbehandlung, die technischen Errungenschaften, kurz die Medizin ist so weit entwickelt, daß kein Mensch in Ländern mit hohem Zivilisationsstand mehr jene Grenzzone zwischen Leben und Tod zu betreten braucht, in welcher beide kaum noch zu unterscheiden sind. Wir wissen heute alle, ob Ärzte oder nicht, daß Ertrunkene oft nur durch viele Stunden hindurch fortgesetzte Wiederbelebungsversuche gerettet werden können, und niemand wundert sich darüber.

Unsere Problematik ist heute wesentlich anders geartet. Sie erstreckt sich im wesentlichen auf zwei extreme Gesichtspunkte.

Der eine: Kann man einen Toten, d.h. einen Menschen, bei dem nach allen Ergebnissen modernster Untersuchungstechnik kein Leben mehr feststellbar war, wieder zum Leben zurückrufen? Es sind sowjetische Ärzte, die sich der Lösung dieser Frage zugewendet haben. Offenbar aber machen sie den gleichen Fehler wie die Erzähler der zahllosen Scheintodgeschichten. Diese nämlich erklären bloß, der betreffende sei »wie tot« dagelegen, aber sie sagen nicht, wer das festgestellt hat, und lassen vermuten, daß es Laien waren, die diese Feststellung getroffen haben. Ein Arzt hätte vielleicht nur eine tiefe Ohnmacht usw. festgestellt. In den modernen – meist nur durch die Tagespresse verbreiteten – Berichten über Wiederbelebung ist gewöhnlich zu lesen: »Der klinische Tod war bereits eingetreten«, aber es wird nirgends auseinandergesetzt, wodurch diese Feststellung getroffen wurde. Ist ein EKG gemacht worden? Welche Krankheitserscheinungen gingen dem »klinischen Tod« voraus? Lag nicht doch vielleicht nur ein tiefes Koma, eine starke Betäubung, eine Ohnmacht vor?

KAISERLICHES PATENTAMT

AUSGEGEBEN DEN 5. DECEMBER 1884.

PATENTSCHRIFT

— № 29357 —

KLASSE 61: RETTUNGSWESEN.

THEODOR SCHELD IN WEHLHEIDEN BEI CASSEL.

Sicherheits-Sarg.

Patentirt im Deutschen Reiche vom 21. Februar 1884 ab.

Patentschrift Nr. 29 357
des Kaiserlichen Patentamtes (Auszug) zum
»SICHERHEITS-SARG«,
patentiert ab 21. Februar 1884.

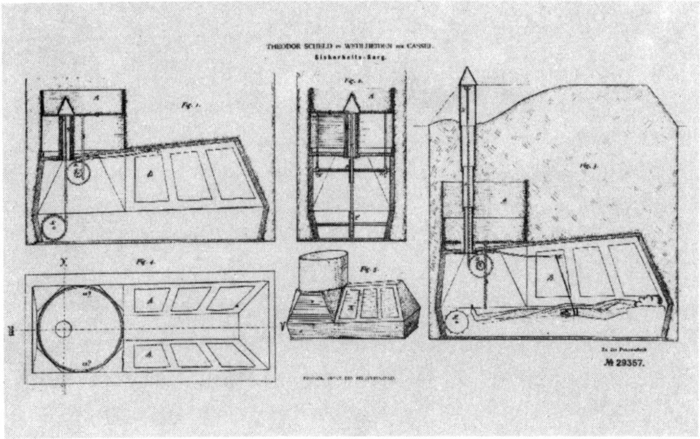

Patent-Anspruch:
»Die Construction, durch welche es möglich wird,
mit dem belasteten Boden im Cylinder A die
Zahnstangen G und J
und dadurch die Zahnräder D und F in Bewegung zu setzen
und hiermit das aus mehreren Stücken bestehende
Rohr K aus einander zu ziehen
und mit dem einen sich bewegenden Ende, welches
einen spitzen Hut besitzt, in die Höhe nach der Erd-
oberfläche zu schieben, sobald der Scheintodte
nach dem Erwachen durch Ziehen
an den Schnüren den Sperrkegel C löst.«

»Wir bemerkten keine Lebenszeichen mehr«, heißt es bei einem vom Baume Gestürzten unter dem Titel »Ein Totgeglaubter öffnet die Augen«.

Die Unterscheidung: klinischer Tod – biologischer Tod, wobei der klinische reversibel, der biologische irreversibel ist, ist nur eine Wortspielerei. Ein reversibler Tod ist eben kein Tod, sondern ein Scheintod, bei dem gewisse Lebenspotenzen erhalten geblieben sind. Dieser Kampf um das glimmende Leben ist außerordentlich dramatisch und stellt die Leistungen der Ärzte ins hellste Licht. Im Gegensatz zu den vielen Menschen, die nach dem Ertrinken wieder ins Leben gerufen werden, ereignen sich Erfrierungen in Europa selten, so daß ein Fall von Wiederbelebung eines Erfrorenen in dem kleinen Buch »Der Angriff auf den Tod« von Karel Hemzal zu einem wahren Wunder aufgeblasen werden konnte. Ähnlich, mit medizinisch-technischen »wissenschaftlichen« Ausdrücken verbrämt, wird die Rettung eines durch Unfall Schwerverletzten dargestellt.

Heute weiß man, daß es keinen »Tod« schlechthin gibt, sondern verschiedene Todessyndrome. Es wird der weiteren Forschung vorbehalten sein, die einzelnen Symptome des Prozesses »Tod« in ihren verschiedenen Ausprägungen zu fixieren und zu definieren. Erst dann wird man bei jedem dieser Zeichen den genauen Eintritt des irreversiblen Todes festlegen und symptomatisch abgrenzen können. Erst dann wird es möglich sein, den Moment zu erkennen, in welchem ohne Gewissensbelastung, ganz objektiv und beweisbar der Arzt, der bisher um das Leben des Patienten kämpfte, das unbestreitbare Recht hat, seine Bemühungen abzubrechen, nicht aus Mitleid oder sonst einer emotionellen Begründung heraus, sondern allein aus ärztlicher Indikation.

Ein ganz anderes Problem, anders geartet und viel komplizierter ist folgendes: Mit der zunehmenden Erkrankung an Krebs in allen Lebensaltern vermehrt sich auch die Zahl der Patienten, die Anzeichen der vita reducta zeigen.

Dieses brennende Problem war Gegenstand eines Artikels von Pierre Mollaret, dem Leiter eines Reanimationszentrums im Claude-Bernard-Hospital zu Paris in der Münchener medizinischen Wochenschrift 99, 1957, Nr. 31, S. 1122. Aus diesem ent-

Paul Weber, Titelblatt zu
»PHANTASTISCHES UND ÜBERSINNLICHES AUS DEM WELTKRIEG«
– eine von breiten Bevölkerungsschichten geglaubte Version der Wiederkehr eines Toten.
Federzeichnung.
Berlin, 1932

nehme ich folgende Überlegungen, die sich z.T. mit unseren eigentlichen und oben erörterten decken.

Der Autor sagt, die ärztliche Kunst sei heute schon so weit fortgeschritten, daß die Grenzen zwischen Leben und Tod neu festgelegt werden müßten. Respiratorische Insuffizienzen (Respiration, lat. = Atmung, Insuffizienz, lat. = unzulängliche Leistungsfähigkeit eines Organs), die am häufigsten sind, sowie Herz- und Kreislaufstörungen liegen heute schon fast völlig in der Hand des Arztes. Die respiratorische Reanimation ist heute ein alltägliches Routineverfahren. Bei Herz- und Kreislaufstörungen schreitet die Forschung schnell fort. Die Behandlung von Schock- und Kollapszuständen sowie die Behandlung des Herzstillstandes (die direkte Herzmassage, der man in den Tageszeitungen so häufig begegnet, ist nur vereinzelt wirksam) sind schon recht erfolgreich. Bei den neurovegetativen Funktionsstörungen begegnen wir Anzeichen, wie in den Scheintodgeschichten bekannt. Die schwere vegetative Störung mit ihrer Blutdrucksteigerung bei gleichzeitiger Bradykardie – Verlangsamung der Herzschlagfolge – läßt den Patienten erblassen, seine Hände und Füße abkühlen, Schweiß bricht am ganzen Körper – manchmal auch nur lokal – aus, die Bauchdecken sind gespannt, wie aufgebläht (darauf hat man vor 150 bis 200 Jahren kaum geachtet), es treten im Magen- und Darmbereich Blutungen auf ... Wie oft hat man deshalb in früheren Zeiten bei der Sektion nicht eine Vergiftung diagnostiziert und dieses Verbrechens beschuldigte Menschen verdächtigt, gefoltert, nach dem erpreßten Geständnis gerädert, erhängt oder lebendig verbrannt!

Der moderne Arzt kann, wenn es ihm gelingt, Atmung, Kreislauf, Ernährung ununterbrochen zu steuern und künstlich aufrechtzuerhalten, die Patienten monate-, ja jahrelang am Leben erhalten, sofern nur dafür gesorgt wird, daß kein Wundliegen und keine hinzukommenden Krankheiten auftreten. Ein Fall einer Thalliumvergiftung konnte so drei Jahre, ein anderer, ganz eigenartiger Fall 17 Jahre behandelt und betreut werden. Diese Vergiftung beginnt mit Magen-Darm-Beschwerden, verbunden mit Erbrechen. Es folgt ein zwei- bis viertägiger Intervall ohne besondere Symptome, worauf eine schleichende Entwicklung des typischen Vergiftungsbildes einsetzt. Ursache ist die Anhäufung des Giftes durch die sehr langsame Ausscheidung desselben durch die Nieren.

Der Tod kann im Laufe von ein bis zwei Wochen erfolgen, auch monatelange Beschwerden sind beobachtet worden.

Auch jene Fälle, die der Verfasser als überschrittenes Koma (coma dépassé) bezeichnet, wobei Hypersomnie, fortschreitender Kollaps, Störung der Wärmeregulation, mangelnde Erweckbarkeit, fehlendes Bewußtsein, Incontinentia alvi et urinae (Versagen der Schließmuskelfunktion des Afters und der Harnblase), Dezerebrationsstarre, Reflexlosigkeit und Schluckunfähigkeit die Hauptsymptome sind, lassen uns sofort an zahlreiche Scheintodgeschichten unseres Buches denken. Es gibt solche Zustände – nur verstehen es inzwischen die Ärzte besser, diese und weitere als Krankheitszeichen zu erkennen und zu behandeln. Die historischen Fragestellungen sind neuen gewichen, das Kapitel »Scheintod zwischen Glauben und Wirklichkeit« geht andeutend darauf ein.

Neue Grenzprobleme auf dem dunklen Gebiet, das zwischen Leben und Tod liegt, tun sich auf; Fragen nach dem Überleben der einzelnen Organe und Gewebe, nach dem Eintritt des klinischen Todes, Fragen nach der Reversibilität der Todeserscheinungen, der Hirnwiederbelebung, Fragen nach der Möglichkeit der Rettung von Menschenleben im letztmöglichen Moment werden weiter gestellt und zu beantworten versucht.

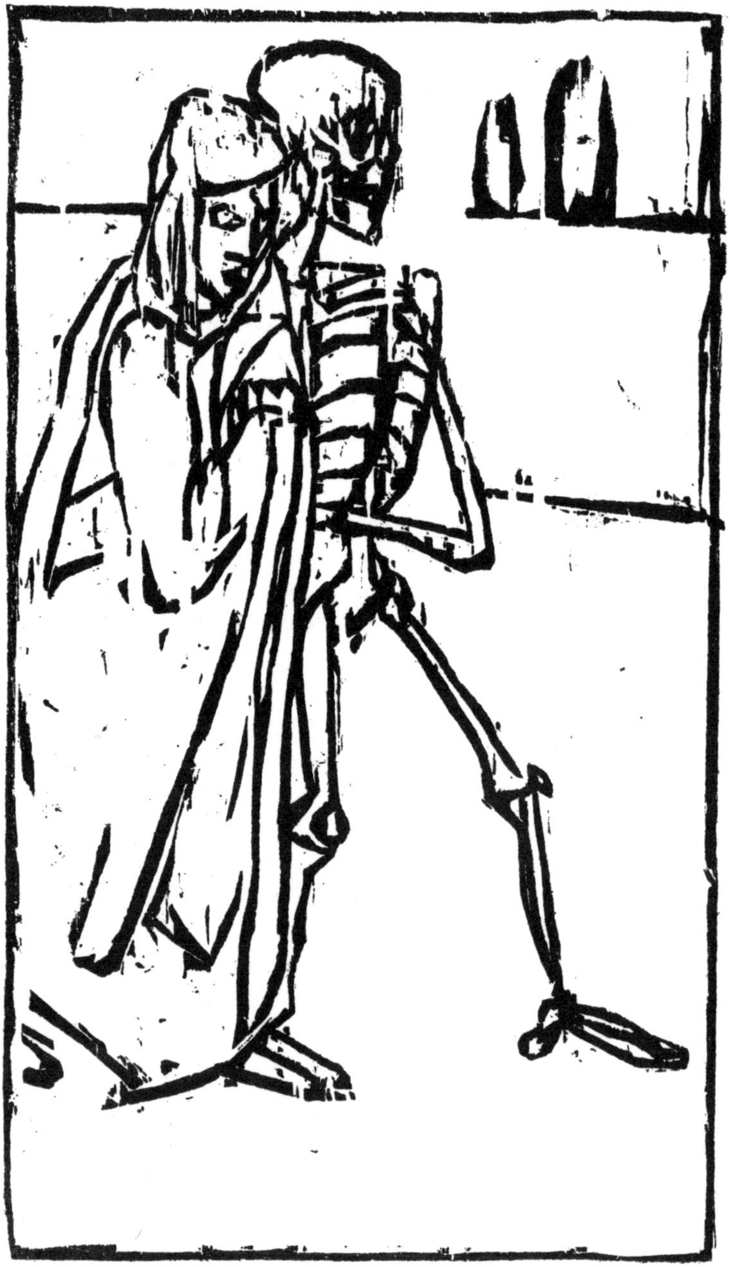

ZWEITER TEIL

SCHEINTODFÄLLE

Die im folgenden zusammengestellten »Fälle« sind unterschiedlichen Quellen entnommen: wissenschaftlichen Arbeiten, naturwissenschaftlichen und medizingeschichtlichen Werken, aber auch Zeitungen und Zeitschriften, die eine weite Verbreitung in der Bevölkerung fanden. Die vollständigen Angaben der Quellen sind im Literaturverzeichnis enthalten. Die Texte, zum Teil wegen des besseren Verständnisses der heutigen Schreibweise angepaßt, sind chronologisch nach dem Erscheinungsjahr der Literaturquelle geordnet.

Diese zeitliche Abfolge verdeutlicht eindringlich

- das Ringen der Ärzte um Erkenntniszuwachs zu allen Aspekten des Sterbens, des Todes und des Scheintodes durch die Jahrhunderte;
- das Interesse einer breiten Öffentlichkeit – unabhängig von geographischen Grenzen – an allen realen und fiktiven Darstellungen des »Scheintodes« zu allen Zeiten
- und die Notwendigkeit, sich mit Aberglauben und Schreckensvisionen bis zur Gegenwart ständig auseinanderzusetzen.

Berichte über Fälle von Neugeborenen

Die Vossische Zeitung, *Berlin 1754, Nr. 69*, meldet aus Auxerre in Bourgogne vom 16. Mai: Aus dem sechs Meilen von hier liegenden Kirchspiele Villiers wird folgendes berichtet. Eine Bauersfrau wurde zu Ende des Februar von einem Kinde entbunden, das die »weise Mutter« für tot hielt. Sie riet dem Kindes-Vater, dasselbe nach der Kirche zu bringen, damit es an dem Ort, wo die totgeborenen Kinder begraben werden, auch seine Ruhestätte finden möchte. Der Vater, der ein guter Haushälter war, meinte, er könne die Unkosten sparen, sein Kind nach der Kirche zu bringen und begraben zu lassen; er grub also in seinem Garten ein Loch, legte das Kind hinein und deckte einen großen Stein darauf.

Vierzehn Tage danach beunruhigte sich die Bauersfrau auf eine ganz besondere Art wegen ihres begrabenen Kindes und wollte mit aller Gewalt sehen, wo es hingelegt worden sei. Auf das beständige Lamentieren der Bauersfrau mußte ihr lieber Ehemann gewöhnlicher Weise nachgeben und die Grube öffnen. Man grub das Kind aus und siehe da, es sah ganz schwarzgelb aus. Sobald man es an die Luft brachte, veränderte sich die Verfärbung mehr und mehr, und das Kind bekam eine ordentlich lebhafte Farbe, bewegte auch einige Male die Lippen. Die Mutter schrie hierauf aus vollem Halse, ihr Kind wäre noch nicht tot, man müßte es taufen lassen. Der Priester versagte solches, allein da ihm viele herbeigelaufene Personen versicherten, daß sie das Kind zu verschiedenen Malen gähnen gesehen, so taufte er das Kind. Nach erfolgter Taufe wurde das Kind ganz schwarz, man hielt es nunmehr für wirklich tot und begrub es sogleich auf dem ordentlichen Kirchhof. Diejenigen, die gerne an allen Sachen zweifeln, muß man noch lehren, daß dieses Kind, wie es auf die Welt gekommen, gleich eine Totenfarbe gehabt, nicht die Augen geöffnet, auch keinen Pulsschlag an sich spüren lassen, daß also die weise Mutter es sogleich für tot gehalten.

Joseph v. Maschka berichtete *1854* in der Prager Vierteljahresschrift für die praktische Heilkunde über zwei Fälle von Scheintod bei Neugeborenen, die beide völlig leblos zur Welt gekommen waren. Das eine, für tot gehalten und im Sande oberflächlich verscharrt, zeigte sieben Stunden später deutliche Lebenszeichen. Das andere war in einen Sarg gelegt und dieser verschlossen worden. Nach 23 Stunden gab dieses Kind deutliche Lebenszeichen von sich. Obwohl beide von der atmosphärischen Luft abgeschnitten waren, bei der Untersuchung durch den Arzt als eiskalt mit bläulichverfärbter Haut und unterbundener Nabelschnur und ohne Totenstarre bei völliger Pulslosigkeit befunden worden waren, gelang es, die Kinder zum Leben zurückzubringen, d.h. eigentlich erst richtig zur Lebensfähigkeit zu erwecken.

Scheintodfälle ohne angegebene oder erkennbare vorausgegangene Krankheit

Plinius erwähnt eine Frau (Hist. nat. VII, 52), die erst am 7. Tage vom Scheintod wieder zum Leben erwachte.

Paré führte Beispiele aus dem 16. Jahrhundert an, wo hysterische Frauenzimmer ganze Wochen in scheintotem Zustande blieben, resultierend aus starken Gemütsbewegungen.

Schenk erzählt im 16. Jahrhundert von einem Mädchen, das »vom Schlag getroffen« wurde, also offenbar ein plötzlich, ohne vorhergehende Krankheit eingetretener Fall. Man hielt das Mädchen für tot, auch die hinzugezogenen Ärzte. Die besorgte Mutter aber wollte ihr Kind erst nach dem dritten Tage bestatten lassen. Da kam es am dritten Tage zu aller Freude von selbst wieder zu sich.

Sauvage berichtet 1742 über den Fall eines starrsüchtigen Mädchens, das urplötzlich in einen solchen Starrezustand verfallen, gegen alle üblichen Reiz- und Erweckungsmittel unempfindlich blieb. Er schrie ihm in die Ohren, kniff es, kitzelte ihm die Fußsohlen, goß ihm Branntwein und Salmiakgeist in die Augen und in den Mund, fuhr ihm mit einem Federbart und einem Finger in die Augen, blies ihm Spaniol (einen damals gebräuchlichen Schnupftabak) in die Nase, stach es mit Stecknadeln, alles vergebens. Erst später kam das Mädchen von allein wieder zu sich, ohne von den angewandten Reizmitteln etwas gespürt zu haben.

Die Vossische Zeitung *Berlin 1757, Nr. 16*, berichtete aus Altenburg vom 18. Januar: Es hat sich bei hiesiger Stadt zugetragen, daß Hans Götze, ein Bergmann von Zechau, welchen man wegen Melancholie ins fürstliche Amt zur Verwahrung gebracht, am 6. dieses Monats, nachmittags um 4 Uhr, in seinem Behältnis dem Anschein nach tot gefunden worden, maßen ihn der Amtsfron den über das Gesicht gezogenen Hut vom Kopfe genommen, ihn vergeblich gerufen, gerüttelt und gestoßen, ohne das mindeste Zeichen des Lebens zu spüren, wie denn auch die Lippen ganz weiß gewesen seien. In dieser Stellung ist der Körper bei der so strengen Kälte liegengeblieben, und es haben ihn auch mehrere Personen folgenden Tages ganz steif und todblaß gesehen. Er würde auch an diesem Tage begraben worden sein, wenn der Totengräber das Grab trotz des Frostes hätte machen und der Sarg hätte fertig werden können. Den 8. Januar aber, nachmittags nach 4 Uhr, als bereits Grab und Sarg parat gewesen, auch die Leichenträger und -begleiter sich schon im Amte eingefunden, hat man ihn etliche Male pochen hören, da denn einige von den Amtsgerichtspersonen in Begleitung der Fronen sich zu ihm in die Leichenkammer begeben und ihn lebendig an der Tür sitzend angetroffen. Auf Befragen, was er mache, da er schon zwei Tage tot gewesen, hat er geantwortet: Er wäre wieder aufgewacht, und dieses hätte Gott getan, er wäre im Himmel gewesen. Worauf man ihn in eine warme Stube gebracht und in ein Bett gelegt habe. Es lebt derselbe auch gegenwärtig bei guter Gesundheit, ißt, trinkt und schläft, doch dauert sein voriger Wahnsinn noch immer fort.

Rudolphi führt in seiner 1821 bis 1829 erschienenen Physiologie I, §§ 241, 242, einige Fälle an von Menschen, die im Gebirge von Schneelawinen verschüttet worden waren und, erst nach Monaten ausgegraben, doch wieder lebendig wurden. Offenbar ist Rudolphi, der geborener Stockholmer war und in Greifswald und Berlin lebte, den gewaltigen Aufschneidereien einiger Gebirgsbewohner zum Opfer gefallen ...

Wildberg berichtet von einem Kaufmann Delhar zu Brüssel, der plötzlich am 12. Juni 1836, einem Sonntag, in Scheintod fiel und erst am darauffolgenden Dienstag, am 14. Juni 1836, kurz vor Schließung des Sarges, in den er schon gelegt worden war, erwachte. Ein Woche später starb er wirklich.

Welsch berichtet 1837 von einer Augsburgerin, die am zweiten Tage nach ihrem Tode, fertig angezogen zur Beerdigung, noch einmal zur Schau gestellt worden war. Ein ganz besonders Neugieriger oder Hämischer benützte die Gelegenheit, der Toten eine Nadel in die Fußsohle zu stechen. Durch den Schmerz erwachte die Scheintote wieder zum Leben.

Diruf berichtet in einem Artikel 1840 über das »Lebendigbegrabenwerden« von einer Erzählung seines alten Lehrers und Freundes, Geheimrat Professor May, zu Heidelberg: Ein 28jähriges Kammermädchen, das bei einer adeligen Familie zu Mannheim diente, litt häufig an hysterischen Zufällen aller Art. Es wurde von Prof. May behandelt. Zuweilen erreichten die Zufälle den Grad wirklicher Starr- oder sogenannter Totenkrämpfe (Catalepsie) auf die Dauer von 24 bis 40 Stunden und länger. In diesem Zustand sah das Mädchen einer Leiche gleich. Die ärztliche Behandlung zeigte sich aber jedesmal erfolgreich, noch bevor der observanzmäßige Begräbnistermin eingetreten war. Einmal aber war der Arzt verreist, und das Mädchen verfiel wieder in seinen Zustand. Als die bisher übliche Zeitspanne ohne Ergebnis abgelaufen war, glaubte man die empfohlene Vorsicht weit genug getrieben zu haben – es waren nämlich statt der vorgeschriebenen 48 Stunden schon vier Tage verstrichen – und legte die vermeintliche Leiche in einen Sarg. Gerade als dieser verschlossen werden sollte, traf der Arzt wieder ein. Er besah die »Leiche«, und da er keinerlei Verwesungsspuren finden konnte, begann er seine Rettungsversuche mit doppeltem Eifer. Nach einigen Stunden traten die ersten Lebensregungen – ein schwacher Seufzer – auf. Das Mädchen erwachte wieder völlig zum Leben und ist erst Jahre später wirklich gestorben.

D'Outrepont referierte 1844 den Fall einer hochschwangeren Tagelöhnersfrau, die einmal in einen stark benommenen Zustand verfiel, der sieben Stunden andauerte. Drei Tage später sank sie unter kurzem Röcheln in Scheintod. Ihr Körper war eiskalt, alle Schließmuskeln waren gelähmt, Puls, Herzschlag und Atmung erloschen, die Augen gebrochen, die Hornhaut trübe, das Gesicht entstellt, alle Körperteile gegen stärkste Reize unempfindlich, wie überhaupt alle Wiederbelebungsmittel erfolglos waren.

Der Referent, der als Arzt geholt worden war, entschließt sich, um wenigstens das Kind zu retten, eine Sectio – eine Schnittentbindung – durchzuführen. Er geht nach Hause, die hierfür nötigen Instrumente zu holen. Wieder auf dem Wege zur Patientin, kommt ihm deren Mann entgegen und teilt ihm mit, daß seine Frau soeben mit einem tiefen Seufzer erwacht sei. Der Arzt beschleunigt seine Schritte und findet die Schwangere fast regelmäßig atmend bei Bewußtsein wieder.

Die Schlesische Zeitung berichtet 1855 über ein erwachsenes Mädchen, das, plötzlich in Starrkrampf verfallen, mehrere Tage völlig ohne Lebenszeichen lag. Für tot gehalten, legte man es endlich in den Sarg, jedoch ließ es im Augenblick der Einsargung seine Stimme hören und wurde mit Erfolg den Wiederbelebungsversuchen unterzogen.

In der Berliner Nachtausgabe *vom September 1923* wird unter der Ortsangabe Kattowitz behauptet: Der Fall der jungen Marie Gadawa aus Kenty hat die Gemüter der ostoberschlesischen Bevölkerung mehrere Wochen lang erregt. Die 23jährige junge Frau war Händlerin in Kenty bei Biala. Wie üblich hatte auch sie beim letzten Ablaßfest in Kenty, Ende August, ihren Handelsstand aufgebaut. Mitten im Trubel des Volksfestes brach sie plötzlich zusammen. Ein schnell herbeigeholter Arzt konnte nur noch den Tod durch Herzschlag feststellen.

Die Leiche wurde ins Totenhaus auf den katholischen Friedhof gebracht und dort bis zur Beerdigung aufgebahrt. Als am nächsten Morgen der Totengräber die Leichenhalle betrat, fehlte die Leiche der jungen Frau. Von Grauen und Entsetzen gepackt, rannte der Mann zur Polizei. Diese nahm den Tatbestand auf, der allerdings den Verdacht auf ein ruchloses Verbrechen weckte. Erst der plötzliche Todesfall, jetzt noch das Verschwinden der Leiche – hier konnte es sich nur um Mord handeln. Wer sollte ein Interesse daran haben, den Leichnam zu rauben, wenn nicht der Mörder, der die Frau wahrscheinlich vergiftet hatte und nun fürchtete, daß man durch die Untersuchung der Leiche seinem Verbrechen auf die Spur kommen könnte! Fußspuren, die aus dem Totenhaus über den Friedhof und weiter in die Richtung aufs Dorf führten, unterstützen diese Vermutung. Man verfolgte diese Spuren und fand – nicht den Mörder, aber die vermißte Leiche auf einem Felde in der Nähe des Kirchhofs. Man stand vor einem Rätsel.

Die beschlagnahmte Leiche wurde zur Untersuchung und Sektion an die Universität Krakau geschickt. Dort fand man von Gift keine Spur. Erst eingehende Untersuchungen und zuverlässige Zeugenaussagen klärten den Vorgang. Frau Gadawa hatte an ihrem Stand einen Ohnmachtsanfall gehabt und war scheintot. In der Nacht erwachte sie auf der Totenbahre im Leichenhaus aus ihrer tiefen Bewußtlosigkeit. Sie rief um Hilfe, schrie und weinte – und wurde auch von einigen Menschen gehört. Diese aber gingen, als sie die klagenden Rufe aus dem nächtlichen Totenhaus hörten, eilends weiter: »Wir hatten Angst vor Geistern!« gaben sie beim Verhör zu. ... Glücklicherweise hatte der Totengräber vergessen, über Nacht die Tür abzuschließen. So konnte die junge Frau ins Freie, brach aber wenige hundert Meter vom Leichenhaus, offenbar von Angst und Grauen überwältigt und diesmal wirklich von einem Herzschlag getroffen, tot unter nächtlichem Himmel zusammen.

Aus der Zeitschrift Bunte Münchner und Frankfurter Illustrierte *vom 25. 9. 1963* stammt folgende Notiz von Dr. Harry Schleicher: In einem mazedonischen Städtchen Jugoslawiens war ein Motorradfahrer mit einer Beifahrerin auf dem Rücksitz unvorschriftsmäßig in die Hauptstraße eingebogen. Ein Lastwagen näherte sich dieser Kreuzung. Der Fahrer konnte sein Fahrzeug trotz verzweifelter Bemühungen nicht rechtzeitig zum Halten bringen. Es überrollte das Motorrad und die beiden Menschen. Der Unfall sah sehr tragisch aus. Die Verunglückten, um die sich sofort eine Menge Neugieriger versammelt hatte, gaben kein Lebenszeichen. Sie schienen tot zu sein. Der Fahrer, ein junger Mann, der bisher seinen Lastwagen unfallfrei gefahren hatte, war außer sich, den Tod zweier Menschen verschuldet zu haben. Als er das völlig zertrümmerte Motorrad und die danebenliegenden, reglosen Gestalten sah, schob er die Zuschauer beiseite. Dann zog er unversehens eine Pistole aus der Tasche und richtete sich vor den Augen der Menge selber. Er war sofort tot. Minuten später stellte sich heraus, daß seine Tat auf einer völlig falschen Annahme, auf einem Scheintod, beruht hatte. Die Motorradfahrer hatten nicht einmal besonders schwere Verletzungen, wie der Arzt feststellte.

In der Berliner Zeitung *1964, 18. März, Nr. 78, 20. Jg.*, las man folgenden Bericht: »Drei Stunden klinisch tot. Sowjetischer Arzt rettet 23jährigen Traktoristen. Der 23jährige Traktorist Charin aus dem Neulandsowchos ›Jaroslawski‹ ist der erste Mensch, dem ein Arzt nach dreistündigem klinischen Tod das Leben rettete. Seine Geschichte erzählt die ›Komsomolskaja Prawda‹: An einem Winterabend versagte in der Steppe der Traktor Charins. Er mußte zu Fuß weiter, und Stunden später fanden ihn seine Kameraden erfroren auf. Im Krankenhaus konnte der Arzt kein Lebenszeichen mehr feststellen.

Obwohl alle bisherigen Erfahrungen dafür sprechen, daß der klinische Tod nicht länger als fünf bis sechs Minuten währt und obwohl Charin drei Stunden im Schnee gelegen hatte, entschloß sich der Arzt Pawel Abramjan, die Wiederbelebung zu versuchen. Hände und Körper wurden mit Spiritus massiert, die Füße in warmes Wasser gelegt, und der Herzmuskel erhielt eine Injektion. Als das Herz sich daraufhin kaum merklich rührte, wurde die Aorta an ein Blutkreislaufgerät angeschlossen. Nach einer Stunde wurde der erste Atemzug registriert, der Herzschlag setzte unregelmäßig ein, und die Muskeln verloren ihre gläserne Zerbrechlichkeit. Nach zwölf Stunden öffnete der Patient die Augen. Noch mehrere Monate rangen die Ärzte um sein Leben. Prof. Wladimir Nagowski, Spezialist für Wiederbelebung, erklärte zu dem Fall: Wir wissen, daß, wenn unter Narkose die Körpertemperatur bis auf zehn oder zwölf Grad gesenkt wird, das Leben nach zwei Stunden klinischen Todes noch zu retten ist. Der Patient hatte besonders günstige Bedingungen, um einen länger währenden klinischen Tod zu überstehen.«

Scheintodfälle nach vorausgegangener Erkrankung

Eine der ältesten Quellen stammt aus dem Jahre 1622. Baco von Verulam, der Kanzler, sagt: Es gibt viele Beispiele von Menschen, die schon beerdigt worden sind und wieder belebt wurden, wie man aus ihren Wunden und Quetschungen bei der Eröffnung der Särge erkannte, welche die Unglücklichen sich durch die Bemühungen, aus dem Grabe zu kommen, selbst zugefügt hatten. Man hat sogar ein ganz neues Beispiel an dem scharfsinnigen Scot, dessen Bedienter erst von einer Reise zurückkam, als sein vormals mit kataleptischen (Katalepsie = Starrsucht, Muskelverkrampfung) Anfällen behafteter Herr schon beerdigt war. Man fand seine Hände im Sarge abgenagt und das Haupt gequetscht.

Zacchia führt folgendes aus: Im Jahre 1656, während die Pest in Rom herrschte, starb dort neben vielen anderen auch ein Jüngling an der Seuche. Man brachte seine Leiche auf eines der Schiffe, welche die Pesttoten über den Tiber setzten. Auf dem

Schiffe bemerkte man an ihm Bewegungen. Nachdem am anderen Ufer die Leichen ausgeladen worden waren, brachte man den Jüngling zurück und schaffte ihn in das Hospital, aus dem er gekommen war. Dort wurde er wieder als Patient aufgenommen. Nach zwei Tagen verfiel er in Lethargie, wurde wirklich für tot gehalten und wieder dem Leichentransport überliefert. Er kam erneut zu sich und genas schließlich völlig.

RANULPHUS' *Polychronici L VII., cap. 7*, ist zu entnehmen: Ein Graf Richard ging einmal des Nachts allein in eine Kirche, um darin sein Gebet zu verrichten. Er fand dort einen Sarg aufgestellt, aus welchem kurz darauf der darin liegende Mensch mit einem Geräusch herauskam und mit ausgestreckten Armen auf den Grafen zuging, als wenn er ihn umarmen wollte. Dieses als »Geistererscheinung« aufgefaßte Ereignis erschreckte den Grafen sehr heftig, und als er sah, daß die Zeichen des Kreuzes, die er machte, ihn von dieser Erscheinung nicht befreiten, so zog er seinen Degen und stieß ihn dem vermeintens Gespenste quer durch den Leib, so daß dieses nun wirklich starb. Am nächsten Tage erließ Graf Richard eine Verordnung, nach welcher in Zukunft bei den Leichen eine Wache zu stehen habe.

SAMUEL BAUERS *Bd. 4 der »Interessanten Lebensgemälde«* erwähnt: Francisque d'Aubigné (später – 1684 – als Marquise de Maintenon die geheime Gemahlin Ludwigs XIV.) wurde am 27. 11. 1635 im Gefängnis zu Niort geboren, wo ihr Vater, Sohn des Hugenottenvorkämpfers Agrippa d'Aubigné, im Arrest saß. Als die Haft beendet war, begab er sich mit Frau und Kind auf eine Amerikareise. Auf dieser wurde das Kind (jetzt im dritten Lebensjahr) immer schwächer, und man fürchtete, es würde die Reise nicht überstehen. Auch der Atem wurde immer leiser, und zuletzt lag das Kind ohne alle Lebenszeichen – wie tot – da.

Die Mutter weinte und klagte, drückte die kleine Leiche an sich, aber der Vater nahm sie ihr weg und gab sie einem Matrosen mit dem Auftrag, sie ins Meer zu werfen. Der Matrose nahm sie, befestigte ein Gewicht an ihren Beinen. Schon ist der bei Bestattungen auf hoher See übliche Kanonenschuß gelöst, da stürzt die verzweifelte Mutter nochmals an die Leiche ihres Kindes, schließt sie in die Arme, küßt und herzt sie – da bemerkt sie plötzlich leisen Herzschlag, das Kind erholt sich wieder, kommt gut und wieder völlig gesund in Amerika an. Während ihres dortigen Aufenthalts – bis zum 12. Lebensjahr – sterben beide Eltern, und Francisque wird als Waise nach Paris zu Verwandten geschickt, die sie bei den Ursulinerinnen katholisch erziehen lassen. Siebzehnjährig heiratet sie den Dichter Scarron und kommt als Pflegerin der Kinder der Montespan in die Sphäre König Ludwigs XIV., den sie im klerikalen Sinne beeinflußt.

St. André erwähnt 1700: Ein 60jähriger Edelmann, der krank gewesen war, fiel plötzlich in eine tiefe, starke Ohnmacht und war anscheinend tot. Es wird alles zur Beerdigung und zu den Trauerzeremonien vorbereitet, Seelenmessen werden bestellt und dergleichen. Doch welcher Verdruß! Zwei Priester begannen sich neben dem Sarg um die reichlich bezahlten Seelenmessen zu zanken und machten dabei gewaltig Krach, so daß ein Verwandter des Verstorbenen herantrat und sie auf das Ärgernis, das sie gaben, aufmerksam machte. Währenddessen deckte er das Gesicht des Verstorbenen auf und bemerkte eine geringe Bewegung der Gesichtsmuskeln.

Rasch hält er eine Kerzenflamme unter die Nase des Toten, untersucht seine Schläfe – kein Lebenszeichen. Schon will er enttäuscht wieder gehen, als er die gleiche Bewegung wieder bemerkt. Nun beginnt er Nase, Schläfe, Lippen und Backen mit Wein zu reiben – vergeblich. Schon will er seine Bemühungen aufgeben, da merkt er, daß der »Tote« die Weintropfen schlürft, die ihm zwischen die Lippen geraten waren. Er tröpfelt ihm mehr Wein in den Mund, worauf der Verstorbene die Augen öffnet. Allmählich kommt er ganz zu sich und erzählt, daß er alles gehört habe, was sich während seines Zustandes um ihn herum abgespielt habe, einschließlich des Priestergezänks, denn sein Gehör war ständig tätig.

Der Relations-Mercurius *Berlin 1705, Nr. 6*, meldet: Paris, 5. Januar. Dieser Tage hat sich hier ein betrüblicher Zufall begeben, nämlich daß ein Priester von ungefähr an dem Grabe der weiland Frau Bethume Monime, welche vor drei Wochen schleunig gestorben war, vorbeiging, und etwas zu hören vermeinte. Auf seine Veranlassung wurde das Grab geöffnet, und man fand die genannte Frau zwar tot, aber man konnte sehen, daß sie sich im Sarge erbrochen hatte, ihren eigenen Arm »aufgefressen« und somit noch lebend begraben worden war.

Wie Eschenbach berichtet, starb im November 1735 der Apothekerlehrling oder Provisor Spalding in Küstrin an einer Brustkrankheit. Seine Leiche wurde gewaschen, angezogen und hergerichtet und schließlich auf Stroh gelegt. Als am anderen Nachmittag die alte Totenwärterin einige zuckende Bewegungen an der »Leiche« wahrnahm, holte sie einen Arzt, auf dessen Anordnung der Junge wieder in sein Bett gebracht wurde. Dort erwachte er wie aus tiefem Schlaf und wußte nicht, was mit ihm vorgegangen war. Er erholte sich wieder völlig und lebte noch 16 Jahre.

Das Histoire de la Congrégation des filles de l'Enfance erwähnt: Die Frau des Herrn Jacob du Hamel, eines berühmten Parlamentsadvokaten, fiel in einen solchen erbärmlichen Zustand, daß jedermann sie 24 Stunden für tot hielt. Man nahm sie deswegen aus ihrem Bett heraus und legte sie auf einen Tisch, um sie in ein Leichentuch einzuwickeln, am Tag darauf wurde sie von da wieder auf den Gottesacker getragen und nach der gewöhnlichen Art begraben ... Sie wurde aber nicht eher begraben, als bis man ihres Todes völlig gewiß war.

Im Journal des Savans kann man lesen: Rigaudeaux, Assistent beim Militärhospital und vereidigter Geburtshelfer zu Douai, wurde am 8. September 1745 zum Dorfe Lovarde, eine Meile von Douai, gerufen, um die Frau eines gewissen François Dumont zu entbinden. Man hatte ihn morgens 5 Uhr gesucht, er konnte aber nicht vor 8.30 Uhr kommen. Bei seiner Ankunft erfuhr er, daß die

Wöchnerin zwei Stunden vorher gestorben sei, weil man unglücklicherweise keines Chirurgen hatte habhaft werden können, um den Kaiserschnitt zu machen. RIGAUDEAUX fragte nach den näheren Umständen, die einen so plötzlichen Tod herbeigeführt hatten, und man erzählte ihm, daß die Verstorbene seit vergangenen Nachmittag Wehen gespürt hätte. Die Schmerzen dabei waren so gewaltig, daß sie über zehnmal mit abwechselnden Krämpfen in Ohnmacht gefallen und endlich am Morgen, um 6.00 Uhr, äußerst ermattet, ohne Hilfe als bloß einer Hebamme, unter einem neuen Krampf mit schäumendem Munde verstorben sei. Der Arzt verlangte jetzt, die Leiche zu sehen, die schon verhüllt war. Er untersuchte sie, auch Gesicht und Unterleib, fühlte nach dem Puls am Arm, unter dem Herzen und unter den Achseln, ohne das geringste zu spüren, hielt ihr einen Spiegel vor den Mund, der aber auch nicht anlief. Der Mund stand voll Schaum, der Magen war sehr gespannt und ausgedehnt. Überdies fand er, daß er das Kind auf natürlichem Wege hervorbringen könne und tat dies auch mit Hilfe einer Wendung. Er zog das Kind an den Füßen mit leichter Mühe heraus und überließ es den anwesenden Frauen zur Wiederbelebung. Es war ein hübsches Kind, und die Frauen gaben sich drei Stunden lang die größte Mühe. Da sie keinen Erfolg hatten, schickten sie sich an, es in den Sarg der Mutter zu legen. Da bemerkte eine der Frauen, daß das Kind den Mund geöffnet hatte. Sofort entflammte aufs neue der Eifer der Frauen. Sie wandten jetzt Wein, Essig und duftendes Wasser an, und das Kind zeigte deutliche Zeichen des Lebens.

Der Arzt, der gerade beim Prediger des Ortes zu Mittag speiste, wurde benachrichtigt. Er eilte herbei, und unter seiner Mithilfe begann das Kind nach einer Viertelstunde zu schreien wie eben ein Neugeborenes. Nun wollte der Arzt die Leiche der Mutter noch einmal sehen. Sie lag schon im verschlossenen Sarg. Er ließ ihn öffnen, die Leiche entkleiden und untersuchte nochmals mit gleicher Sorgfalt. Wieder stellte er den Tod fest. Jedoch fiel ihm die Biegsamkeit der Extremitäten auf, da der Tod doch schon vor 7 Stunden eingetreten sein sollte. Er wandte nun das flüchtige Laugensalz an, vergebens. Der Arzt reiste 13 Uhr nach Douai zurück, nachdem er angeordnet hatte, die Leiche nicht eher zu bestatten, als bis Arme und Beine steifgeworden seien. Bis dahin seien ihre Hände zu beklatschen, Augen, Nase und Gesicht mit duftendem Wasser zu reiben und sie ins Bett zu legen. Um 17.00 Uhr kam der Schwager der Verstorbenen zu ihm und berichtete, daß diese um 15.30 Uhr wieder zum Leben gekommen sei. Kind und Mutter lebten gesund noch drei Jahre später, als dieser Fall aufgezeichnet wurde.

Einen Aufsehen erregenden Fall berichtet das JOURNAL DES SAVANS, *1741*: Lady Russel blieb zwei Tage länger als vorgeschrieben als vermeintliche Leiche im Bette liegen. Als man ihrem Gatten, Obrist Russel, vorstellte, es sei endlich Zeit zur Beerdigung, gab er zur Antwort, er würde ohne alle Umstände jeden, der es wage, sich des Körpers seiner Frau zu bemächtigen, niederschießen. Die Königin, die von seiner Traurigkeit Nachricht erhielt, schickte einen ihrer Höflinge, um ihm ihre Teilnahme zu bezeugen, zugleich aber ihm auch vorzustellen, daß es sich weder für einen vernünftigen Mann noch für einen Christen und Soldaten schicke, so hartnäckig seinem Kummer nachzuhängen und seiner verstorbenen Frau die letzte Ehre nicht erzeigen zu wollen. Der Obrist ließ der Königin für ihre Fürsorge seinen Dank abstatten, fügte aber die Bitte hinzu, es ihm nicht ungnädig zu deuten, wenn er sein Verhalten nicht ändere. Es habe mit ihrer Beerdigung keine Eile, solange noch kein Zeichen die Fäulnis verriete. Sobald jedoch die eingetretene Verwesung ihn vom wirklichen Tode überzeugt haben würde, wolle er auch seinerseits keine Schwierigkeiten mehr machen und sich dem eingeführten Gebrauche in Rücksicht der Beerdigung unterwerfen.

Schon waren acht ganze Tage verflossen, ohne daß sich bei der vermeintlich Verstorbenen auch nur die geringste Lebensspur zeigte; allein wie groß war das Erstaunen des Mannes, als seine Gattin bei dem Geläute der Glocken einer nahegelegenen Kirche wie im Schreck aus dem Todesschlummer erwachte, mit den Worten: »Es läutet schon zum letzten Mal zur Kirche, es ist Zeit zu gehen!«, sich aufrichtete und durch ihre vollkommene Wiederherstellung ihrem Gefährten einen Triumph verschaffte, wie er so seltener Liebe würdig war. Sie lebte nachher noch viele Jahre.

Die Vossische Zeitung *Berlin 1747, Nr. 20*, berichtet von Nancy in Lothringen: Ein Koch, der das Essen zu einem Gastmahle, welches sein Herr geben sollte, vorbereitete, war müde und sagte zu einem seiner Lehrburschen, er solle Feuer zum Wärmen auf seine Stube bringen. Der Lehrbursche brachte unvorsichtigerweise Kohlen, die nicht völlig ausgeglimmt waren. Da aber der Koch zu Bett gehen wollte, weil er in seiner Kohlenpfanne nichts als Asche sah, legte sich schlafen. Am Morgen fand man ihn im Bette tot.

Dieser Vorfall wurde bald im ganzen Hause und in der Stadt ruchbar, weil sein Herr den Gästen hatte absagen müssen. Ein Engländer, der sich daselbst befand, kam geschwinde in das Haus und sagte, er wolle den Toten, wenn es noch nicht zu spät wäre, wieder lebendig machen, bat nur den Herrn, daß man alles tun solle, was er seinen Leuten befehlen würde. Man hielt nicht viel davon, jedoch um sich nichts vorzuwerfen, wollte man die Wirkung abwarten. Der Engländer ließ den Körper des Kochs aus der Stube bringen und ihn nackend auf das Pflaster des Hofes legen, man schüttete viele Eimer Wasser über ihn, bis er nach Verlauf einer Viertelstunde seufzte. Sogleich brachte man ihn in die Küche, legte ihn in einer gewissen Entfernung vom Feuer auf die Steine, fuhr fort, noch einige Eimer Wasser über ihn zu gießen, bis er gänzlich zu sich selber kam. Er richtete sich auf und fragte, wo er wäre. Dann brachte man ihn näher zum Feuer, legte ihn endlich in ein wohlgewärmtes Bett und gab ihm Brühe. Er schlief ein, und nach einigen Stunden wachte er gesund auf. Der Engländer behauptet, daß er sich dieses Mittels vielmals mit gutem Erfolg bedient hätte.

Von Bruhier stammt folgender Fall: Eine Bürgermeistersfrau in der Stadt Cölln war im Jahr 1571 mit einem kostbaren Ringe beerdigt worden. Die Nacht darauf öffnete der Totengräber das Grab, in der Absicht, den Ring zu stehlen. Ich überlasse es einem jeden zu ermessen, ob er nicht müsse sehr erschrocken sein, als er fühlte, daß ihm die Hand gedrückt ward, und als die Frau ihn mit der Hand ergriff, um sich aus dem Sarge zu helfen. Er machte sich aber doch von ihr los und ergriff die Flucht, ohne sich weiter mit ihr einzulassen. Die wieder lebendig gewordene Frau half sich, so gut sie konnte, heraus und ging an ihre Haustüre, wo sie anklopfte. Sie rief einen Bedienten bei seinem Namen und sagte ihm mit ein paar Worten, was ihr begegnet war, damit man sie nicht lange möchte warten lassen. Allein der Bediente hielt sie für ein Gespenst, lief aber dennoch ganz erschrocken fort, seinem Herrn die Sache zu erzählen. Der Herr, der eben so ungläubig war wie der Bediente, hieß ihn einen Narren ... Unterdessen klapperte die für tot begrabene Frau in ihrem Leichentuche vor Frost mit den Zähnen. Endlich ward ihr doch die Tür geöffnet, man erwärmte sie wieder und pflegte sie so gut, daß sie wieder zu leben anfing, als wenn ihr nichts begegnet wäre.

Ähnliches ist laut Bruhier des Buchhändlers Matthäus Harnischens Ehefrau begegnet. Man glaubte, sie sei im Kindbette gestorben, und trug sie also auf den Gottesacker, um sie zu begraben. Als man nun, wie es gebräuchlich, den Sarg bei dem Grabe öffnete, damit jedermann die Leiche sehen könne, so wurden die Totengräber gewahr, daß sie goldene Ringe an den Fingern hatte. Sie bedeckten daher den Sarg nur mit weniger Erde. In der Nacht aber kamen die Schelme wieder, entblößten den Sarg und eröffneten ihn. Da sie nun die Ringe wegzureißen sich bemühten, so zog die vermeintliche tote Frau den Arm zurück. Hierüber erschraken die Totengräber und liefen davon, als wenn der Teufel hinter ihnen her wäre. Unterdessen kam die kranke Frau wieder zu Verstande, die, weil sie nicht wußte, wo sie war, sich aufrichtete, schrie und um Hilfe rief. Endlich sah sie bei dem Schein einer Laterne, welche die Totengräber mitgebracht und vor Schrecken zurückgelassen hatten, an was für einem Orte sie war.

Sie ging darauf aus dem Grabe heraus, kehrte nach Hause zurück und klopfte an die Haustüre an. Die Magd kam und fragte, wer da wäre? »Eure Frau«, antwortete die Auferstandene, »macht auf«. Die Magd erschrak, glaubte, es sei ein Gespenst, lief davon und ließ sie immer klopfen. Als sie aber ... endlich sah, daß man sich nicht abweisen ließ, so ging sie hin und sagte ihrem Herrn, was sie gehört hatte. »Bist du närrisch«, versetzte dieser, »ist die arme Frau nicht heute begraben worden? Gehe, sie ruhet jetzt in Abrahams Schoße, laß mich also zufrieden und erneuere nicht meinen Schmerz durch deine närrischen Einbildungen.« Die Magd hingegen plagte den Mann, er sollte doch nur zu dem Fenster hinaus sehen; sie erreichte es endlich, daß er aus dem Fenster seiner Frau Gehör gab, die, da sie ihn gewahr ward, anfing zu rufen: »Mache doch um Gotteswillen auf, ich bin ganz erfroren; vergißt du, daß ich erst kürzlich in das Kindbette gekommen bin; und daß die Kälte in den Umständen, in welchen ich mich befinde, mir zum Tode gereichen kann? Ich will dir alles erzählen, was mir begegnet ist.« Der Mann war durch das Wehklagen seiner Frau gerührt, und weil er ihre Stimme erkannte, so machte er endlich mit einer mit Furcht verbundenen Freude auf und sah und umarmte mit Vergnügen diejenige, die er für tot gehalten hatte. Er hat nach dieser Zeit mit ihr noch viele Kinder gezeugt.

Diese Historie ward bald ruchbar, und die Obrigkeit, welche die Totengräber in Verdacht hatte, ließ dieselbigen einziehen und auf die Folter bringen. Sie gestanden ihr Verbrechen und wurden bestraft, wie sie es verdienten.

Der gleichen Quelle, Bruhier, entstammt folgendes: Herr Rousseau, ein Kaufmann zu Rouen, hatte eine Frau geheiratet, die erst vierzehn Jahre alt war und ihn, nachdem sie das sechzehnte Lebensjahr zurückgelegt, schon zweimal zum Vater gemacht hatte. Er mußte eines Tages an einen Ort verreisen, der vier Meilen von Rouen entfernt war, und ließ seine Frau bei vollkommener Gesundheit zurück. Kaum war er am Ziel seiner Reise angelangt, als man ihm die Nachricht von ihrem Tode überbrachte. So schlecht dieser Spaß auch gewesen sein würde, so gewiß hielt er es doch dafür. Am nächsten Tag kam ein anderer Bote, der ihm die erste Nachricht bestätigte und bekräftigte, ohne daß der Kaufmann darauf mehr achtete als das erstemal. Am dritten Tag kam wieder jemand, der ihm sagte, wenn er nun nicht bald käme, würde er seine Frau begraben finden. So entschloß er sich endlich abzureisen, und als er zu Hause ankam, hörte er zu St. Marlou, wo er eingepfarrt war, läuten. Er sah, daß man seine Frau an seiner Haustür ausgesetzt hatte und daß die Geistlichkeit im Begriffe war, sie fortzutragen. Er drängte sich durch das Volk, ließ den Sarg wieder in die Stube tragen, ihn aufmachen und den Körper wieder in das Bett legen. Hierauf schickte er sofort nach Wundärzten, die die Kaufmannsfrau für unzweifelhaft tot erklärten. Dennoch versagten sie es sich nicht, ihr tiefe Einschnitte (des scarifications profondes) zu machen und Ziehköpfe (des ventouses = Schröpfköpfe) daraufzusetzen. Man hatte deren schon 25 fruchtlos gesetzt und verlor schon alle Hoffnung, die Frau wieder lebendig machen zu können, als der 26. Schröpfkopf, der wahrscheinlich mehr Schmerzen verursachte, es dahin brachte, daß die für tot gehaltene Frau zu schreien anfing: »Ach, was macht ihr mir für Schmerzen!« Man legte hierauf die Ziehköpfe beiseite und brauchte an deren Stelle Branntwein, worin man die auferweckte Frau sozusagen badete. Sie wurde wieder vollkommen gesund. Nachmals gebar sie noch vierundzwanzig Kinder, und zwar, welches sehr merkwürdig ist, sechse, die sie auf einmal getragen hat und die alle in der St. Paulskirche zu Paris, wo sich der Herr Rousseau später niedergelassen hat, getauft wurden. Diese Geschichte hat sich etwa 1677 abgespielt und ist mir (Bruhier) zu verschiedenenmalen von etlichen ihrer Enkel erzählt worden, die Petit heißen und zu Paris Handelsleute sind.

Zwei weitere Fälle aus Bruhier trugen sich so zu: Ein Edelmann aus der Auvergne, Herr Blau, unterschrieb und untersiegelte ein Schreiben (Protokoll) folgenden wichtigen Inhalts: »Ich, Endesunterschriebener, beurkunde hierdurch, daß, als ich mich vor ungefähr 55 Jahren, meines Studierens halber, zu Toulouse aufhielt, und einstmals in die St. Stephanskirche gegangen war, um daselbst die Predigt anzuhören, ich in gedachter Kirche einen Leichenzug habe ankommen sehen, dessen Gepränge man bis nach der Predigt aufschob und unterdessen den Körper in einer Kapelle niedersetzte, in welche auch alle Anverwandten in ihrer Trauerkleidung eintraten. Weil aber mitten in der Predigt der vermeintliche Tote Kennzeichen des Lebens von sich gegeben hatte, so brachte man ihn, wie sich ein jeder leicht wird einbilden können, geschwind wieder nach Hause; worauf denn erhellt, daß man, wenn die Predigt nicht gewesen wäre, einen Menschen lebendig würde begraben haben. Gegeben zu Paris, 27. 4. 1740.«

Die Großmutter des Herrn Mozet, Schriftgießer zu Paris, erzählte ihm, wie er berichtet, daß sie eines Tages in Reims ausgegangen war, um am Sarge einer Nachbarin, der wie üblich an der Tür ausgestellt war, ihr Gebet zu verrichten. Da hörte sie in dem Sarge eine Bewegung, welche sie veranlaßte, zu dem Geistlichen, der bei dem Sarge Wache hielt, zu sagen, die Frau sei gewiß nicht tot. Da nun auch diejenigen, die da erfahren hatten, was die Frau Mozet gesagt hatte, eben dies Geräusch gehört hatten, so öffnete man den Sarg und die für tot gehaltene Frau ward wirklich noch lebend gefunden. Es sind dies ungefähr 70 Jahre her, als sich dieses begeben hat.

Die Vossische Zeitung *Berlin 1758, Nr. 56*, berichtet aus Harlem vom 26.4.1758: Am 19. April dieses Jahres hat sich folgender seltsamer Zufall hier zugetragen: Zwei kleine Knaben, der eine von fünf und der zweite von sieben Jahren, spielten unweit der Sautmannischen Kalkbrennerei am Wasser miteinander. Der ältere von ihnen fiel ins Wasser und sank zu Boden, der jüngere, welcher auf einem Floßholz stand, lief, anstatt seinem Bruder zu Hilfe zu kommen, langsam ans Land und nach Hause, um den Eltern das Unglück zu erzählen. Die Nachricht verursachte viel Bestürzung, und ehe man wußte, wo der Ort sei, da er untergesunken war, und man das Nötige herbeischaffen konnte, um den Ertrunkenen aus dem Wasser zu ziehen, verging wenigstens eine halbe Stunde, so daß der Knabe, als er aus dem fünf Fuß (1,5 m) tiefen Wasser herausgeholt wurde, nicht mehr das geringste Zeichen des Lebens von sich gab. Man legte ihn auf die Erde, stürzte ihn um, um das geschluckte Wasser von ihm zu bringen; allein dieses half alles nichts, er blieb ohne Bewegung. Der Besitzer der Kalkbrennerei riet den Eltern an, den totscheinenden Jungen nach Hause zu bringen, ihn neben ein Feuer zu legen, beständig hin- und herzurollen und ihn so viel als möglich zu erwärmen. Man folgte diesem Rat. Es verfloß wiederum eine halbe Stunde, ohne daß er das geringste Zeichen des Lebens von sich gab. Endlich wurde von einem Kalkbrenner dem Verunglückten mit einer Tabakspfeife in den Hintern geblasen (diese Methode wird auch von dem berühmten Physiker Réaumur in seiner im Jahre 1740 veröffentlichten Arbeit aufs dringlichste empfohlen!), worauf man in seinem Körper in der Zeit von zwei Minuten einige Bewegung spürte, und als man damit noch eine Stunde fortfuhr, wurde der Knabe, welcher ungefähr eine gute Stunde totgeschienen hatte, wieder zu sich gebracht. Es befindet sich derselbe jetzo in vollkommener Gesundheit, ohne daß man wahrnehmen kann, daß ihm das erzählte Unglück widerfahren sei.

Die Zeitung MAYNSTROM meldet *vom 10.5.1758*: Zu Lessines im Hennegau (sechs Stunden von Mons) trug es sich zu, daß ein gewisser Einwohner, der lange Zeit krank gelegen hatte, in einen so tiefen Schlaf geriet, daß man ihn wirklich für tot hielt. Seine Gattin, als ein verständiges Weib, ließ auch bald einen Sarg beibringen, und um ungestört ihrem Schmerz nachzuhängen, schaffte sie die anderen Leute unter verschiedenerlei Vorwand aus ihrem Hause. Ganz allein bei ihrem erblaßten Gemahl, wollte nun diese trauernde »Artemisia« (Artemisia war die um 350 v. u. Z. verstorbene Gattin des Königs Mausolos, dem sie ein prächtiges Grabgebäude – das erste Mausoleum – errichten ließ) keine Zeit verlieren, ihm die letzte Pflicht zu erweisen. Sie suchte ein altes Leintuch, um ihn hineinzuwickeln, aber alle vorhandenen schienen ihr zu gut. Da fiel es ihr ein, daß ein altes Harlekinskleid im Hause sei, sie bekleidete ihren Mann damit und legte ihn in den Leichenkasten, den sie auch selbst vernagelte.

Bei dem Leichenbegängnis merkten die Träger unterwegs eine Bewegung im Sarg: dieser wurde abgesetzt, und der Pfarrer ließ ihn aufmachen. Welch Erstaunen bei dem Anblick des sich Aufrichtenden! Alle geistlichen und weltlichen Anwesenden liefen davon und in die Kirche, denn sie glaubten gar, es wäre ein Teufelsspuk. Der zum Leben Zurückgekehrte empfand durch das Harlekinsgewand, den Sarg, den ganzen Aufzug genauso Furcht wie die anderen. Er sprang aus dem Sarg und lief seiner Wohnung zu. Da fand er seine betrübte Frau, die darüber in Ohnmacht fiel. Ein Aderlaß brachte sie wieder zu Sinnen, um die bitteren Klagen und Vorwürfe ihres Mannes zu hören, der nun nicht mehr mit einem solchen Weib leben wollte, das ihn der Gefahr ausgesetzt hatte, zum Gelächter im ganzen Reich der Toten zu werden, wenn er so als Harlekin dahingegangen wäre. Nun wollte er von ihr geschieden sein. Der Prozeß ist vor das Gericht des Conseil von Hennegau gebracht worden.

Dr. ZIMMERMANN, kgl. hannöverscher Leibarzt, schreibt 1765 in »VON DER ERFAHRUNG IN DER ARZNEIKUNST«: Ein starker Bauer von ungefähr 30 bis 40 Jahren verlor aus Furcht, wegen einer (hier nicht erwähnten) ungesetzlichen Handlung zum Tode am Galgen verurteilt zu werden, alle seine Kräfte derart, daß ich keinen Puls an ihm fühlen, keine Bewegung des Herzens und keinen Atem an ihm entdecken konnte. Sein Angesicht und seine Lippen waren ganz erblaßt, seine Augen geschlossen, er war kalt und einem toten Körper in allem ähnlich. Man stieß ihn, man riß ihn, wälzte ihn auf der Erde herum, ohne das geringste Lebenszeichen von ihm auszupressen. In die Nase goß ich ihm Salmiakgeist, er machte nicht die geringste Bewegung und gab nicht das geringste Zeichen des Lebens (dies erinnert an die lebendig Skalpierten). Ich goß ihm die stärksten Arzneien in den Hals, sie kamen von selbst zurück in den Mund und flossen ihm über den Bart herunter. Dies alles widerfuhr mitten unter einer Menge von Zeugen. Gleich leblos blieb dieser Mensch über 24 Stunden, und erst nachher fing ich an, den sehr langsamen und kleinen Atem zu bemerken. In den nächsten 24 Stunden ließ ich ihm von Zeit zu Zeit Salmiakgeist unter die Nase reiben. Nach diesen zweiten 24 Stunden schien er etwas von den Arzneien zu schlucken, nach 30 Stunden tat er zum erstenmal die Augen auf, nach 36 Stunden gab er einen kleinen Laut. Nach 6 Tagen war er durch meine Arzneien vollkommen gesund und stand bald darauf im Angesicht der ganzen Stadt am Pranger« (zu dem er offenbar doch nur verurteilt worden war).

Die VOSSISCHE ZEITUNG, *Berlin 1767, Nr. 25*, berichtet aus London vom 10.2.1767: Zu Dorchester starb neulich eine gewisse Madame Flower, welche verordnet hatte, daß man sie nach ihrem Tode drei Tage lang vor ihrer Beerdigung im Hause liegen lassen, glühendes Eisen an ihre Füße halten, Federn unter ihrer Nase verbrennen, sie zwischen den Nägeln mit glühenden Stricknadeln kitzeln, auf den Nabel brennenden Siegellack tröpfeln lassen solle, um sich der Gewißheit ihres Todes vollkommen zu versichern. Diese Verordnung ist befolgt, aber die Absicht der verstorbenen Dame nicht dadurch erreicht worden. An eines Bortenwirkers Frau in London namens Smith, welche am 5. Februar dieses Jahres, dem äußeren Ansehen nach, gestorben war und am 9. Februar begraben werden sollte, würde dergleichen Vorsicht wirksamer gewesen sein, denn sie lebte von sich selber wieder auf, nachdem sie schon zwei Tage im Sarge gelegen hatte. Sie kam zum größten Erstaunen ihrer Familie des nachts nackend die Treppe heruntergelaufen und legte sich in ihr Bett. Weil sie sich unterdessen sehr stark erkältete, so zweifelte man an ihrer Wiederherstellung.

Die Vossische Zeitung, *Berlin 1771, Nr. 52*, schreibt: Aix in der Provence, 1. April. Hier starb dieser Tage ein Mann, wenigstens glaubte man es, und man begrub ihn nach 24 Stunden in der Kirche. Des andern Morgens hörte eine Frau, die gekommen war, die Messe zu hören, ein Geräusch im Grabe und machte Lärm. Man öffnete das Grab und den Sarg, und die vermeintliche Leiche richtete sich mit den Worten auf: »Ich bin sehr erschrocken.« »Wir auch!« antworteten die Umstehenden und brachten ihn nach Hause. Der Mann lebt noch und wird vermutlich noch lange leben. Für die Stadt und Länder, die ihre Toten so bald begraben, ist eine Lehre in dieser Geschichte.

Die in Prag erscheinende Deutsche Zeitung berichtet: Im Jahre 1783 lag in Prag im Militärhospital ein Soldat, geborener Italiener, einige Zeit gefährlich krank darnieder. Eines Tages starb er und kam in die Totenkammer. Einen halben Tag später ging ein Krankenwärter aus anderen Gründen in diesen Raum. Dabei kam es ihm vor, als ob der Tote sich etwas hin und her bewege. Er untersucht ihn, findet ihn lebend und schafft ihn zurück ins Krankenzimmer. Dort wird er aufs neue gepflegt, erhält Medizin, aber ohne jeden Erfolg. Es tritt keine Besserung ein. Am zweiten Tag darauf war er tot. Wieder legte man ihn in die Totenkammer, und diesmal blieb er über Nacht drin. Früh, als man die Totenkammer betrat, fand man ihn, fast erstarrt, auf allen Vieren auf dem Fußboden kriechend. Aufs neue wird er ins Krankenzimmer zurückgebracht, gepflegt und behandelt. Diesmal erholt er sich besser und verlangt einen Geistlichen. Dieser kam und erfuhr von dem Kranken, in Gegenwart aller Anwesenden, daß dieser in seinem Leben drei Totschläge begangen habe und vor Gewissensangst nicht habe sterben können. Mit schmerzlicher Wehmut bezeugte er Reue, ward ruhiger und starb zum dritten Mal. Diesmal aber wirklich.

Aus J. P. Frank entnehmen wir folgende Geschichte: Pater Viktor, ein Klostergeistlicher zu Châteaudun, wurde krank, man rief den Stadtarzt, Herrn Destrées, herbei, der die Krankheit gefährlich, aber nicht tödlich fand. Er verließ den Kranken und besuchte ihn anderntags wieder. Beim Betreten des Klosters wurde ihm schon mitgeteilt, Pater Viktor sei gestorben; er war bereits, wie gebräuchlich, im Chor mit unbedecktem Angesicht ausgestellt. Der Arzt wollte die Gewißheit des Todes nicht glauben, er betrachtete den angeblich Toten genau und versuchte vergebens mehrere Mittel, ihn zum Leben zurückzubringen.

Endlich fiel ihm ein, daß die Musik von jeher erstaunlichen Eindruck auf den Pater gemacht; er berief das Musikkorps des Dragonerregiments von Orléans, das zu Châteaudun in Besatzung lag, und unter Pauken, Trompeten, Klarinetten- und Hautboisschall kehrte der vermeinte Tote zum Leben zurück. Bald zeigte sich eine heilsame Krise, und ein häufiger Schweiß bewirkte bei dem Kranken zugleich Besserung. Eine Therapie, die man, so wie jene des Rhazes, der einen für tot Gehaltenen ins Leben zurückprügeln ließ, noch immer in den Schulkompendien umsonst gesucht hat. (Eine von F. A. v. Wasserberg beigefügte Fußnote erläutert: Der berühmte Arzt Rhazes, Leibarzt des Königs Almansor von Cordua, ging einst über einen öffentlichen Platz dieser Stadt und sah eine Anzahl Personen um einen, wie man ihm meldete, jäh verstorbenen Bürger versammelt. Rhazes untersuchte den Toten und fand, daß er nur in eine Ohnmacht gefallen war. Alsogleich nahm er ein Stäbchen, befahl den Umstehenden, ein gleiches zu tun und gab dem vorgeblich Verstorbenen eine tüchtige Bastonade, hauptsächlich auf die Fußsohlen, auf die Hinterbacken und zuweilen auch auf die Schultern. Das Mittel hatte guten Erfolg, der Kranke kam zu Sinnen und erhielt wieder das Leben. Diese Kur machte am Hofe des Königs Almansor großes Aufsehen. Der Monarch beehrte RHAZES mit seinem Kompliment und sagte: »Ich wußte wohl, daß Sie ein großer Arzt wären, daß Sie aber auch die Toten zum Leben bringen können, wußte ich noch nicht.« »Gebieter«, antwortete RHAZES, »ich will eben keine Wunder wirken; hätte dieser Mensch in der Tat das Leben verloren, so würde ich es ihm sicher nicht wiedergegeben haben: Aber ein Zufall lehrte mich die Wirksamkeit des Mittels, dessen ich mich zu seinem Nutzen bedient habe. Als ich von Bagdad nach Ägypten zog, sah ich, daß einige arabische Beduinen eben davon Gebrauch machten, um einen ihrer Kameraden, den eine allgemeine und plötzliche Ohnmacht angewandelt hatte, wieder zu sich zu bringen. Er befand sich hierauf wohl und ich befolgte eine gleichförmige Methode.«)

J. P. FRANK berichtet von einem eigenen nahen Verwandten, einem Kind, von dessen Todeskampf die verzweifelte Mutter weggezwungen werden mußte. Als man ihr nunmehr den eingetretenen Tod des Kindes meldete, schlich sie sich heimlich in das Zimmer, in welchem die kleine Leiche, nur mit einem Hemd bekleidet, auf dem Tische lag, holte sie zu sich ins Bett und brachte das Kind wieder zum Leben zurück. Es wuchs normal heran und wurde 37 Jahre alt.

ESCHENBACH und FRANK haben eine zuverlässige, hierher gehörige Geschichte mitgeteilt: Eine fünfzigjährige, ohnehin schon kränkliche Frau, Gattin des Schneiders Hansen in Rostock, bekam ein tödliches Fieber und starb bei anbrechendem Morgen. Man brachte sie aus dem Bett und bereitete sie auf die Bestattung vor, d. h. legte sie auf ein Brett und klemmte ihr ein Buch mittlerer Größe unter das Kinn. Es war Sommer und man wollte sich mit dem Begräbnis beeilen. Noch am gleichen Tage gab man den Einwohnern diesen Sterbefall – mit den in der Gegend üblichen Gepflogenheiten – bekannt.

Am nächsten Morgen früh kam die Hausmagd in die Stube, in der die Frau lag und in der man am Abend zuvor die Fensterläden geschlossen hatte, um die Riegel zurückzuschieben. Dann verließ sie das Zimmer, um die Läden von außen zu öffnen, kehrte zurück und lüftete. Als sie den Raum zum zweiten Mal verlassen wollte, richtete sich die vermeintliche Tote plötzlich auf, rief ihr leise etwas zu und reichte ihr das Buch, das unter ihrem Kinn gelegen hatte, um es wegzulegen. Sie fragte ganz erstaunt, wie sie hierhergekommen wäre. Die wie von einem Gespenst erschreckte, äußerst geängstigte Magd verließ eilends das Zimmer und rief aus vollem Halse um Hilfe. Nun eilte der Ehemann mit seinem übrigen Gesinde herbei, und da sich keines von diesem in die Stube bewegte, trat er selbst beherzt ein, half seiner Frau, die über eine beschwerliche Kälte klagte, vom Leichenbett herab, auf dem sie über 24 Stunden wie tot gelegen hatte, und brachte sie zu Bett. Sie konnte sich an nichts erinnern, was mit ihr vorgenommen worden war, und schrieb ihre Wiederbelebung der durch das geöffnete Fenster eingeströmten frischen Luft zu.

Sie lebte noch 10 Jahre, hingegen legte sich bald darauf die erschreckte Hausmagd hin und starb. ESCHENBACH fügt hinzu: Ähnliche, ebenso betrübende Vorfälle aus der neuesten Zeit lesen wir in den öffentlichen Blättern.

MARKUS HERZ schreibt *1788*: Kaum ist noch eine Stadt auf Erden, in der man nicht eine oder mehrere Geschichten von Toten aufbewahrte, welche bald in einer veränderten Lage, bald im offenen Sarge, bald mit verwundeten Teilen des beim Erwachen vom Scheintod verzweiflungsvoll zerfleischten Körpers gefunden wurden.

Dem BAYERISCHEN LANDBOTEN, *1791*, entstammt folgender Fall: Der noch lebende geschickte Arzneigelehrte P... ward in seiner Jugend zu Ingolstadt, wo er studierte, gefährlich krank, verfiel in starre Sinnlosigkeit und wurde für tot gehalten. Man entkleidete ihn, wusch ihn und legte ihn, wie üblich, auf ein Brett. Der Kranke aber sah alles selbst mit an. Er hörte und fühlte, nur war es ihm unmöglich, die geringste Bewegung hervorzubringen. Er hörte die Klagen seiner Freunde, seiner Verwandten und war sich seines Zustandes und seiner Lage vollkommen bewußt. Er sah die Anstalten zu seiner Beerdigung und sah, wie der Tischler Maß für seinen Sarg nahm.

In der Nacht vor dem Begräbnis, als er einsam, starr und kalt schlaflos auf seinem Brette lag, kam ihm unter Anspannung aller seiner Willenskraft die Bewegungsfähigkeit wieder. Aber seine Hände waren ihm mit Wachs und seinem Rosenkranz so fest verknäult, daß er sie nicht gebrauchen konnte. Er sträubte und bäumte sich, bewegte das auf ihm liegende Tuch und warf damit die neben ihm stehende Lampe um. Das machte die im darunter-gelegenen Raume wachenden Leute aufmerksam. Sie kamen, sahen den »Toten« sich bewegen, flohen, kamen zögernd wieder und nahmen ihn endlich auf sein wehmütiges und wiederholtes Beteuern unter den Lebenden auf.

Drei Dinge waren ihm während seines Scheintodes peinlich gewesen. Erstens der Zuspruch des Geistlichen, der so eifrig redete, daß ihm jede Silbe wie ein Dolchstoß in die Ohren drang. Dieser sogenannte Zuspruch vermehrt nur die Todesangst und ist für den Sterbenden eine unbeschreibliche Qual. Zweitens das mit Gewalt erforderliche Zudrücken des in totenähnlicher Erstarrung befindlichen Mundes. Es bereitete ihm dieses physische Schmerzen. Besonders gab sich einer seiner Schulfreunde alle Mühe, dieses zu bewerkstelligen, indem er eine Hand über den Scheitel des »Toten« fest anstemmte und mit der anderen das Kinn mit allen Kräften aufwärtsdrückte. Der Scheintote glaubte, er würde ihm die Kinnbacken zersprengen, und litt unbeschreibliche Schmerzen. Drittens das Besprengen mit dem eiskalten Weihwasser, wovon ihm jeder Tropfen, der ihm ins Gesicht kam, bis ins Innere erschütterte. Dennoch schrieb er seine Rettung dem Weihwasser zu. Da man ihn aus frommer Freigiebigkeit oft so bespritzte, so kam auch eine gute Portion davon in seinen Schlund, und dies verursachte den Reiz, der ihm seine Bewegung wiedergab.

Die Sammlung Hufeland erwähnt auf S. 19: Eine Frau Professor Hiller in Tübingen erschrak im 6. Monat der Schwangerschaft so sehr (worüber, ist nicht erwähnt), daß sie die heftigsten Konvulsionen bekam. Die Ärzte Dr. Camerarius, Dr. Mauchart und noch andere dachten nichts anderes, als daß sie tot war. Alle angewendeten Wiederbelebungsmittel waren erfolglos, trotz fünfstündiger ununterbrochener Behandlung. Gemeinsam beschloß man, sie zu verlassen und in entsprechender Frist dem Grabe zu übergeben. Nur Dr. Camerarius schlug noch vor, ihr die auf die Fußsohlen applizierten Blasenpflaster abzureißen und dabei ihr Gesicht zu beobachten. Als man mit dem Pflaster zugleich die Haut von den großen Zehen zog, bemerkte man ein schwaches Zucken des Mundes. Nun verdoppelte man die Anstrengungen, sparte keine Mühe, stellte alle Versuche zur Wiederkehr des Lebens an und wiederholte die alten. Man reizte die empfindlichsten Teile, gebrauchte glühendes Eisen, stach, brannte, rieb und was es mehr an reizenden Mitteln gab! Ohne Erfolg! Sechs Tage lang lag sie wie tot und zeigte alle Todeszeichen, nur in der Herzgegend war eine geringe Wärme zu spüren. – Endlich schlug die Frau aber doch die Augen auf, atmete wieder, erquickte sich mit Nahrung und gebar bald darauf ein totes Kind. Sie erholte sich rasch, erlangte ihre vorherige Gesundheit wieder und wußte von all dem, was man mit ihr angestellt hatte, gar nichts. Hier waren also ein kleiner Zug des Mundes und ein Überrest von Wärme in der Herzgrube hinlängliche Beweise des noch vorhandenen Lebens.

Wie wichtig sollte uns also der kleinste Umstand bei einer Leiche und wie sorgfältig ihre Beobachtung sein! Aber was tun? Wir überlassen dieses ganze, so wichtige Geschäft der dümmsten, vorurteilsvollsten Menschenklasse, den Totenweibern, die weder Sinn für solche Bemerkungen noch einen Begriff von der Möglichkeit des Wiedererwachens haben, die also, selbst wenn sie feine Lebensspuren bemerken, sie nicht achten und obendrein schief auslegen.

Aus dem 18. Jahrhundert berichtet Pitaval: Ein junger Mann von Adel ward gezwungen, in einen geistlichen Orden zu treten – ein trauriges Opfer des väterlichen Ehrgeizes. Als er sein Gelübde abgelegt, die Weihe aber noch nicht empfangen hatte, mußte er eine Reise antreten. In einem der Gasthöfe, in dem er abstieg, fand er Wirt und Wirtin in größter Betrübnis, weil sie ihre einzige Tochter vor kurzer Zeit verloren hatten. Sie sollte am kommenden Tag beerdigt werden, und man bat den Mönch, nachts zu wachen und Gebete zu verrichten. Der junge Mönch sagte mitleidig zu.

Als er an der Bahre des Mädchens stand, wollte er sich selbst von ihrer großen Schönheit, die man ihm gerühmt hatte, überzeugen. Er deckte ihr Gesicht auf, in der Erwartung, das durch Todesangst entstellte Gesicht einer Leiche zu sehen. Er fand aber so reizende Züge, daß er seine Gelübde vergaß und »sich bei dieser Person eben die Freiheiten herausnahm, welche bei Lebzeiten die Ehe hätte erlaubt machen können«. Nachdem er seine Begier gestillt hatte, erwog er die Häßlichkeit seiner Tat, und aus Scham über sein Verbrechen reiste er frühzeitig ab.

Als man das Mädchen im verschlossenen Sarge zu Grabe trug, bemerkte man eine Bewegung darin. Man öffnete den Sarg, fand das Mädchen darin lebendig, brachte es zu Bett, und in kurzer Zeit war es wieder gesund. Bald darauf aber konnte man erkennen, daß die Wirtstochter schwanger war. Sie konnte aber auf alle Fragen keine Antwort geben, da sie selbst nichts wußte. Sie brachte unter Tränen und Vorwürfen ihr Kind zur Welt und flüchtete, halb mit Willen der Eltern, in ein Kloster.

Inzwischen war der junge Mann, der keine weiteren Folgen seines Verbrechens ahnte, genötigt, wieder durch jene Stadt zu reisen. Er stieg im gleichen Gasthof ab wie damals, brauchte aber nicht zu befürchten, wiedererkannt zu werden, denn als einziger Sohn hatte er nach dem Tode seines Vaters ein ansehnliches Vermögen geerbt, sich seiner Gelübde entbinden lassen und war nun, wie zuvor, ein junger und reicher adliger Herr. Er fand Wirt und Wirtin wieder in größter Betrübnis vor. Teilnehmend erkundigte er sich nach ihrem Kummer und erfuhr die ganze Geschichte. Sofort machte er sich nach jenem Kloster auf und fand das Mädchen noch schöner wieder. Er begehrte es zur Ehe, der Antrag wurde angenommen und das Kind als ehelich von ihm anerkannt. Nach dem Tode aller Beteiligten erhoben die Agnaten einen Prozeß, der im Pitaval ausführlich beschrieben ist.

Der Veröffentlichung von K. F. SINTENIS, BRIEFE ÜBER DIE WICHTIGSTEN GEGENSTÄNDE DER MENSCHHEIT, aus dem Jahre 1796 entstammt folgendes: In N. starb ein Tagelöhner, dessen hinterlassene Witwe nach alter, grausamer Sitte den Toten sogleich auf das Totenbett legte. (Grausam deswegen, weil einige von den Toten sich im warmen Bett vielleicht doch wieder erholt hätten, was auf dem Brett erschwert oder unmöglich ist.) Es geht nämlich der Aberglaube, daß derjenigen Leiche, die auf dem Totenbrett noch einmal seufzt, bald einer aus der Familie nachfolge.

Trotz ihrer Bettelarmut wollte die Witwe ihrem Manne die letzte Ehre erweisen. Sie kleidete ihn des anderen Tages ihren dürftigen Verhältnissen entsprechend an. Um jedoch nicht ein Paar neue Strümpfe opfern zu müssen, wickelte sie die Füße in alte Lumpen, die sie längs der Wade, wo es nicht auffiel, mit der Heftnadel zusammenheftete. Am dritten Tage, als man ihn eben in die Grube versenken wollte, erwachte der Starrsüchtige wieder und bekam die Kraft, seine starren Glieder wieder zu bewegen. Das erste, was er zu tun versuchte, war, seine Frau zu schlagen. »Du unvernünftiges Weib«, rief der erzürnte Wiedererwachte, »Du hast beim Annähen Deiner Lumpen die Heftnadel wenigstens zehnmal durch meine Waden gestochen. Jeden Stich fühlte ich. Ich hätte vor Schmerzen laut aufschreien und Dich gern gleich auf der Stelle hinter die Ohren schlagen mögen, wenn ich nur gekonnt hätte!«

Zugleich versicherte er, daß er bei zugedrückten Augen alles gehört habe, was um ihn her gesprochen worden sei, und seiner Aufmerksamkeit sei nichts entgangen, was mit ihm vorgenommen worden sei. Er war aber nicht in der Lage gewesen, dies auch zu erkennen zu geben. Im Schmerzgefühl seiner Waden aber habe er seiner Frau zugeschworen, dafür an ihr den ersten Wiedergebrauch seiner Glieder machen zu wollen. Die Ärzte, die während der ganzen Krankheit nicht gerufen worden waren, nun aber auf das Gerücht von diesem seltenen Vorgange ungerufen helfend in Erscheinung traten, nannten diese Art der Erkrankung »gehobene Starrsucht«.

Die Schlesischen Provinzialblätter berichten *1797, S. 155*: Am Sonntag nach Pfingsten 1778 wurde der Prediger Menzel zu einer kranken Hausfrau in Neidhardt, einem Dorfe bei Prinkenau, Schlesien, gerufen. Die Kranke, Anne Rosine, verehel. Siegmund, 46, wollte das Abendmahl. Sie war äußerst schwach, hatte einen stark unterbrochenen Puls, war offenbar dem Tode nah, aber bei gutem Verstande und in christlicher Fassung. Nach dem Abendmahl nahm sie Abschied von der Welt, verlangte, vom Bett auf Streu gelegt zu werden, und begann mit Sonnenuntergang den Todesschlummer. Ohne Puls, ohne Bewegung, lag sie da wie eine Tote und wurde auch als solche behandelt und mit einem Tuch zugedeckt. Man traf alle Anstalten zum Begräbnis.

Am nächsten Morgen kommt es ihrem Manne vor, als ob das Tuch, mit dem die Leiche bedeckt war, sich bewege. Er holt seine Tochter herbei, aber diese bemerkt nichts. Der am Montag wieder eintreffende Prediger fand sie mit festverschlossenem Mund, tiefeingesunkenen Augen, totenblaß, pulslos, starr und kalt. »Sie hat ein schweres Sterben«, sagte der Mann. »Sie ist ja tot«, antwortet der Prediger. »Sie ist nicht tot«, entgegnen die beiden. »Nehmen Sie sich nur Zeit und sehen Sie! Geben Sie auf das Tuch acht! Es bewegt sich unmerklich, oft aber erst nach Stunden wieder!« Der Prediger lehnt ab: »Das ist nicht nötig! Haltet ihr eine Feder unter die Nase!« Sie taten es – ohne Erfolg. »Einen Spiegel!« Kein Zeichen. Nun aber bemerkte der Prediger selbst Bewegung.

Sie lebte noch, doch hörte sie nichts. Nach 24 Stunden richtete sie sich mit einem Male auf ihrer Streu auf, sieht sich um, weiß von allem nichts, erzählt, wie unaussprechlich wohl ihr die ganze Zeit war und spricht: »Nun sterb ich nicht!« Sie verlangt zu essen und wird gesund. Sie hat noch 10 Jahre gelebt und starb am 30. 11. 1788 an der Auszehrung mit 56 Jahren.

Den Abhandlungen der Londoner königl. Gesellschaft zur Rettung Verunglückter und Scheintoter, *1798*, wurde entnommen: Vor zwölf oder dreizehn Jahren ward eine Frau von gemeinem Stande, die in der Boucheriestraße oder in der Dufourstraße in der Vorstadt St. Germain wohnte, für tot gehalten und, wie es Gebrauch ist, mit einem Wachslicht zu Füßen auf das Stroh gelegt.

Etliche jungen Leute hatten es auf sich genommen, sie zu bewachen. Indem sie nun – wegen der Langeweile – miteinander spielten, so stießen sie das zu Füßen der toten Frau stehende Wachslicht um, daß es in das Stroh fiel. Dieses fing Feuer, welches nicht so hurtig ausgelöscht werden konnte, daß die Flamme die für tot gehaltene Frau nicht verletzt hätte. Sie fing an zu schreien, welches auf einmal unseren jungen Leuten alle Lust nahm, sich ein Vergnügen zu machen. Sie liefen alle davon. Weil aber die Frau ihr Geschrei verdoppelte, so kam man ihr zu Hilfe, riß sie von ihrem Stroh weg, löschte die Flamme und brachte die auferweckte Frau wieder ins Bett. Sie beklagte sich darauf, daß sie so sehr fröre, denn diese Begebenheit trug sich im Winter zu. Man wärmte sie wieder, und sie ward so vollkommen wieder gesund, daß sie nach ihrer Auferstehung noch verschiedenmal Mutter geworden ist.

Ebenso den Abhandlungen der Londoner königl. Gesellschaft … entstammt: In einem italienischen Kloster starb plötzlich ein Mönch. Man legte ihn in eine Seitenkammer, und ein anderer Mönch, der schon sehr alt war, bat sich aus, den Toten bewachen zu dürfen, denn beide waren unzertrennliche Freunde gewesen. Am dritten Tage abends sollte der Verstorbene begraben werden. Man legte ihn in den Sarg, um ihn in dem Totengewölbe der Begräbniskirche beizusetzen … Der Abend kam, der Tote ward eingesegnet und in die Mönchsgruft hinabgetragen, wohin ihm auch der Greis gefolgt war. Die Gruft blieb aber über Nacht auf, erst am nächsten Morgen sollte sie wieder mit dem gewöhnlichen Steine zugedeckt und verschlossen werden. Da dies bloß die Begräbniskirche des Klosters und für den gewöhnlichen Gottesdienst eine größere erbaut worden war, so betete der Freund des Verstorbenen über Nacht unbemerkt in der Gruft.

Am nächsten Morgen verschloß der Totengräber, der nicht wußte, daß sich noch ein Mensch in der Tiefe des Gewölbes befand, die Öffnung der Gruft. Die Abwesenheit des alten Mönchs im Kloster war keinem auffallend; denn er erhielt vom Prior oft die Erlaubnis, in der Nachbarschaft bei den Wohltätern des Convents Besuche abzustatten … Den Prior selbst über die Abwesenheit des Bruders zu befragen, fiel niemandem ein. Ohnehin war jener seit einiger Zeit bettlägerig und ganz mit sich selbst beschäftigt gewesen. Auf diese Art vergingen drei ganze Tage, doch am vierten, da Pater Anastasius immer unsichtbar blieb, ward man nachdenkend. Man schickte in der Nachbarschaft herum und erfuhr nichts. Man durchsuchte alle Winkel des Klosters und fand nichts.

Ein Laienbruder äußerte schließlich die Vermutung, der Pater könne in der Gruft mit eingesperrt sein ... Auf der Stelle mußte die Gruft eröffnet werden. Welch ein Anblick! Da lag Pater Anastasius ganz entstellt auf der Erde, den begrabenen Leichnam in seinen Armen haltend und fest umschlungen. Das Entsetzen der Mönche war außerordentlich, denn alle liebten den ehrwürdigen Greis. Noch war ein Funke von Leben in dem Pater, und der Arzt rettete ihn glücklich.

Anastasius erholte sich wieder. »Ich betete«, erzählte er, »am Sarge meines unvergeßlichen Freundes. Schon einige Nächte ohne Schlaf, schlief ich endlich ein. Ich weiß nicht, wie lange ich in der Gruft geschlafen haben mag, aber so viel weiß ich, daß ein starkes Getöse mich weckte. Ich sprang erschrocken von der Erde auf und wollte wissen, was es wäre. Allein eine dichte Finsternis umgab mich. Ich tappte mit den Händen herum und, Gott im Himmel, ich faßte meinen verstorbenen Freund beim Arme, fühlte ihn warm und selbst aufrecht sitzend im Sarge. Er seufzte, daß es mir durch Mark und Bein drang. Ich suchte mich zu ermannen und redete ihn an. Mit gebrochener Stimme antwortete er mir und ich überzeugte mich, daß er wirklich lebte und als ein Scheintoter begraben worden war. Ich raffte mich zusammen und suchte der Gruft zu entkommen. Allein mein Bemühen war fruchtlos.«

»Unbekannt in dem weitläufigen Totengewölbe, von Finsternis umgeben und mit verwirrten Begriffen, lief ich bald dahin, bald dorthin, fiel über Särge und fand keinen Ausweg. Endlich glückte es mir dennoch, die Treppe zu erreichen. Schon erschöpft an Kräften, kroch ich diese hinan, aber wie bebte ich zurück, als ich sie verschlossen fand! Der Gedanke, hier ist keine Rettung möglich, durchfuhr wie ein schneidender Pfeil mein Innerstes. Ich schrie, ich pochte. Ich lief zu meinem Freunde, der nur aufgelebt zu sein schien, um noch einmal mit dem Tode zu ringen. Ich tröstete ihn, drückte ihn an meine Brust, hauchte ihm warmen Odem ein, rieb mit dem Tuche meines Habits seinen Körper, schrie wieder und kämpfte mit den schrecklichsten Leiden. Ich sah unsern Tod, den jammervollsten Tod, als unvermeidlich an ... Ich fühlte, wie meine Kräfte abnahmen. Mein Freund umschlang mich, rief mit einer entsetzlichen Stimme den Namen Gottes, hielt mich so fest, daß es mir unmöglich war, mich loszuwinden. Endlich fiel er und ich mit ihm. Der Schmerz hatte mich betäubt, der Mangel an Kräften mich unfähig gemacht, ein Glied zu bewegen. So lag ich da, bis ihr kamet.«

Noch wollte der gute Pater weiter sprechen, aber sein Arzt fand es nötig, ihm Ruhe zu lassen.

Die Veröffentlichung Hutter, *Englische Miszellen, Bd. 9, Stück 2, S. 114*, enthält diesen Bericht: Ein siebenjähriges Kind, dessen Eltern bei Kensington in England wohnten, war heftigen Krämpfen unterworfen, die man durch kein Mittel zu heben wußte. Sie kamen zuletzt so oft und so stark wieder, daß das Kind endlich daran starb. Es wurde in einen Sarg gelegt, und die Zeit der Beerdigung war anberaumt und nicht mehr fern.

Einige Stunden vor dem Verschlusse des Sarges ging die Mutter noch einmal in die Stube, worin ihr Liebling lag. Zu ihrem unaussprechlichen Erstaunen bemerkte sie bei aufmerksamer Betrachtung des Kindes eine unbedeutende Bewegung an dem Körper desselben. Noch ehe die Mutter sich von ihrem Erstaunen erholt hatte, war das Kind schon imstande, unverkennbare Zeichen des zurückgekehrten Lebens zu geben. Man säumte nicht, dem Kind herzstärkende Sachen zu reichen und es zweckmäßig zu behandeln. Daher befand es sich wenige Tage nach diesem Vorfalle wieder so wohl, daß es in die Schule gehen konnte. Die Krämpfe haben sich seither nicht wieder gezeigt.

Zwei Quellen, die National-Zeitung der Deutschen, *1797*, und der Unterricht vom Scheintod, *Breslau 1798*, erwähnen folgenden Fall: Zu Wien ereignete sich am 8. Juli des Jahres 1797 folgende merkwürdige Geschichte: Es starb ein Fabrikarbeiter, der von einem sehr geachteten Wundarzte für tot erklärt wurde. Die eingesargte Leiche wurde dem Begräbnisplatz überliefert, nachdem sie zweimal vierundzwanzig Stunden ausgesetzt worden war.

Auf den Begräbnisplätzen vor den Linien befinden sich Totenkammern, in welchen man die Särge so lange aufbewahrt, bis mehrere zusammen kommen, die dann sämtlich in eine große Grube eingesenkt werden. Der Totengräber hatte diese beinahe vollendet, als er klopfen hörte. Er kehrte sich um und horchte, doch als er nichts sah, fuhr er fort zu arbeiten. Es klopfte abermals, jetzt schien ihm der Schall aus der Totenkammer zu kommen, in welcher drei Särge standen. Er ging hinein und sah niemanden. Es klopfte zum dritten Male, und nun bemerkte er, daß der Ton aus dem Sarge rechts kam. Er holte in der Bestürzung zwei andere Totengräber herbei, nun erst öffnete man den Sarg, und der Tote richtete sich auf. Man labte ihn und brachte ihn ins Spital, wo er im Juli 1797 von diesem Scheintode sich noch nicht ganz erholt hatte. Der verantwortliche Totenbeschauer wurde seines Amts entsetzt.

Im Reichsanzeiger *von 1803 ist auf S. 1388* zu finden: In der Familie des Oberschultheiß S... zu F... fühlte und versicherte ein kränkliches Frauenzimmer im Jahre 1800, daß es aller Wahrscheinlichkeit nach bald sterben werde, berichtet der Metropolitan Rehm zu Waldkappel. Die Tochter bat aber ihre Mutter inständigst, mütterlich dafür zu sorgen, daß sie nicht so eilfertig nach erfolgtem Tode aus dem Sterbebette auf das Strohlager gebracht würde; auch möchte sie ihr doch zuvor mehrmals ihren Taufnamen stark ins Ohr rufen.

Sie starb. In der Bestürzung dachte die Mutter nicht an jene Bitte. Eben waren die immer so eilfertigen Leichenweiber im Begriff, die Gestorbene der wohltätigen Bettwärme zu entreißen und der Erstarrung auf dem Stroh preiszugeben, da erinnerte sich die Mutter jener Bitte und ihres heiligen Versprechens und rief der vermeintlichen Leiche dreimal den Taufnamen stark ins Ohr. Plötzlich erhob die Tote die Hand und regte darauf auch bald andere Glieder. Kurz, sie erwachte aus ihrem Scheintode und lebte noch 24 Stunden mit aller Gegenwart des Geistes. Nach Verlauf dieser Zeit starb sie abermals und diesmal wirklich. Indessen ließ man sie ruhig liegen, bis man sich vom wirklichen Tode völlig überzeugt hatte.

Bei Struve ist nachzulesen: Ein Mann namens Gärtner war im Alter von 30 Jahren 1795 beim Chursächsischen Lazarett als Krankenwärter angestellt. Er holte sich ein hitziges Fieber, woran er, nach jedermanns Meinung, starb. Bei den offenbaren Kennzeichen des Todes wurde er vom Feld-Chirurgen für tot erklärt. Er wurde aufs Brett gelegt, und als er bereits über zwölf Stunden gelegen hatte, wollte man ihm den Kittel ausziehen und richtete ihn zu diesem Zweck mit dem Kopf in die Höhe. Da fing er an lebendig zu werden und fragte, was man mit ihm machen wolle. Dieser Mann lebte 1805 noch als Armenvogt in Görlitz.

In Hufeland 3 heißt es: Ein junger Mann in Bremen wurde krank und starb ... Weil nun seine Krankheit einer Abzehrung ähnlich war, so hielten ihn seine Frau und andere für wirklich tot und machten Anstalten zu seiner Beerdigung. Wider alle Vermutung aber wurde er wieder lebendig. Er erzählte alsdann, er habe gehört, wie man das Fenster aufgemacht habe (eine Gewohnheit in Sterbezimmern, die manche vielleicht beobachten, damit die üblen Dünste aus der Stube ziehen können; manche aber meinen, damit die Seele Raum genug habe, fortzuwandern). Er habe auch alles verstanden, was die Umstehenden gesprochen hätten. Ebenso habe er es wahrgenommen, als ihm der Ortsbader die Augen zudrückte, und dies sei ihm am empfindlichsten gefallen, und er habe sich über ihn geärgert, daß er ihm jetzt noch beschwerlich wäre; denn es sei ihm vorgekommen, als läge er in einem sanften Schlummer, der ihn in jene Welt hinüberbringe.

Die gleiche Quelle, Hufeland 3, enthält folgende Begebenheiten: Pater Calmet erzählt von einer Frau, daß sie 36 Stunden lang, ohne das geringste Kennzeichen des Lebens, dagelegen und von jedermann für tot gehalten worden sei. Man wollte sie begraben, aber ihr Mann setzte sich dawider, und als sie 36 Stunden später wieder zu sich kam, erzählte sie, sie habe alles, was man um sie und neben ihr gesprochen habe, gehört und verstanden. Sie wisse sehr wohl, daß man sie habe begraben wollen, allein ihre Erstarrung sei so groß gewesen, daß sie sich nicht habe rühren können.

Aus Hufeland 3 wurden u.a. entnommen: Catherine Sophie Preenhill, ein Kind von drei Jahren, fiel zwei Stock hoch aus dem Fenster auf Steinpflaster. Man hob sie für tot auf, holte aber dennoch einen Arzt. Dieser erklärte das Kind ebenfalls für tot, versicherte, daß nicht die kleinste Hoffnung mehr sei, und ging. Ein Herr Squires, der gegenüber wohnte und ebenfalls keine Hoffnung auf die Wiederherstellung des Lebens hatte, erbat dennoch die Zustimmung der Eltern, die Wirkung der Elektrizität an diesem Kinde zu versuchen. Es dauerte 20 Minuten, bis er den ersten elektrischen Schlag anbringen konnte. Er wiederholte ihn an den verschiedensten Stellen des Körpers – ohne Wirkung. Endlich aber, als er einige Schläge durch die Brust gehen ließ, bemerkte er eine leichte Bewegung des Herzens; bald darauf fing das Kind an zu seufzen und zu atmen, wiewohl mit großer Beschwerlichkeit. Nach ungefähr 10 Minuten erbrach es sich. Es blieb zwar mehrere Tage noch etwas betäubt, nach Verlauf einer Woche aber erfolgte völlige Wiederherstellung.

Im Dorfe S… in Brn. begrub man den Richter des Ortes. Da der Mann Vermögen hinterließ, dauerten die Begräbniszeremonien lange. Erst abends kam man mit der Leiche auf den Gottesacker. Das ganze Dorf zog mit. Auf einmal sieht man die Pfarrerswohnung brennen. Man eilt zur Feuerbekämpfung. Der Totengräber setzt den Sarg rasch ins Beinhaus und eilt, sein Hab und Gut zu retten.

Gegen die Nacht nähern sich zwei Wanderer dem Orte. Als sie sehen, daß es im Dorfe brennt und alles zum Löschen geeilt ist, beschließen sie, auf dem Gottesacker, an dem sie eben vorbeigekommen waren, zu übernachten. So lagern sie in der kleinen Kapelle in der Nähe des Beinhauses. Eine Stunde später vernehmen sie Getöse, Stöhnen, Seufzen. Sie werden aufmerksam, sehen sich um, vermuten die Herkunft des Lärmes in dem Beinhaus, nähern sich und sinken vor Schrecken fast um. Die im Beinhause geschichteten Knochen und Schädel prasseln im Augenblicke ihres Eintretens zusammen, und eine weiße Gestalt arbeitet sich darunter hervor, wimmernd und seufzend. Jedoch die Wanderer fassen sich bald, reden die Gestalt an, erfahren, daß der Mann nachmittags als Toter hierher gebracht worden war und nun zu fliehen versuchte. Im Dunkel sei er auf die Knochen gestiegen, die aber einstürzten. Die Wanderer halfen ihm heraus, hingen ihm einen Mantel um, und einer von ihnen lief ins Dorf zum Pfarrer. Der Richter wurde abgeholt und wieder unter die Lebenden aufgenommen.

Der verstorbene Hofprediger zu Berlin, Gronau, reiste einst durch ein sächsisches Dorf, wo er mit einem Gefährten das Mittagessen einzunehmen gedachte. Sie betraten das Wirtshaus und bestellten das Essen, jedoch schlummerten er und sein Reisegefährte während der Zubereitung der Mahlzeit in der Gaststube übermüdet ein.

Plötzlich werden sie durch ein Poltern in der Nebenstube aufgeweckt. Das Geräusch verstummt aber wieder, und sie schlummern weiter. Da poltert es wieder. Es klang, als ob eine hölzerne Lade vom Tische auf die Erde fiel. Auch war ihnen, als ob sie ein Stöhnen vernahmen. Sie springen auf, wollen in den Nebenraum hinein, finden aber die Tür verschlossen. Sie horchen – das Stöhnen wird deutlicher und nähert sich der Tür, vermischt mit wimmernden dumpfen Tönen. Die beiden Lauscher werden immer neugieriger, ja, sie schöpfen schon einen unbestimmten Verdacht – da kommt die Wirtstochter mit dem Essen herein. Die beiden Reisenden bestürmen sie mit Fragen und hören dabei das Stöhnen in der Kammer lauter und lauter werden.

Die Jungfrau schrickt schaudernd zusammen, schreit gellend auf, läßt vor Angst und Entsetzen die Schüsseln fallen und läuft aus der Stube. Gleich darauf stürzen Wirt und Wirtin herein, totenblaß, schließen die Tür zur Nebenkammer auf, da steht eine hagere Gestalt mit der Farbe des Todes im Angesicht in langen weißen Sterbegewändern vor ihnen, sich an die Wand stützend. Es war der Großvater des Hauses, der vor drei Tagen den Scheintod gestorben, jetzt aber erwacht war und seine Kinder bat, ihn wieder unter die Lebenden zu nehmen.

Am Abend des 26. Oktober 1801 entzweiten sich zu Hamburg zwei Zuckerbäckerknechte. Einer ergriff den anderen beim Halstuch, schnürte ihm die Kehle zu, erwürgte ihn und ließ ihn liegen. Die Nachbarn riefen den Chirurgen Chun zu Hilfe. Dieser fand den Unglücklichen leblos, ohne Puls, mit schwarzblauem, aufgedunsenem Gesicht und herausgestreckter Zunge.

Er löste das Halstuch und machte zunächst einen Aderlaß, der erfolglos blieb. Nun ließ er den Körper des Mannes mit geistigen Mitteln einreiben, Mund und Nase kitzeln und machte, diesmal mit Erfolg, einen erneuten Aderlaß. Darauf verabreichte er fünf Essigklystiere nacheinander und erzielte damit die ersten Lebenszeichen: Erbrechen von Schleim und Blut, Röcheln. Da die Kinnlade gelähmt schien, stand der Mund weit offen. Die Klystiere und die Einreibungen wurden fortgesetzt, auch Hoffmannscher Liquor, mit Wasser verdünnt, verabreicht. Darauf folgte ein dreistündiger Schlaf. Nach dem Erwachen setzte man die vorherige Behandlung fort, wobei für wenige Augenblicke Besinnung eintrat. Am folgenden Morgen litt der Kranke an krampfhaften Zufällen. Dies veranlaßte die Verabreichung von Hoffmannschem Liquor und Meerzwiebelsaft mit Mandelöl. Daraufhin verschwanden die Krämpfe. Abends machte Herr Chun den dritten Aderlaß und setzte am Halse sieben Blutegel an. Am 28. Oktober war völliges Bewußtsein eingetreten, und am 30. Oktober war der Patient wieder arbeitsfähig.

Ein Bauer aus Bommel bei Nijmwegen wurde von der Pest befallen und am dritten Tage für tot gehalten. Als alle Beerdigungsanstalten gemacht waren, stellte sich heraus, daß kein Sarg fertig war. So lag der Tote noch 58 Stunden unbeerdigt. Als es endlich soweit war, erwachte der Verstorbene plötzlich, merkte im verstörten Umherblicken rasch, was los war, sprang erbittert aus dem Sarg und stürzte sich auf die schreckerstarrten Erben, um ihnen seine Kleider vom Leibe zu reißen, die sie sich bereits angeeignet hatten.

»Gegen Ende des Siebenjährigen Krieges«, so erzählte Mme. de Hauterive zu Münster, »bezogen meine Eltern ein in der sogenannten Orangerie gelegenes geräumiges Haus, wovon ein Flügel an das Brauhaus des Franziskanerklosters stieß. In dieser Gegend ist für die zwei Stockwerke die gewöhnliche Hausbequemlichkeit so angebracht, daß aus jedem dieser Stockwerke ein Gang führt, deren dann einer über dem anderen ist.

Einst ging ich als Kind am späten Abend mit dem Wachsstocke in der Hand in das oberste Stockwerk hinauf und durch jenen langen Gang nach dem Abtritt. Die Dielen des Fußbodens, über welchen mein Weg mich führte, waren nicht fest ineinander gefügt, und man konnte durch die Ritzen bequem nach dem unteren, für mich verschlossenen Raume hinuntersehen. Meine weibliche Neugierde ward durch ein Licht gereizt, das von unten heraufschimmerte. Ich sah durch eine Fuge des Fußbodens und erblickte zu meinem nicht geringen Schrecken mehrere durch- und übereinanderliegende Menschen, deren einer erbärmlich klagte. Den verworrenen Menschenhaufen erkannte ich anfangs nur undeutlich, bis mein spähender Blick das Halbdunkel mehr durchschaute. Mit Entsetzen erkannte ich jetzt diesen Menschenhaufen für nackte, verstümmelte Leichen, deren eine sich bewegte und durch die übrigen, die auf ihr lagen, sich hindurch zu arbeiten schien. Man kann sich leicht denken, daß ich – ein damals 12jähriges Mädchen – in der Angst, die mich überfiel, meine Zuflucht zum Geschrei und zur schleunigen Flucht nahm. Mein Vater kam mir erschrocken entgegen. Ich erzählte ihm bebend von einem lebendigen Toten, den ich gesehen hätte.

Ohne sich auf Erläuterungen über meine Wahrnehmung einzulassen, eilte der menschenfreundliche Mann schnell nach dem benachbarten Kloster, wo damals – am Ende des Siebenjährigen Krieges – ein französisches Lazarett war. Die Vorsteher dieses Lazaretts hatten den unteren Eingang zur Aufbewahrung ihrer Toten benutzt. Wenn diese sich hier in hinreichender Anzahl angesammelt hatten, wurden sie nach einer großen, für sie bereiteten gemeinschaftlichen Gruft gefahren. Diese Toten waren es, welche ich zu meinem Schrecken erblickt hatte. Mein Vater hatte, durch meine Erzählung veranlaßt, sogleich geahnt, daß die Lazarettärzte vielleicht einen Scheintoten unter die wirklichen Leichen mit gepackt haben möchten, wie denn dies im Kriege überhaupt und auf dem Schlachtfelde insbesondere nicht selten der Fall sein mag. Daher eilte er ins Lazarett und hatte das Glück, einem winselnden Lebendigen schleunigst Hilfe zu verschaffen.

Im Jahre 1785 starb auf einem englischen Schiffe ein Matrose. Einer von seinen Kameraden wurde, nach Schiffsgebrauch, beordert, den Toten in eine Matte einzunähen. Er verrichtete dieses Geschäft einige Zeit nach dem Hinscheiden des Mannes und bediente sich dabei einer großen Packnadel. Als er den Toten in der Nähe des Gesichts einnähte, stach er unvorsichtigerweise mit der Nadel quer durch die Nase. Der Scheintote fing an, sich in seiner Hülle so heftig zu bewegen, daß er das bereits um ihn genähte Leichentuch mit dem Ellbogen zerriß. Der Matrose, der das Nähen verrichtete, erschrak, ließ die Nadel in der Nase des Erwachten stecken und lief, was er konnte, von dem Verdeck.

Einige andere Matrosen kamen herbei, befreiten den Eingenähten von der wohltätigen Nadel und den lästigen Banden und riefen den Schiffschirurgus, der dem Manne eine Ader öffnete. Der Kapitän des Schiffes ließ es hier, der ganz eigenen Art der Rückkehr zu den Lebenden wegen, am wenigsten an der erforderlichen Pflege fehlen, und schon nach drei Tagen konnte der aus dem Scheintod Erwachte seine gewöhnliche Berufsarbeit verrichten. Seines Zustandes wußte er sich keineswegs zu erinnern. Er behauptete, er habe einen festen, tiefen, völlig traumlosen Schlaf geschlafen, aus welchem ihn der von der Nadel verursachte Schmerz geweckt habe. Totenblässe und Erstarrung hatten aber doch äußerlich den Tod angekündigt.

In Rengerslage, einem Dorf unweit in der Altmark Brandenburg, lebte um das Jahr 1730 (1750?) ein reicher Bauer namens Falk. Dieser sehr geizige Ehemann war gegen seine Frau besonders dann immer sehr hart, wenn sie, hochschwanger, die sonst verrichteten schweren Arbeiten nicht gut übernehmen konnte. Während der letzten Schwangerschaft wünschte sich daher das unglückliche Weib oft den Tod, und ihr unmenschlicher Gatte stimmte in diesen ihren Wunsch ein, um die Kosten des Wochenbettes zu sparen. Beiden ward dieser Wunsch gewährt. Die arme Dulderin starb ... in Kindesnöten, ohne daß das Kind ... das Licht der Welt erblickt hatte.

Kaum hatte sie den Geist aufgegeben, so warf Falk sie in eine finstere Kammer, die er verschloß, und er ging hin, um den Sarg zu bestellen. Alle im Dorfe, nur nicht ihr Gatte, betrauerten den frühen und geschwinden Tod des guten Weibes. Viele meinten auch, sie würde nun gewiß spuken, um ihren hinterlassenen, gottlosen Mann dadurch zu bestrafen und die Mädchen in Rengerslage vor diesem Menschen zu warnen.

Wie gedacht, so geschehen! Man vernahm bald aus der verschlossenen Kammer ein Poltern. Allen grauste es ... Man lief davon, auch die einfältige Geburtshelferin. Bloß die ehemalige Dienstmagd im Falkschen Hause – die erst kürzlich zu Sandau im Magdeburgischen verstorbene, völlig glaubwürdige Witwe Heuern, welche diese Tatsache verbürgt hat – wußte nichts von Furcht vor dem Spuken einer Hausfrau, die im Leben so gut gewesen war. Sie bat den Wirt inständigst, die Tür zur Kammer geschwind zu öffnen, um sich vom wirklichen Tod zu überzeugen.

Der Unmensch weigerte sich, die Kammer zu öffnen, und bedrohte die Bittende mit Mißhandlungen, wenn sie nicht aufhören würde, dergleichen unnütze und naseweise Bedenklichkeiten und Zweifel zu äußern. Die Magd eilte nun zu den Nachbarn und Verwandten der Verstorbenen und brachte es durch ihr fortgesetztes Jammern dahin, daß auch diese ihr glaubten ... So drangen sie mit Ernst darauf, daß der Hausherr die Kammertür aufschließen solle, um zu sehen, ob die in Kindesnöten Verstorbene sich vielleicht wunderbarerweise wieder erholt habe und ins Leben zurückgekehrt sei.

Kaum war die Tür aufgemacht, so lag, was gespukt oder das Poltern verursacht hatte, einem jeden klar vor Augen. Man schlug mit Entsetzen die Hände über dem Kopf zusammen, man verwünschte die dumme Hebamme, man fluchte dem eigensinnigen Hausherrn. Denn man erblickte die Wöchnerin in ihrem Blute und ein in dieser Kammer erst geborenes totes Kind an ihrer Seite. Die Mutter war in diesem hilflosen Zustand eben erst wirklich gestorben. Man fand sie in einer ganz veränderten Lage, und das rechte Knie war, vielleicht unter den Schmerzen des Todeskampfes, an den Unterleib herangezogen. So starben zwei Menschen, die gerettet werden konnten, den scheußlichsten Tod.

Im Arbeitshause zu Greenwich in England verfiel eine 60jährige Frau am 9.8.1798 in einen scheinbar toten Zustand. Ihre Leblosigkeit war so anhaltend, daß man sie am nächsten Sonntage zu begraben dachte. Der Sarg war schon verschlossen und in die Leichenkammer getragen worden. Kurz vor dem Begräbnis kam der Arzt des Arbeitshauses, nur um sie noch einmal anzusehen. Dabei bemerkte er gewisse schwache und unsichere Kennzeichen des Scheintodes. Er verbot das Begräbnis. Von nun an besuchte er die Scheintote täglich bis zum folgenden Freitage, und jedesmal widersetzte er sich nachdrücklich dem Verlangen des Aufsehers, die Leiche zu begraben. Endlich am siebenten Tag ihres scheintoten Zustandes richtete sie sich, zum Erstaunen des anwesenden Leichenwärters, im Sarge auf. Man brachte sie zu den Lebenden zurück, indem man sie ihren Bedürfnissen gemäß pflegte. Sie erholte sich und lebte weiter.

Gegen das Ende des 17. Jahrhunderts lebte zu Sandau im Magdeburgischen ein Bürger und Brauer namens Gütke. Er starb so unvermutet als plötzlich vor dem Jahre 1695. Am dritten Tage nach erfolgtem Tode sollte er so feierlich, wie es einem vornehmen und wohlhabenden Bürger nach damaliger Sitte zukam, unter vollem Geläute, begleitet von den Schulkindern und zahlreichen Verwandten, beerdigt werden.

Wirklich lag er nicht nur schon im Sarge, sondern die Leichenträger waren auch schon damit auf dem Wege zum Kirchhofe, als plötzlich alle durch ein wiederholtes Klopfen, das aus dem Sarge auf ihren Schultern kam, aufmerksam gemacht wurden. Anfangs überhörte man dasselbe über dem starken Tönen des schönen und nahen Kirchturm-Geläutes; wenigstens setzten die Träger der einen Seite der Totenbahre immer voraus, daß dies Klopfen von den jenseitigen Trägern verursacht werde und so auch umgekehrt. Bald aber glaubten sie alle deutlich zu bemerken, daß dies Klopfen von innen, aus dem Sarge heraus, zu ihren Ohren gelange ... Indessen setzte man auf der Stelle die Totenbahre mit dem Sarge nieder, und die Beherztesten und Vorurteilslosesten drangen augenblicklich auf Eröffnung des Sarges. »Es ist doch möglich«, meinten sie, »daß der Totgeglaubte nur in einer anhaltenden Ohnmacht lag und jetzt vom Läuten der Sterbeglocken aus dem Todesschlafe geweckt worden ist«. So sehr man auch zu dieser damals unerhörten Meinung den Kopf schüttelte, so vollkommen richtig hatten doch diese Vernünftigen geurteilt. Man fand bei Eröffnung des Sarges den Mitbürger Gütke nicht nur erwacht vom Scheintode, sondern nach den Umständen auch ziemlich munter. Anstatt den Weg nach der Gruft mit ihm zu verfolgen, trug man ihn zu seinem Hause zurück, worin er, zur großen Freude der Seinigen und zum Erstaunen der ganzen Stadt und umliegenden Gegend, noch mehrere Jahre gesund und vergnügt lebte.

Zu Hanau in Hessen, so wird 1798 veröffentlicht, starb eine Dame den Scheintod und wurde als wirkliche Tote behandelt. Zwei ihrer Nichten freuten sich einer reichen Erbschaft und äußerten dies laut am Totenlager ihrer Muhme. Eine von beiden hatte sogar den Einfall, der Tante den Ring vom Finger zu ziehen. Indem sie aber damit beschäftigt war, ergrimmte die Scheintote, die alles gehört hatte, wurde gleichsam vom Zorn wieder lebendig und hielt den beiden, nach dem Ringe und der Erbschaft lüsternen Nichten eine so derbe Strafpredigt, wie sie von einer alten und ergrimmten Tante in diesem Fall nur zu erwarten war.

Der verstorbene Oberst, Marschall von Bieberstein, welcher im Jahre 1764 als Major bei dem k. preuß. Dragoner-Regimente von Meyer zu Königsberg in Preußen stand, hatte den Siebenjährigen Krieg mitgemacht und war immer sehr brav. Er verlor durch den Tod Wilhelm, seinen getreuen alten Bedienten, den er scherzhafterweise seinen Escarmoucheur (Scharmützler) zu nennen pflegte … Den dritten Tag nach Wilhelms Tod hatte der Major einige Freunde, namentlich auch den Acciseeinnehmer zu Rathenow, Herrn von Baussen, bei sich. Ein Geschäft machte auf einige Augenblicke des Wirts Gegenwart in der Küche nötig. Beim Zurückkehren zu seinen Gästen trat er verstört und leichenblaß in die Stube, behielt die Tür, ohne sie zuzumachen, eine Zeitlang wie versteinert in der Hand, sah mit unverwandten Blicken nach einer bestimmten Gegend des Flures, wo er hergekommen war, und warf endlich, nach langem Staunen, die Tür unwillig hinter sich zu.

Verwunderungsvoll beobachtete man die Pantomime des Majors, der nach einigem stummen Nachdenken halb zornig fragte: »Ist es nicht um toll zu werden! Vor einem Popanz kann ich mich fürchten? Da höre ich auf dem Flur Jemanden schlarfen, und indem ich mich danach umsehe, was denken Sie wohl, meine Herren, was ich dicht hinter mir erblicke? – meinen vorgestern verstorbenen Escarmoucheur, wie er einst leibte und lebte. Er war unverkennbar, und keine sechs Schritt von mir entfernt. Er schwebte auf mich zu, und ich – stand ihm nicht – retirierte, wie Sie sahen. Pfui! Das ärgert mich; denn während ich die Stubentür öffne, verschwindet er. Ich sah die Erscheinung nun nicht mehr, aber ich hörte sie noch schlarfen.«

Diese langsam schleppenden Fußtritte vernahmen zum Teil auch die übrigen Anwesenden noch. Überhaupt sprach der Major in einem zu ernsten Tone, als daß man das Ganze hätte für einen Scherz nehmen können. Die anwesenden Officiere stürzten auf den Flur hinaus und fanden – nichts. Sie warfen flüchtige Blicke in die offenstehende Bedientenstube, die der Stube des Majors gegenüberlag, und eilten forschend in die daranstoßende Kammer, die aber ganz leer war. Indem sie durch die Stube auf den Flur zurückkehren wollten, siehe! Da sitzt der Geist des verstorbnen Wilhelms im Sterbehemde auf dem Bedientenbette hinter der Tür!

Man fährt zusammen, wirft prüfende Blicke auf die Erscheinung und schaudert heftiger, als der Geist den Mund öffnet, um zu reden: »Ach Gott, was haben sie denn mit mir gemacht? Einen trunkenen Menschen im bloßen Hemde in die kalte Holzkammer zu tragen, das ist doch hart, sehr hart. Kaum habe ich mich hierher schleppen können, um mich wieder zu erwärmen.«

Man sah nun wohl, woran man war. Rege Mitleidsgefühle verdrängten die Gespensterfurcht. Man hob den armen, aus dem Zustande des zweitägigen Scheintodes wieder erwachten Diener des Majors ins Bett, und eilte, den Brotherrn von dessen Rückkehr ins Leben zu benachrichtigen und Anstalten zur Pflege des Ohnmächtigen zu treffen. Vergebens waren indessen die Bemühungen des herbeigerufenen Arztes. Der kranke Wilhelm, den man schon seit 48 Stunden als einen wirklichen Toten behandelt und ohne Bedeckung in eine Holzkammer gelegt hatte, starb nun an den Folgen der Erkältung wirklich und erstand nicht wieder ...

Alles, was das nochmalige Aufglimmen der letzten Lebensfunken für den Sterbenden bewirkt hatte, war, daß er nun nicht lebendig und einige Tage später beerdigt ward.

Johann Zimmermann, ein Schuhmachermeister zu Truppach, einem Vietinghofischen Dorfe unweit Bayreuth, hatte am 14. November 1798 das Unglück, von einem umwerfenden Fuder Laubstreu, welches er fuhr, erschlagen zu werden. Herr Lor. Fried. Braunold, Pfarrer zu Mengersdorf und Truppach, ein junger Mann voll Tätigkeit und Menschenliebe, suchte den Erschlagenen so geschwind als möglich von der auf ihm liegenden Last zu befreien. Dies gelang ihm, aber man bemerkte auch nicht die kleinste Spur des Lebens mehr. Wie ein Geräderter ließ der Verunglückte die Glieder sinken, sein Gesicht war gänzlich entstellt, aus seinem Munde floß Schleim und Blut, und alle Hoffnung, ihn zu retten, war dahin. Dennoch bespritzte der Pfarrer das Gesicht des Toten mit frischem Wasser und machte demselben vor allen Dingen Luft durch Auflösen des Hemdes, der Halsbinde und des

Brusttuches. Indessen hatten sich viele Menschen versammelt... Einige machten dem Prediger wegen des ins Gesicht gespritzten Wassers sogar Vorwürfe, ja die Unvernunft und Unverschämtheit anderer ging so weit, daß, als der Erschlagene von allen, den Blutumlauf hindernden Banden der engen Kleidung befreit und so entblößt, stark gerieben ward, man laut sagte: »Er geht mit der Leiche um wie ein Schinderknecht.«

Diese lästernden Reden konnten indessen den Menschenfreund weder aus der Fassung bringen, noch auch den Vorsatz ändern, an dem Verunglückten alle möglichen Versuche zu machen. Er stellte vielmehr einigen Männern, welchen er Unbefangenheit und Pflichtgefühl zutraute, auf das nachdrücklichste die ihnen obliegende Pflicht der Nächstenliebe vor und schloß seine Anrede mit den Worten: »Wenn auch unsere Bemühungen – welches leicht möglich ist – vergeblich sein sollten, so haben wir doch unsere Pflicht getan, unser Gewissen bewahrt und uns außer Verantwortung gesetzt.« Hierdurch sowohl als durch Anlegung eigener Hand brachte er endlich einzelne Umstehende dahin, daß sie den Toten ins Dorf trugen und auf einen Tisch der geräumigen Schulstube legen halfen.

Jetzt holte man den im Preußischen allen Pfarrämtern zugefertigten »Unterricht, die Behandlung der Scheintoten betreffend« herbei. Dieser Verordnung zufolge bestrich der Prediger die Schläfe, die Nase und den Mund des Verunglückten mit Salmiakgeist, ließ den ganzen Kopf mit Essig waschen, gab ihm den Hoffmannschen Liquor ein und rieb mittels erwärmter, mit Branntwein besprengter Flanelltücher den ganzen Körper, besonders aber die Gegend der Herzgrube. Nachdem diese Arbeit eine halbe Stunde gedauert hatte, glaubte man schon, eine Veränderung der Gesichtsfarbe zu bemerken.

Nun hielt der Prediger für nötig, den Mund vom Schleim und anderem Unrate zu reinigen, hätte aber beinahe einen Finger darüber eingebüßt, allein er vergaß dies gern und freute sich nur, dieses starke krampfhafte Klemmen der Zähne für ein sicheres Zeichen der noch vorhandenen Lebenskraft halten zu können; denn nur im Scheintode sind dergleichen Krämpfe noch gegenwärtig. Er setzte hierauf mit seinen Gehilfen den Kranken in ein lauwarmes Bad, ließ immer mehr Wasser hinzu gießen und die Beine mit warmen Tüchern reiben. Diese zweckmäßige Behandlung und das immer fortgesetzte Reiben mit Flanell auf der linken Seite der Brust, vornehmlich aber das abwechselnde Tropfbad auf die Herzgrube wirkten schnell und kräftig, denn die Scheinleiche fing nun an, gleichsam nach Luft zu schnappen. Jetzt verdoppelte ein jeder seine Tätigkeit.

Indessen war nun auch der herbeigeholte Wundarzt aus Obernsee angekommen. Alle bisher angewandten Rettungsmittel hatten erwünschten Erfolg gehabt, daher wurde nun auch Blut gelassen. Das Blut sprang wie bei einem gesunden Menschen. Es erfolgten krampfhafte Bewegungen danach, bald schlug er mit Händen und Füßen schrecklich um sich und wand und krümmte sich dabei, wie ein Wurm. Die Bewegung seines Herzens war mehr ein Zucken als ein Schlagen, der Schaum stand auf seinem Munde und er brüllte wie ein Tier ...

Der Prediger beobachtete jede Bewegung des Körpers genau, und da die krampfhaften Zuckungen schwächer wurden und ein wenig aufhörten, so nahm er nochmals seine Zuflucht zu einem Brechmittel, auf welches auch bald ein heftiges Erbrechen erfolgte. Jetzt verlor sich die Stärke der Konvulsionen immer mehr, und es stellte sich abwechselnd ein matter Schlummer ein.

Diese ziemlich zuverlässigen Vorbedeutungen eines guten Ausganges aber beobachtete man erst am Abend, nachdem man, von zehn Uhr vormittags an, sich fast ununterbrochen mit dem Scheintoten beschäftigt hatte. Froh hüllten nun die Menschenretter den leidenden Mann in Betten ein und brachten ihn nach seinem eigenen Wohnhause, wo er unverändert, bis an den Morgen des folgenden Tages, ohne Besinnungskraft liegen blieb. Nachmittags aber schlug der Verunglückte zum ersten Male mit Bewußtsein die Augen wieder auf. Der Entkräftete gab jetzt durch Zeichen sein Verlangen nach einem Trunke zu erkennen, und der Prediger reichte ihm ein Glas Wein ... Bei der fortgesetzten guten Pflege und Diät, nach der Anordnung seines Retters, konnte er am dritten Tage nach geschehenem Unglücke schon außer dem Bette bleiben, und am vierten ging er, völlig gesund, wieder an seine Arbeit.

Strömten die Leute vorher schon haufenweise herbei, um einen Verunglückten tot zu sehen, so waren sie jetzt noch viel neugieriger, sich von der Wirklichkeit seiner Auferstehung zu versichern. Ohne Zweifel wäre der Gerettete an einem anderen Orte, wo man die Mittel zur Rettung der Scheintoten entweder nicht gekannt oder doch die Anwendung derselben nicht so musterhaft und entschlossen versucht hätte, lebendig begraben worden. Unstreitig verdient der feste, menschenfreundliche Prediger eine Bürgerkrone, der sich durch kein Geschwätz alter Weiber und durch keine Naseweisheit anderer einfältiger Menschen in seiner Tätigkeit irre machen ließ, so laut man ihm auch zurief: »Reicht ihm lieber das heilige Abendmahl, anstatt ihn so zu plagen!«

Ein auch hier erzählenswerter Fall, den Hufeland in sein Scheintodbuch aufgenommen hat, um die Behörden auf die noch im argen liegende Versorgung der Leichen hinzuweisen, ist folgender:

Das Eheweib des hessischen Invaliden Schocke zu Marburg war gestorben und lag schon einige Tage auf dem Stroh, als der Hauswirt den Witwer fragte, ob er denn nicht an das Begräbnis dächte? »Ich hab wohl daran gedacht, aber es ist noch zu früh«, sagte dieser. »Will Er denn das Begräbnis anstehen lassen, bis sie in Gestank übergeht und die Lebenden aus dem Hause treibt?« »Das wohl nicht«, antwortete der zärtliche Gatte, »aber bis sie nach dem wirklichen Tode riecht, will ich doch warten. Ich wäre ja nicht wert, das gute Weib besessen zu haben, wenn ich es früher einscharren ließe.« »Glaubt Er denn«, fragte spöttelnd der Wirt, »daß seine verstorbene Frau, wie die Jungfer Jairus zu Kapernaum, einstweilen nur einmal ausschläft?« »Nun, es schlief schon eher ein Toter und erwachte wieder!«

Dem Hausherrn waren das unverständliche Worte, aber der Invalide erklärte sie ihm folgendermaßen: »Ich bin zu Gmünden, einem Flecken auf dem Hunsrück, geboren und erinnere mich noch sehr wohl, daß dort in meiner Jugendzeit ein Toter einstweilen auch nur einmal ausschlief. Gerade als man den Sarg vernageln wollte, hatte er ausgeschlafen und erwachte zu neuem Leben. Und von dergleichen bekannten Dingen hätte Er, Herr Wirt, noch nie etwas gehört? Er ist wohl nie aus Marburg gewandert?«

Aber der Hausherr schämte sich nicht, sondern fuhr fort, des alten Mannes zu spotten, der sein Eheweib so gern ins Leben hätte wiederkehren sehen. Indessen – trotz der nicht kalten Jahreszeit roch der Leichnam auch am 4. Tage noch nicht. Endlich hatte der vorsichtige Alte wirklich die unbeschreibliche Freude, sein gutes Weib zu ihm zurückkehren zu sehen. Es erwachte vom Scheintode und lebte noch vier vergnügte Jahre.

Der berühmte Arzt und Vorsteher des Anatomischen Theaters zu Paris, J. J. Bruhier, erlebte folgendes Unglück: Sein anatomischer Gehilfe, ein junger Studierender, hatte sein Schlafzimmer neben dem großen Zergliederungssaal der Anatomie, wo eben eine Anzahl Körper von Selbstmördern und Hingerichteten vorrätig war. Der Gehilfe, durch lange Gewohnheit dreist geworden, achtete kaum noch eines rätselhaften nächtlichen Geräusches in dem schauerlichen Gemache seiner Nachbarschaft. In der Nacht vom 7. zum 8. Februar des Jahres 1746 aber sollte diese seine Übung und Besonnenheit auf eine große, bedeutungsreiche Probe gesetzt werden. Es war ihm gegen Mitternacht einigemale, als würde er von einem Geräusche geweckt, das aus dem benachbarten Saale käme. Er schrieb dies anfangs auf Rechnung seiner Einbildungskraft, die ihm im Schlummer dergleichen schon oft vorgegaukelt hatte, suchte sichs daher aus dem Sinne zu schlagen und schlief bald wieder ein. Aber nach Mitternacht weckten ihn ähnliche Töne, die viel vernehmlicher waren als die vorigen. Er richtete sich im Bette auf und horchte mit klopfender Brust. Es war seinen Ohren, als ob unter den Leichen in seiner Nähe ein Lebender umherwankte.

»Ich sollte doch nicht glauben«, dachte er bei sich selbst, »daß man uns eine Leiche stehlen wird.« Es wurde bald wieder stille, indessen konnte er nun nicht wieder einschlafen. Das Geräusch erneuerte sich, es kam ihm vor, als klopfe jemand auf den Tisch. Aber dabei blieb es nicht. Nun drang aus dem Saale auch ein Klagegeschrei zu seinen horchenden Ohren und ein jämmerliches Wimmern, das aus angstvoller Brust zu kommen schien. Es fiel ihm ein Selbstmörder aufs Herz, dessen Leichnam sich auch eben unter den vorrätigen Leichen befand. »Wie«, dachte er,

»sollte der Geist dieses Unglücklichen keine Ruhe finden können und jetzt die Hülle wieder besuchen, von welcher er sich durch Gift gewaltsam losriß?« Beides, dieser Gedanke und jene Töne, folterten ihn entsetzlich, und der Angstschweiß brach aus seinem ganzen Leibe aus …

Des nächsten Tages hatte er nichts Eiligeres zu tun, als seinem Lehrer, dem Professor BRUHIER, Bericht von dem erlebten nächtlichen Abenteuer abzustatten. Er hatte seine Erzählung kaum halb geendet, so schrie ihm dieser menschenfreundliche und erfahrene Arzt entgegen: »Gott im Himmel! Und Sie eilten nicht sogleich – oder vielleicht gar nicht zu Hilfe?« BRUHIER eilte, ohne die stockende Antwort abzuwarten, zu jenem Leichnam, in der Hoffnung, daß es vielleicht noch Zeit sei, irgend einem Wiedererwachten seine hilfreiche Hand zu reichen, der vielleicht als Scheintoter in die Anatomie geliefert sein möchte. Aber leider war es zu spät! Die Stunde, wo leicht hätte geholfen werden können, war unter dem nächtlichen Wimmern und vergeblichen Hilferufen verschwunden.

Dies unglückliche Schlachtopfer der Furcht und Ignoranz war eine junge Bauerndirne aus der Nachbarschaft von Paris. Sie hatte kurz vor Weihnachten 1745 im Krankenhaus Wochen gehalten. In den ersten Februartagen 1746 wollte sie nach Hause zurückkehren. Unterwegs fiel sie in eine Ohnmacht. Man brachte sie in ein Bett, und sie erholte sich wieder. Bald darauf aber erfolgte ein Rückfall, in welchem man sie eine halbe Stunde darauf ihren Geist aufgeben sah. Man hielt sie nämlich für wirklich tot, und doch war sie nur scheintot. Man ließ den Vorstehern des Anatomischen Theaters sagen, daß sie die Leiche abholen lassen möchten. Zufälligerweise geschah dies am nämlichen Tage, wo man jenen Selbstmörder holen ließ – der dem Gehilfen BRUHIERS immer in Gedanken lag.

Die Ohnmächtige wurde nackt zu den übrigen Leichen gelegt … Dennoch siegte diesmal, wiewohl zu ihrem Unglück, die Stärke ihrer Natur. Gegen Mitternacht erwachten ihre bis dahin schlummernden Lebenskräfte. Sie wimmerte in ihrem hilflosen und doch so äußerst hilfsbedürftigen Zustande. Längs einer langen Tafel, welche in ihrer Nähe stand, war sie in der Angst einige

Schritte vorwärts gegangen und hatte wahrscheinlich auf diesen Tisch geklopft, um so Hilfe herbeizurufen. Beides, ihr Poltern und ihr Angstgeschrei, war gehört worden, aber – nur von jemand, dessen Kopf, voll Wahnglauben und Einbildung, an Übernatürlichkeiten dachte, anstatt natürliche Ereignisse zu ahnen. Der Professor BRUHIER fand sie, die man Tage zuvor an die Erde gelegt auf ein wenig Stroh, mitten unter den übrigen Leichen, schon steif gefroren, ... einige Schritte von den Leichen entfernt, halb aufrecht und mit dem oberen Teile ihres Körpers über jenen Tisch hingebogen ..., auf welchen sie geklopft hatte.

Der verstorbene Doktor und Professor JUNKER zu Halle bekam einst die Leichname zweier Gehenkten. Sie sollten auf der Anatomie der Universität zergliedert werden. Er ließ sie in eine Kammer neben seiner Studierstube legen und saß gegen Mitternacht ruhig am Schreibtische, als sich in der Kammer plötzlich ein ihm unerklärliches Getöse erhob. Er nahm das Licht, ging in die Kammer und war nicht wenig erstaunt, als er das Tuch, welches die Leiche bedeckte, in Unordnung und zurückgeworfen fand. Seine Verwunderung erreichte den höchsten Grad, als er dasselbe vollends aufdeckte und bemerkte, daß ein Leichnam fehlte. Die Fenster waren zu, die Türen verschlossen, an einen Diebstahl war daher nicht zu denken.

JUNKER sah sich jetzt überall um und entdeckte mit Entsetzen in einem Winkel des Zimmers ganz zusammengedrückt jenen Leichnam, wie er gleich einem lebenden Menschen zitternd und mit offenen Augen dasaß. JUNKER ging näher, und was er gleich anfangs gemutmaßt hatte, war wirklich. Dieser Unglückliche war scheintot vom Galgen genommen und wieder lebendig geworden und bat inbrünstig, ihm, der einer allzuharten Strafe so sonderbar entronnen sei, das Leben zu fristen. Dieser Anblick und diese Bitte rührten den ohnehin menschenfreundlichen Gelehrten. Er fragte seinen Gefangenen, was er verbrochen habe und wer er sei, und erfuhr, daß er ein Ausländer, Soldat und Deserteur sei, der im Rausche einer unvorsichtigen Minute sich für das preußische Militär habe anwerben lassen und in einer noch unglücklicheren zu entfliehen versucht habe.

Junkers Mitleiden war bald gewonnen, aber wie er ihn retten sollte, das wußte er nicht gleich, da ihm die Strenge der Gesetze nicht unbekannt war. Vor allen Dingen reichte er dem Armen notdürftige Kleidung und einige Erfrischungen. Sein Rettungsbeschluß war hiernächst bald gefaßt. Er gab ihm einen Mantel und ließ ihn eine Laterne in die Hand nehmen. So mußte er ihm vorleuchten. Am Tore erklärte der Professor Junker, der Wahrheit gemäß, wer er sei. Da er als Arzt zuweilen zu einem Kranken in der Vorstadt gerufen ward und sich durch einen Bedienten dahin leuchten ließ, so öffnete man ihm das Tor ohne die mindeste Bedenklichkeit. Auch sein Begleiter ging ungehindert mit zur Stadt hinaus. Dieser wollte nun seinem Retter fußfällig danken, bekam aber die Weisung, keinen Augenblick zu verlieren und eiligst für seine fernere Sicherheit und sein Fortkommen zu sorgen. Der gehenkte Deserteur entging glücklich dem ihm zugedachten Tode am Galgen sowie den Gefahren des Scheintodes ...

Um das Jahr 1780 starb zu Duderstadt die Ehefrau des Senators K..., eines Mannes, der sich durch manche Sonderbarkeit auszeichnete. Sie war eine geborene Nößen; deshalb nannte er sie nie anders als sein Nößen-Mensch. Indessen wollte er durch diese übelgewählte Caresse seine Gattin keineswegs beleidigen. Er hatte sie vielmehr noch im hohen Alter recht lieb. Er war siebzig, sie fünfzigjährig, als sie ihm starb. Ihr Tod setzte ihn in die größte Verlegenheit. Wie es oft zu gehen pflegt, so erkannte er jetzt erst ihren Wert recht lebhaft. Er hatte Söhne und Töchter, aber die letzten waren bereits verheiratet. Mit Tränen im Auge klagte er daher: »Wer wird nun meinen Haushalt führen, da mein Nößen-Mensch tot ist!«

Die Tote war auf eine Kammer im zweiten Stockwerke getragen worden, wo sie, bereits angetan mit dem Totenhemde, seit vierundzwanzig Stunden auf Stroh lag. Der verlassene Alte saß abends gegen neun Uhr einsam in dem Großvaterstuhle und überließ sich stillen Betrachtungen. Plötzlich ging die Stubentür auf. Es trat ein schwankender Geist herein, den er sogleich für den seiner verstorbenen Hausfrau erkannte. Mit Entsetzen fragte er: »Nößen-Mensch! bist Du es selbst, oder ist es Dein Geist?«

»Ich bin's – ich Deine Frau!« antwortete die Erscheinung mit schwacher Stimme. Der überraschte Ehemann sank über diese Antwort ohnmächtig vom Sessel.

Die vom Scheintode erwachte Hausfrau war selbst im hohen Grade hilfsbedürftig und außerstande, dem sinnlos hinstürzenden Gatten beizuspringen. Froh, daß sie selbst vor Mattigkeit und Frost nicht in die Knie sank, schwankte sie, mit höchster Anstrengung ihrer Kräfte, dem nahen Ofen zu, um in dessen erwärmendem Dunstkreise ihre vom erstarrenden Froste zitternden Glieder zu erquicken. Auch ihre Stimme war zu schwach, um mit Erfolge Hilfe herbeizurufen.

Endlich kam ein Hausgenosse herein. Gott! Wie erstaunte dieser, als er, bei dem Eintritt ins Zimmer, die verstorbene Hausfrau lebendig – den völlig gesund verlassenen Hausvater tot vorfand! Eiligst ward Hilfe für beide herbeigerufen. Beide wurden nach Vorschrift des Arztes zweckmäßig behandelt. Der ohnmächtige Senator bekam zwar nach einiger Zeit sein Bewußtsein wieder, redete aber verwirrt, ward zusehends kränker und starb nach einigen Tagen. Die vom vierundzwanzigstündigen Scheintode erwachte Frau aber erholte sich nach und nach und erlangte ihre völlige Gesundheit wieder. In dem für sie selbst bestellten Sarge ließ sie den Gatten beerdigen, den sie im frohen Kreise geliebter Enkel um fünfzehn Jahre überlebte.

»Bruder, hörst du nichts? Um Gotteswillen, erwache!«, so weckte Herr von V-t seinen Bruder, der neben ihm schlief und zu ihm gereist war, um ihm den Verlust seiner geliebten Gattin tragen zu helfen, die im ersten Frühling ihres Lebens in den Tod fiel. Vor der verschlossenen Kammertüre aber wimmerte der Verstorbenen leise Stimme, als flehte sie ängstlich, eingelassen zu werden.

Dem Diener ward geklingelt. Er kam, stürzte aber mit lautem Geschrei über die selige Hausfrau wieder zurück, und die klagende Stimme jammerte fort. Endlich ermannte sich der Bruder, schob den Riegel von der Tür, und herein trat, eine Kerze in der zitternden Hand, die Abgeschiedene in ihrem ganzen Sargornate. Für den folgenden Morgen harrte ihrer – zum Glück nun umsonst – das offene Grab.

Zu ihrem Glück spielte diese Szene im Winter und als des Zeitalters Sitte noch eine Leichenwache bei ihren Toten den Hinterbliebenen abforderte. Dieserwegen war das Zimmer geheizt, in welchem sie ruhte. Die Wärme hauchte die Lebenskraft der jungen Frau, die eine Starrsucht nur gelähmt hatte, an: Die Leichenwärterin entfloh, als die Tote seufzte und sich gar emporhob. Mit dem zurückgebliebenen Lichte fand sie mit letzter Kraft zu ihres Mannes Kammer.

Um das Jahr 1770 ging ein junger Maler aus Duderstadt auf Reisen, um sich in seiner Kunst zu vervollkommnen. Wenige Meilen von der Vaterstadt fiel er Werbern in die Hände, die ihn zum Rekruten machten. Der junge Mensch, den das unüberlegt gegebene Wort schon nach dem ersten Ausschlafen bitter gereute, entsprang, ward aber von den Werbern eingeholt und – weil er sich zur Wehr setzte – mißhandelt. Einige Schläge, die er in der Hitze des Zweikampfes über den Kopf bekommen hatte, waren in ihren Folgen von so übler Wirkung, daß er den Verstand verlor. Im Rate der Vorsehung war jedoch seine Besserung beschlossen. Von seinem Wahnsinne blieb nur ein scheues Wesen noch übrig.

Seiner Nachbarin, einem bildschönen, aber gefallenen armen Mädchen, glückte es, ihn durch eine menschenfreundliche Behandlung auch davon nach und nach zu befreien. Es konnte nicht fehlen, ihr liebreiches Betragen hatte in der Seele des Jünglings das Pflichtgefühl der Dankbarkeit und Liebe rege gemacht. Sie wurden ein glückliches Paar, und seine Geschicklichkeit und rastlose Tätigkeit ernährte sie und ihre sich jährlich vermehrende Familie.

Unvermutet erlebte er ein großes Unglück, wodurch er plötzlich außerstande gesetzt war, den zahlreichen Seinigen Brot zu schaffen wie bisher. Der schreckliche Gedanke, seiner geliebten Gattin und seinen vielen Kindern nicht ferner ein treusorgender Vater sein zu können, brachte ihn auf der Stelle abermals um den Verstand.

Er ward wahnsinniger, als er je war. Weib und Kinder waren bei ihm des Lebens nicht mehr sicher. Die verzweifelnde Frau meldete ihr Unglück der Obrigkeit und bat, den Rasenden in Verwahrsam zu nehmen. Er wütete so heftig, daß man ihn an Ketten anschließen mußte. In diesem erbarmenswürdigen Zustande sahen die brotlosen Seinigen den bisherigen Ernährer drei lange Jahre hindurch. In dem kalten Winter des Jahres 1789 bewohnte der Wütende ein Zimmer, welches nicht geheizt werden konnte. Bei dem heftigen Grade der Kälte fand man ihn daher eines Morgens in toter Gefühllosigkeit und Erstarrung. So hatte nun der Erlöser aus aller Not auch den Leiden dieses Unglücklichen ein Ende gemacht. Sein tiefgerührtes Weib und seine Kinder – vielleicht die einzigen unter allen – weinten ihm ungekünstelte Tränen des Mitleids nach. Man traf die erforderlichen Beerdigungsanstalten.

Ungefähr dreißig Stunden, nachdem man ihn tot gefunden hatte, warf man die steife Leiche in den Sarg, um sie zu beerdigen. Es war in einer frühen Morgenstunde, als man den Deckel auf den Sarg legen und befestigen wollte. In diesem Augenblicke aber richtete sich der Tollhäusler im Sarge auf und erwachte – zum neuen Leben. Alle liefen vor Schrecken davon, denn sie sahen in dem Scheintoten nur das Gespenst und später nur den Rasenden. Einer von den beherztesten Leuten wagte es endlich, in das Sterbezimmer zurückzukehren. Er fand die vermeintliche Leiche noch immer in sitzender Stellung im Sarge. Sie sah ihn bittend an, winkte ihm und sprach matt einige unverständliche Worte. Man gab der Obrigkeit Nachricht hiervon.

Der Wiedererwachte ward sogleich in ein warmes Zimmer gebracht und erhielt die Hilfe eines Arztes. So kehrte er nicht nur völlig ins Leben zurück, sondern hatte auch von nun an wieder seinen völligen Verstand. Gesund an Leib und Seele lebte er als ein fleißiger Arbeiter und als ein tätiger Versorger der Seinigen fort, um des Sarges noch lange nicht zu bedürfen. Der Wiedererwachte erzählte, er habe während seines Scheintodes das Sprechen der Leute bei seiner Entkleidung deutlich vernommen, auch mit Seelenangst vermerkt, daß man seiner Länge Maß zum Sarge nehme; aber es sei ihm durchaus unmöglich gewesen, auch nur den kleinsten Teil an seinem Leibe zu rühren, geschweige denn zu sprechen. Auch meinte er, er würde ohne die außerordentliche Heftigkeit, womit man ihn in den Sarg geworfen habe und wodurch sein ganzes Wesen erschüttert worden sei, schwerlich ins Leben zurückgekehrt sein.

Hufeland 3 enthält folgende Begebenheiten: Herr Kuhl in Stolzenau verbürgt folgende Aussage seines Freundes, der sich eine Zeitlang in Ostindien aufhielt: Zu Batavia starb ein holländischer Soldat, ein geborener Holsteiner, den Scheintod. Da man ihn für wirklich gestorben hielt und in diesem heißen Himmelsstriche, wo die Toten leicht in Verwesung überzugehen pflegen, mit keiner Leiche viele zeitraubende Umstände macht, so brachte man, unbekümmert darüber, daß die Leiche noch keinen Totengeruch von sich gab, den Verstorbenen schon nach 24 Stunden nach dem Begräbnisplatze. Nahe daran, der Erde lebendig überliefert zu werden, erwachte er eben noch zur rechten Zeit aus dem Schlummer des Scheintodes. Höchst überraschend redete er seine erschrockenen Kriegsgefährten mit den naiven Worten an: »O Kinners, lot mi man noch en beten lewen!« Der so vom Tode Erstandene diente nachher noch mehrere Jahre als Küster der batavischen Garnison.

Zu L. in S-n starb eine Bürgerin. Ihr Mann glaubte, den Anblick ihres Leichnams nicht ertragen zu können, und so brachten seine Freunde den Körper der toten Frau in ein abgelegenes Zimmer, stellten eine Lampe daneben und beauftragten eine alte Frau mit der Leichenwache. Diese versah sich reichlich mit Branntwein und schlief im Rausch neben der Leiche ein. Gegen Mitternacht erwachte die Tote, ihre Besinnung kehrte zurück, sie stieg aus dem Sarg, nahm die Lampe der schnarchenden Wächterin weg und wollte in ihre Wohnung zurückkehren.

Auf dem Hofe, der auf diesem Wege zu überqueren war, blies ihr der Wind die Lampe aus. Sie schrie im Stockdunklen um Hilfe, aber niemand hörte sie, alles schlief. Da tappte sie allein umher, verlor völlig die Orientierung und stürzte schließlich in den offenstehenden Brunnen, den man gerade auszubessern im Begriffe war.

Die alte Wächterin schlief bis in den Morgen hinein. Im fröstеligen, verkaterten Erwachen findet sie plötzlich den Sarg leer.

Nur schwach erinnert sie sich, wie an einen Traum, daß die Tote aufgestanden, die Lampe genommen, hinabgestiegen und unten geschrien hätte ... Sie verständigt den Witwer, dieser veranlaßt eine gründliche Nachsuche – und schließlich findet man die Tote – wirklich tot – im Brunnen. Spuren an ihrem Körper wiesen darauf hin, daß die zu kurzem Leben Wiedererwachte verzweifelt aus der Tiefe des Brunnens zu entkommen versucht hatte.

In einem Kloster zu Mainz starb eines Winterabends ein Mönch. Man legte ihn ins Leichenzimmer und gab ihm zwei Studenten bei zum Wachen und Beten, damit der Aufenthalt der Seele des Verstorbenen im Fegefeuer möglichst verkürzt würde. Allein die leichtsinnigen und übermütigen Jünglinge ließen ihre Rosenkränze ungebetet und ihre Gebetbücher ungelesen, sie machten es sich im angenehm geheizten, mit einem riesigen altertümlichen Ofen versehenen Gemach recht gemütlich. Für Wein, zur Überwindung der Schläfrigkeit, war auch reichlich gesorgt, und so erzählten sie sich Schwänke und pokulierten fleißig. Gegen Mitternacht entfernte sich der eine von beiden, um eine neue Kanne Wein zu holen. Währenddessen beschloß der Zurückgebliebene, dem anderen einen derben Possen zu spielen.

Er packte den Toten an und setzte ihn aufrecht in eine eigens zum warmen Sitzen ausgekachelte Nische des großen Ofens, die wie ein gemauerter Großvaterstuhl aussah. Er selbst legte sich schnell – denn er hörte schon die Schritte des Zurückkehrenden – anstelle der Leiche auf den Schragen, um die Geistesgegenwart seines Kollegen zu erproben. Er ahnte nicht, daß er sich mit diesem makabren Scherz selbst den ärgsten Streich spielen würde. Es öffnet sich die Tür, der Freund kommt mit vollem Krug herein, stellt ihn heiter und unbeschwert neben das Licht auf den Tisch – und sieht, die vermeintliche Leiche mit einem Blick streifend, ein deutliches Zucken des Fußes! Von furchtbarem Schrecken erfaßt wankt er auf seinen Gefährten zu, den er im Halbschatten in der Ofennische zu finden vermeint – erkennt an dessen Stelle aber – den toten Mönch, der ihn aus weitoffenen Augen anstarrt und krächzend und zitternd sich zu erheben sucht. »Jesus Maria!« gellt sein Entsetzensschrei, und er sinkt ohnmächtig zu Boden.

Der andere, der flach ausgestreckt auf der Bahre lag, hatte von alldem nichts gesehen, nur Schritte, Schrei und Sturz gehört. Beunruhigt erhebt er sich, halb schon seinen »Spaß« bereuend, da sieht er sich plötzlich vor dem inzwischen aus dem Ofensitz hochgekrabbelten, totgeglaubten Mönch. Stumm vor Entsetzen sinkt er in die Knie, sein Herzschlag stockt, er fällt tot zu Boden.

Der alte Mönch, durch die Wärme des Ofensitzes aus seinem Scheintod erweckt, zieht das Leichentuch fester um seine klappernde Gestalt und wankt, vor Kälte zitternd, auf nackten Füßen in die eishauchenden Klosterkorridore hinaus. Erst nach vieler Mühe und nachdem er rasendes Entsetzen verbreitet hatte, gelang es dem Alten, von Zellentür zu Zellentür pochend, auf einige Vernünftige zu stoßen und sich mit ihnen zu verständigen. Er wäre vor Kälte bald wieder – und diesmal wirklich – gestorben. Unter der Pflege seiner Brüder erholte er sich aber bald wieder. Von den beiden Studenten kam der, der den Wein geholt hatte, auch bald wieder zu sich, der andere aber war tot.

Ein kräftige Frau von noch nicht 40 Jahren wurde am 4. August 1792 vom Blutschlagfluß getroffen. Sie lag wie tot, aller Sinne beraubt, röchelte aber in den ersten Tagen noch. Alle angewendeten Mittel waren vergebens. Bis zum 13. August hörten allmählich auch die letzten Lebenszeichen auf. Der Wundarzt, der ihr Blasenpflaster aufgelegt hatte, ließ sie unverbunden liegen. Ein anderer Arzt, den man herbeiholte, erwies sich als standhafter. Er schlug als letztes Mittel das glühende Eisen vor. Zunächst erschrak der Gatte der Verstorbenen über diesen Vorschlag, der ihm zu grausam vorkam. Er ließ sich jedoch überreden. Die Haare wurden der Toten bis zum Wirbel abgeschoren, und auf die so entblößte Kopfhaut setzte der Arzt sein Glüheisen und brannte ihr ein Loch in die Kopfschwarte bis auf die Hirnschale. Zweimal. Ohne Erfolg. Aber beim dritten Ansetzen des Glüheisens schrie sie laut auf: »Ach, Herr Jesus!« und griff sich an den Kopf. Daraufhin zeigte sie sich erneut etwa eine Stunde lang völlig unempfindlich. Dann aber schlug sie die Augen auf, lallte erst, sprach aber eine halbe Stunde später klar und vernehmlich, aß Zwieback mit Wein, besserte sich von Tag zu Tag, stand am

6. Tage schon auf und verrichtete mäßige Geschäfte. Nach drei Wochen war sie vollkommen gesund und sogar noch kräftiger als vorher. Acht Jahre vor diesem Ereignis war sie mit Mutterbeschwerden behaftet gewesen, jetzt aber war sie völlig gesund.

Das FRANKFURTER JOURNAL *vom 14. 2. 1826, Nr. 41,* meldet: Elisabeth Cave, ein einnehmendes 19jähriges Mädchen in den Niederlanden, lag an einem Fieber krank, das, heftig fortschreitend, nach vier Tagen dem Leben dieses Mädchens ein Ende gemacht zu haben schien. Es wurde in den Sarg gelegt, aber das Begräbnis verschoben, weil seine entfernte Mutter es noch einmal zu sehen wünschte. Die Mutter konnte aber erst neun Tage nach dem Tode ihrer Tochter eintreffen und begab sich sofort, von Verwandten begleitet, zum Sarge der geliebten Toten. Der Deckel wurde abgenommen, und man bemerkte, daß das Gesicht der Toten nicht die erwartete Todesfarbe zeigte. Man rief einen Arzt herbei, der Körper wurde in ein warmes Bad gebracht, die geeigneten Erwekkungsmittel angewendet, und nach fünf Stunden hatte man die Freude einer vollkommenen Wiederbelebung des jungen Mädchens, das gesund weiterlebte.

KAISER schreibt in bewegten Worten 1831: Eine der schrecklichsten Lagen, in die der Mensch ohne seine Schuld versetzt werden kann, ist gewiß jener nicht so selten vorkommende Zustand ..., wo am Menschen die in die Sinne fallenden Lebensmerkmale scheinbar erloschen sind, das Leben selbst aber noch nicht gewichen ist, den man Scheintod nennt ... Bedauernswürdiger ist aber der scheintot Begrabene, der unter der Erde wieder erwacht, sich seiner bewußt wird und nun verzweifelnd, entfernt von aller menschlichen Hilfe, selbst aber zu schwach, das Leben retten zu können, es wirklich enden muß.

Noch schrecklicher aber, wenn der Mensch, seiner völlig bewußt und doch unvermögend, auch nur irgendein Zeichen des Lebens zu geben, die Ausdrücke des Schmerzes der treuen Gattin, die Klagen der geliebten Kinder hört; die Anstalten zum Leichenbegängnis vernimmt, wenn er vielleicht Zeuge sein muß, wie lachende Erben, noch ehe er der Erde übergeben ist, sich in seine

Habe teilen wollen; wenn er es empfinden muß, wie man ihn nach dem Friedhof bringt, ihn in das stille Grab versenkt und diese letzte Wohnung mit Erde bedeckt. Wer schaudert nicht bei dem Gedanken an die unbestreitbare Möglichkeit eines solchen Falles, dessen Wirklichkeit die Phantasie kaum zu erreichen vermag?

Ein sehr berühmter und mehrfach erzählter Fall ist der von J.H. Schmidt berichtete. Im Jahre 1834 beobachtete der Berichterstatter im neuen Krankenhaus zu Paderborn, daß der hier verstorbene junge Kaspar Kriete aus Verne, zwischen Lippstadt und Paderborn, nach seinem Verscheiden fast drei Wochen lang nicht beerdigt werden konnte, weil sich vor dem 20. Tag keine solchen Merkmale einstellten, die man als sichere Todeszeichen zu betrachten pflegte.

Am Tage nach dem festgestellten Tod schlug der Leichnam plötzlich die Augen auf, und die Ärzte konnten einige Minuten lang einen sehr unregelmäßigen Puls fühlen. Kleine Brandwunden, die als Wiederbelebungsversuche beigebracht worden waren, eiterten am zweiten, dritten und vierten Tage. Am fünften Tage hat der Tote die Hand herumgedreht, am sechsten und neunten Tag stellte sich ein halbseitiger, nicht riechender Schweiß ein. Nach dem 9. Tage hatten sich in einem großen Umfange des Rückens pemphigusähnlich (Pemphigus, lat. = Haut- und Schleimhauterkrankung) Blasen gebildet, die Glieder waren beständig biegsam, die Lippen achtzehn Tage lang rot geblieben. Die Stirn war neun Tage lang in vertikale Falten gelegt, und das ganze Gesicht wirkte nicht leichenhaft. Während neunzehn Tagen hat sich in dem warmen Zimmer weder Leichengeruch noch eine Spur von Totenflecken eingestellt, ohne daß ein besonderer Grad der Abmagerung – als Erklärungsgrund für dieses negative Zeichen – vorhanden gewesen wäre.

Dazu kam noch, daß jeden im Spital der Tod des jungen Mannes überrascht hatte. Ein kleines, geheiltes Wechselfieber und noch vorhandene Brustbeschwerden, welche in Schwindsucht überzugehen drohten, waren die Ursache der Aufnahme dieses im übrigen gesunden Menschen im Krankenhaus. Natürlich konnte man das Aufschlagen der Augen als tote Elastizität des Gewebes, den kurzzeitig wiedergekehrten unregelmäßigen Pulsschlag als Puls der eigenen Finger des Tastenden, das Verdrehen der Hand als zufälliges Ergebnis toter Schwerkraft, den Schweiß des 6. und 9. Tages als ein nicht riechendes (!) Produkt halbseitiger (!) Fäulnis, die Blasenbildung auf dem Rücken als ein Surrogat für die fehlenden Totenflecken auffassen. Man konnte den Grund des neunzehn Tage lang fehlenden Leichengeruchs in der Individualität mehrerer hundert Nasen suchen und den Beweis führen, daß es zur Eiterung beigebrachter Brandwunden der Intervention der Lebenskraft nicht bedürfe. Dem Verfasser sei mit mehreren achtbaren Ärzten (u. a. dem Kreisphysikus Dr. Bachmann) und Augenzeugen keine andere Überzeugung möglich gewesen, als daß dieser junge Mann in einem großen Teil der dreiwöchigen Frist nur scheintot gewesen, daß dieser Scheintod aber, wie es in der Regel zuzugehen pflegt, in wirklichen Tod übergegangen ist. Der Schweiß am 9. Tage sei wohl Todesschweiß gewesen. Der Eintritt des wirklichen Todes ließe sich nur vermuten; soviel aber sei sicher und dürfte sich verteidigen lassen, daß der Unglückliche lebendig beerdigt worden wäre, wenn die Bestattung nach Ablauf der gesetzlich angeordneten 72 Stunden stattgefunden hätte.

Aus dem Jahre 1835 berichtet Macnish: Ein 25jähriges Mädchen namens Shorigny in Paris war vor zwei Tagen von der Hysterie ergriffen worden. Am achtundzwanzigsten Tage ihrer Krankheit teilte man dem Arzt, der sie besuchen wollte, mit, daß sie in der Nacht gestorben sei. Er wunderte sich sehr darüber, weil er sie abends zuvor besser als gewöhnlich gefunden hatte. Er ließ sich zu der Leiche führen, um sich selbst vom Eintritt des Todes zu überzeugen.

Als er das sie bedeckende Tuch wegnahm, bemerkte er, daß ihr Gesicht zwar blaß war, ihre Lippen keine Farbe zeigten, die Gesichtszüge sich aber gar nicht verändert hatten. Der Mund stand offen, die Augen waren erloschen, die Pupillen stark erweitert, ohne Reaktion auf das Licht der vorgehaltenen Kerzenflamme. Eine etwa bemerkbare Wärme des Körpers fand sich nicht vor;

allein der Körper war doch auch nicht so kalt und erschlafft wie gewöhnlich ein Leichnam. Der Arzt kündigte einen nochmaligen Besuch für den nächsten Tag an ... Auch diesmal fand er den Körper noch nicht entsprechend kalt und befahl daher, den Sarg nicht eher zu vernageln, bis die Fäulnis begonnen habe. Er beobachtete das Mädchen fünf Tage hindurch und endlich, am Ende des fünften Tages, bemerkte er eine schwache Bewegung des Tuches, mit dem die Leiche bedeckt war. Nach weiteren zwei Stunden sah er, daß sich ihr Arm von selbst zusammengezogen hatte, sie bewegte sich nun allmählich, und es wurde offenbar, daß nur ein Scheintod vorgelegen hatte. Bald öffnete sie die Augen, die Sinne kehrten wieder, und das Mädchen genas langsam.

M. B. Lessing erinnert sich einer jungen, kaum zwanzigjährigen Dame, die nach ihrer ersten Entbindung in einen totenähnlichen Zustand geriet, der von Montag bis Freitag dauerte. Die junge Frau wäre gewiß ein Opfer ihrer unwissenden Umgebung geworden, wenn nicht die geschickten, erfahrenen und ausdauernden Ärzte Dr. Baum und Dr. Hein aus Danzig nach fünftägigen Bemühungen die Scheintote wieder zum Leben gebracht hätten. Vor kurzem, etwa 1835, brachte besagte junge Mutter ihr zweites Kind glücklich zur Welt.

Boettcher versuchte, bei einer an Nieren-Magenbeschwerden und Krämpfen anscheinend gestorbenen Frau eine halbe Stunde nach eingetretenem Tode Liquor ammonii caustici ins Auge zu träufeln. Ohne Erfolg. Noch später, als man schon den Eintritt des Todes für sehr wahrscheinlich halten mußte, goß man der »Leiche« 25,0 Liquor ammonii caustici – bei Rückenlage – in den Mund. Einige Minuten danach bewegten sich die Augen, die Kranke erholte sich alsbald wieder und behielt von der Behandlung nur eine geringe Lähmung der Zunge zurück.

Welsch erzählt 1837 von einem Fall, der oft zitiert wird, in welchem ein 18jähriges Mädchen aus Versailles nach kurzer Krankheit in Schlafsucht verfiel ... Die betrübten Eltern bestellten einen Schreiner, der einen Sarg anfertigen sollte. Er vergaß aber das richtige Maß, und als man die Leiche des Mädchens in den Sarg legen wollte, stellte sich heraus, daß dieser zu kurz geschnitten war. Es blieb nichts anderes übrig, als die Leiche mit Gewalt hineinzupressen und dann den Sarg zuzunageln. Es waren kaum 24 Stunden nach dem Eintritt des Todes vergangen, als sich schon der Leichenzug in Bewegung setzte. Der Sarg wurde von neun Mädchen des gleichen Alters wie die Verstorbene vorangetragen.

Plötzlich nahmen die Trägerinnen unterwegs eine Bewegung im Sarge wahr, ließen ihn fallen und rannten schreiend in alle Richtungen auseinander. Die älteren Teilnehmer des Leichenzuges eilten herbei, öffneten den Sarg und zogen das wieder lebendige Mädchen heraus. Dieses lebte noch lange Jahre gesund und froh.

KUCHINKA verweist auf folgendes Ereignis: Der Rittmeister von D. starb infolge einer Nierenkrankheit, welche sich nach einer chirurgischen Operation herausgebildet hatte. Kurz vor seinem Hinscheiden hatte der Arzt eine Ader geöffnet, jedoch kam kein Blut mehr. Der Rittmeister wurde für tot erklärt und alles für das Begräbnis vorbereitet. Eine Stunde vor der festgesetzten Zeit beugte sich der alte Diener des Toten noch einmal über die Hand des Verstorbenen, um sie ein letztes Mal zu küssen. Da erblickte er an der Aderlaßwunde einen Blutstropfen. Als er ihn wegwischte, sah er alsbald einen zweiten hervorquellen. Sorglich rieb der alte Mann die Wunde, das Blut kam immer flüssiger, und als der eilig herbeigeholte Arzt die vermeintliche Leiche kräftig zu frottieren begann, floß das Blut aus der kleinen Wunde stärker und rascher. Unter den Blicken der inzwischen eingetroffenen Begräbnisgäste und zum freudigen Erstaunen des Dieners öffnete der tote Rittmeister wieder die Augen. Aus der Quelle geht hervor, daß er noch 1845 lebte.

J. P. TRUSEN berichtet einen eigenen Fall aus der Umgebung von Posen. In einem der dortigen herrschaftlichen Dörfer starb ein Mann – noch vor Eintreffen des rasch herbeigeholten Arztes – an typhösem Fieber. Er wurde gleich auf ein, wie immer besonders bereitetes Leichenlager gelegt und mit einem Laken bedeckt. So fand ihn der Arzt, neben ihm eine alte Frau, die bei der Leiche wachte und betete. Der Arzt hielt den Kranken aber nicht für tot, sondern meinte, er liege in Agonie. Er gab den Auftrag, aufzupassen, daß der Patient nicht etwa beim zunehmenden Phantasieren entlaufe. Diese Warnung wurde jedoch in den Wind geschlagen.

Die Leichenwärterin schlief ein, und als sie einmal im Einnikken auffuhr, war die »Leiche« weg. Die Frau schlug Lärm, und man begann zu suchen. Nach langen Mühen fand man den Mann im Laternenlicht im Schneegestöber hinter einer Tonne im Garten zusammengekauert. Er war im Fieberdelirium aufgestanden, zum nahen See gelaufen, in diesen hineingefallen und fror gotterbärmlich. Um sich zu erwärmen, war er hinter die Tonne gekrochen. Man brachte ihn unter allen entsprechenden Maßnahmen zu Bett, und als Trusen am nächsten Morgen wiederkam, fand er einen offenbar lebenden Patienten vor und stellte ihn nach einiger Zeit wieder völlig her.

J. P. Trusen schreibt 1855: Das Wiedererwachen im Sarge muß fürwahr ein schrecklicheres Schicksal sein als die qualvollste Hinrichtung! Wiedererwachen im Sarge! Wiedererwachen sechs Schuh tief unter der Erde, in Finsternis und zur Verzweiflung! Wer vermag sich das Grauenhafte dieser einen Viertelstunde eines umnachteten Daseins, dieser qualvollen Spanne Zeit zwischen Leben und Tod in seinem ganzen Umfang vorzustellen, wo Leben und Tod so nahe aneinandergrenzen und es jenem doch nicht gelingt, sich diesem zu entreißen. Das Gehirn erträgt diesen Gedanken kaum.

Der gleiche Verfasser konstatiert im gleichen Werk: Die Umlegung mehrerer Kirchhöfe bei Gelegenheit des Festungsbaues in Posen hat zu der entsetzlichen Wahrnehmung geführt, daß unverhältnismäßig viel Personen lebendig begraben worden sind.

Trusen berichtet des weiteren von einem Medizinstudenten, der 1833 in die medizinische Klinik der Prager Universität mit einer Lungenentzündung aufgenommen worden war. In der Klinik erfolgte ein pleuritisches Exsudat (Pleuritis, griech. = Brustfellentzündung, Exsudat, lat. = Ausgeschwitztes). Als er Besuch erhielt, verhielt er sich normal. Kaum hatte sich dieser entfernt, sprang er aus dem Bett. Als er in das Bett zurückkehren wollte, fiel er, wie die Wärterin berichtete, tot um. Der Ordinarius und sein Assistent fanden den Körper kalt, pulslos, mit stark erweiterter Pupille und gegen die wie üblich angebrachten Reize empfindungslos. Seine Kommilitonen kümmerten sich um ihn, mußten aber nach langen Bemühungen jede Hoffnung auf Wiederbelebung aufgeben. Sie erörterten, um die Leiche geschart, bereits das vermutliche Ergebnis der Sektion, als der vermeintlich Tote plötzlich mit dem Rufe: »Ich lebe!« wieder zum Leben zurückkehrte. Er hatte alles, was während der ganzen Zeit mit ihm und um ihn geschehen und gesprochen worden war, gehört und mit der größten Seelenangst befürchtet, lebendig begraben oder lebendig seziert zu werden.

Aus der Sitzung des Senats von Frankreich am Dienstag, dem 27.2.1866, ist die Rede des M. Tourangin zu erwähnen (übersetzt von T. Koch): Eine junge Frau war sehr krank. Der Arzt der Familie hielt sie für tot, ließ aber nichtsdestoweniger noch drei andere geachtete Ärzte rufen, um das Ableben zu konstatieren. Man machte die energischsten Anstrengungen, die grausamsten, um sich vom Eintritt des echten Todes zu überzeugen. Endlich, nach mehr als 30 Stunden, als noch immer nicht das geringste Lebenszeichen durch die Versuche hervorgerufen werden konnte, beschloß man, die Tote nunmehr in den Sarg zu legen. Eine Schwester der Toten aber warf sich vor den Ärzten auf die Knie und flehte inständig, ihr ihre Schwester noch ein paar Stunden zu lassen. Und nach diesen paar Stunden lebte die Totgeglaubte. Sie brauchte allerdings sorgfältige Pflege während dreier Monate, um die ihr zugefügten Wunden an den Beinen und verschiedenen anderen Körperteilen zur Heilung zu bringen.

In der Sitzung des Senats von Frankreich vom 27.2.1866, so berichten der Moniteur und die Breslauer Zeitung vom 6.3.1866 u.a., hielt der Kardinal Donnet, Erzbischof von Bordeaux, eine Rede, um eine von Herrn von Cornol eingebrachte Petition um Einrichtung von Leichenhäusern zu unterstützen. Er erzählte:

»Im Jahre 1826, an einem heißen Tage und bei vollgepfropfter Kirche stand ein junger Geistlicher auf der Kanzel und predigte: Plötzlich stockt seine Rede, ihm schwindelt, er sinkt zu Boden. Man eilt hinauf, trägt ihn ins Freie – er ist tot. Alsbald läuten die Sterbeglocken.

Aber der junge Priester lebte. Er befand sich in einem Zustand der Unbeweglichkeit, dennoch hörte er alles, was um ihn vorging. Seine Augen waren geschlossen, und er konnte die Lider nicht heben, also auch nichts sehen. So hörte er den Arzt, den man herbeigeholt hatte, sagen, daß er ihn für tot hielt, und vernahm das Rascheln des unterzeichneten Erlaubnisscheins zum Begräbnis. Er hörte seinen Bischof herantreten und das ›De profundis‹ anstimmen, er spürte, wie der Tischler Maß zu seinem Sarge nahm. Der Tag verging, der Abend sank, die Nacht verstrich.

Endlich kam die Stunde des Begräbnisses. Rund um den Sarg Gedränge, Flüstern, summende, wirre Stimmen – da hebt sich klar und deutlich die Sprache und Stimme eines Jugendfreundes heraus! Die Wirkung ist wunderbar. Sie befähigt den jungen Priester zu unbeschreiblicher, übermenschlicher Anstrengung, so daß er sich als lebendig zu erzeigen vermochte. Dieser junge Priester, meine Herren, steht heute vor Ihnen.«

Im weiteren Verlauf seiner Rede berichtet der Kardinal von einem Greis, der von der Leichenschau für tot erklärt worden war und dennoch einen Tag später noch lebte. Ein weiterer, von ihm erlebter Fall betraf die einzige Tochter aus berühmtem Geschlecht, deren Begräbnis der Kardinal aufzuschieben vermochte. Die Totgeglaubte erwachte wieder und ist jetzt das Glück zweier Familien – als Gattin und als Mutter. Und noch von einem dritten Fall berichtete der Kardinal Donnet, der ihm von einem anderen Geistlichen mitgeteilt wurde. Es handelte sich um eine hohe Person, die in Scheintod verfiel und wieder errettet wurde. Aus all diesen Ereignissen zog der Kardinal den Schluß, daß er glaube, die Zahl der vorzeitigen Beerdigungen sei weitaus zahlreicher als man meine.

Der hebräische Sammler, *Jhg. 2, S. 153*, veröffentlichte folgenden Fall: Der achtungswürdige jüdische Arzt Dr. Hirschfeld zu Königsberg erzählt: »Ich treibe an vierzig Jahre die Heilkunst und immer kränkte mich das bei uns (bei den Juden) eingeführte übereilte Begraben der Toten am Sterbetage. Es ist mir einst begegnet, daß eine Frau, die an drei Tage für tot lag, endlich doch wieder erwachte und auflebte. Ich wollte es gleich anfangs nicht zugeben, daß man sie aus dem Bette nähme. Allein die Männer von der Beerdigungsgesellschaft widersetzten sich mir mit Macht, nahmen sie heraus und legten sie nach ihrer Weise auf die Erde. Und hätte ich ihnen nicht zugerufen: ›Hütet Euch, sie heute zur Erde zu bringen! Sie lebt wohl noch und die Schuld kommt über Euch!‹, so würden sie sie wahrscheinlich noch an demselben Tage begraben haben. Ich ließ sie mit wollenen Kleidungsstücken bedecken und erwärmen; den folgenden Morgen äußerten sich einige Lebenszeichen, sie blieb liegen und erwachte allmählich aus ihrem Todesschlummer.«

Moewes erzählt den berühmten, durch alle Zeitungen gegangenen Scheintodfall einer Krankenpflegerin. Am 29. 10. 1919 wurde die 23jährige Krankenpflegerin M. B. in scheinbar totem Zustand aufgenommen. Es handelte sich um eine leicht psychopathische Person, wie ermittelt werden konnte. Im vergangenen Jahr erlebte sie schwere seelische Erschütterungen, in den letzten Tagen faßte sie den Entschluß, Selbstmord zu begehen. Am 27. 10. 1919 kaufte sie in einer Charlottenburger Apotheke 50 cm^3 einer 3,5%igen Morphiumlösung für 20 Reichsmark, ohne Rezept, sowie 10 Veronalpulver à 0,5 g. Daraufhin irrte sie umher, verbrachte, obwohl es kalt und regnerisch war, den Rest des Tages und die ganze Nacht planlos im Freien. Gegen Morgen nahm sie, um sich zu der beabsichtigten Tat Mut zu machen, einen Schluck von der Morphiumlösung. Erst gegen Mittag (um 14 bis 15 Uhr des 28. 10. 1919) nahm sie im Grunewald, schon leicht betäubt von der Morgendosis, den Rest der Morphiumlösung und das ganze Veronal, das sie damit hinabspülte. Wenige Minuten später brach sie zusammen. Nach zwei bis drei Stunden wurde sie leblos aufgefunden und im Krankenwagen zur Polizeistation gebracht.

Der Gemeindearzt untersuchte sie dort, fand Starre, Leichenblässe, Reflexlosigkeit, Fehlen von Herztönen und Herzschlag, Puls und Atmung erloschen. Die von ihm vorgenommene Siegellackprobe auf der Brust erzeugte keine Hautreaktion. So stellte er die Todeserklärung aus. Von der Polizei kam die »Leiche« in die Leichenhalle und wurde dort, in den nassen Kleidern, wie man sie gefunden hatte, eingesargt.

Zwölf bis 14 Stunden später, also bereits am Morgen des 29. Oktober 1919, besichtigte ein Polizeibeamter zur Rekognoszierung die Leiche nochmals und bemerkte, daß die Farbe der Wangen sich verändert hatte, sie waren nicht mehr leichenähnlich, sondern bläulich verfärbt. Ebenso konnte er kleine Kehlkopfbewegungen wahrnehmen. Er unternahm sofort Wiederbelebungsversuche und künstliche Atmung und benachrichtigte einen Arzt. Dieser konnte diesmal, trotz Unfühlbarkeit des Pulses und Fehlen der Atmung, einige leise, verlangsamte Herztöne hören und veranlaßte eine sofortige Überführung ins Krankenhaus. Der erste Eindruck, den die Patientin hier erweckte, war der einer Leiche, nur fiel die leicht bläuliche Verfärbung der Wangen auf. Sonst war sie wächsern, blaß, totenstarr, bewußtlos, völlig reaktionslos. Die Pupillen waren eng, ohne Reaktion, es gab keinen Puls und keine Atmung. Über dem Brustbein konnten ganz vereinzelt unregelmäßige Herztöne, etwa 30 in der Minute, als Doppelton eben noch hörbar, registriert werden.

Es wurde eine Morphiumvergiftung angenommen, Kampfer-Koffein injiziert, der Magen gespült, ein heißes Bad mit Bürstungen und Knetungen verabreicht, künstliche Beatmung durchgeführt und Sauerstoffinhalation versucht. Eine Stunde später war der Puls bereits fühlbar, und einzelne kurze Einatmungen im Abstand von 2 bis 3 Minuten fanden statt. Die Steife und Starre der Glieder und des Nackens ließen nach, die Haut erschien besser durchblutet, die Pulszahl stieg an, die Atemzüge wurden häufiger, waren aber noch unregelmäßig. Der Zustand des Scheintodes ging so allmählich in den eines tiefen, komatösen Schlafes über, wie das bei Morphiumvergiftungen gewöhnlich der Fall ist.

Interessant für Mediziner: Im Magenspülwasser fanden sich reichlich Morphium und Diäthylbarbitursäure, im Urin Eiweiß sowie hyaline und granulierte Zylinder, daneben Morphium in geringen Mengen und reichlich Diäthylbarbitursäure. Bei der Lumbalpunktion entleerte sich klarer und unauffälliger Liquor im Strahl. Das Blut einer Venenpunktion war dunkel, Hämoglobingehalt herabgesetzt auf 70 % (nach SAHLI), 4300 000 Erythrozyten, 1300 Leukozyten (keine pathologischen Formen), 53 % polynukleäre (= polymorphkernige) Leukozyten, 21 % Lymphozyten, 10 % mononukleäre Leukozyten, 5 % Übergangsformen, 10 % Eosinophile, 1 % Mastzellen.

Einige Stunden nach der Krankenhausaufnahme zeigte die Patientin erstmals Reaktion auf Schmerzeinflüsse. Am 30. Oktober 1919 frühmorgens, 20 Stunden nach der Aufnahme, erlangte die Patientin wieder das Bewußtsein, konnte kurze Angaben machen, hatte keine Beschwerden. Ihre Körpertemperatur stieg auf 39 °C und sank zwei Tage später zur Norm ab. Langsam erholte sich die Kranke. Nur ganz allmählich schritten die Äußerungen ihrer geistigen Regsamkeit fort. Sie benahm sich ganz wie eine Rekonvaleszentin nach schwerer Erkrankung, jedoch ohne Krankheitserscheinungen und ohne Schwäche. Die in der Polizeistation vorgenommene Siegellackprobe zeigte, allerdings erst in den darauffolgenden Tagen, also verspätet und verlangsamt, Zeichen einer oberflächlichen Verbrennung. Zusammenfassend kann gesagt werden, daß die Ursache des Zustandes des Scheintodes aus dem Zusammenwirken der beiden Gifte und der Kälte resultierte.

In der entstehenden Diskussion über diesen Fall plädierte der berichtende Oberarzt dafür, die Einsargung und Ausfüllung des Totenscheines schon innerhalb der ersten 24 Stunden zu verbieten. Ausnahmen hiervon sollten höchstens jenen Fällen gestattet werden, in denen der Arzt den Krankheitsverlauf oder wenigstens die letzten Augenblicke des Lebens miterlebt hat. Die Regel träfe demnach für Unglücksfälle, plötzliche Todesfälle usw. zu.

Diesem Artikel ist eine Notiz der Herausgeber der Zeitschrift, in der vorstehender Bericht veröffentlicht wurde, beigefügt: Vierundzwanzig Stunden Frist genügten nicht, da gewöhnlich die Leiche liegenbleiben soll, bis die Tatbestandsaufnahme erfolgt ist. Dies bringe den Arzt in ein Dilemma zwischen zwei Pflichten.

Es wird vorgeschlagen, ein Wiederbelebungsmittel zu erfinden, das ohne Leichenbewegung angewendet werden kann.

Übrigens hat die Patientin, die eine Zeitlang danach wieder ihren Beruf ausübte, später doch noch selbst ihrem Leben ein Ende gemacht.

In der BERLINER ZEITUNG »DER TAG« *vom 11. Dezember 1924*, unter dem Zeichen P. P., findet sich ein Artikel »Lebendig begraben«, in dessen Einleitung der Verfasser von dem aufsehenerregenden Fall der Mrs. Holden von Hampton berichtet.

Ihr Tod war von dem behandelnden Arzt in aller Form bestätigt worden. Als der Leichenbestatter ihr das Maß für den Sarg nehmen wollte, erwachte sie zum Leben und erfreute sich nach ihrem Tode noch so guter Gesundheit, daß sie mehreren Kindern das Leben gab. Es war diesmal das dritte Mal gewesen, daß Mrs. Holden »starb«.

Im gleichen Artikel wird erwähnt, daß Mrs. Turner von Keynsham, die durch ärztliches Attest für tot erklärt worden war, plötzlich zu sich kam und zu sprechen begann, gerade als man sie in den Sarg legen wollte.

In der BERLINER NACHTAUSGABE *vom 16. Februar 1930* findet sich folgende Meldung aus Paris im Dezember (Ro): Frankreichs Abgeordnete verlangen ein neues Gesetz über Toterklärungen. Sie wollen nicht lebendig begraben werden. »Wenn man schon begraben werden muß, möchte man auch gern wirklich tot sein!« Diese Auffassung vertritt die Mehrzahl der französischen Deputierten, unter denen sich eine stattliche Anzahl von Medizinern befindet. Sie haben vor kurzem in der Kammer die Regierung in einer Resolution ersucht, »die Feststellung des Todes durch einen medizinischen, wissenschaftlichen, den Tod einwandfrei bestätigenden Beweis gesetzlich neu zu regeln, damit die Zahl der Beerdigungen Scheintoter auf das mindeste beschränkt wird.« In Frankreich gibt es nämlich auf etwa 500 Tote einen Scheintoten; das ist darauf zurückzuführen, daß von rund 37 000 Gemeinden nur 14 eine offizielle ärztliche Beglaubigung für Todesfälle vorschreiben, obwohl das Gesetz sie für jede Gemeinde verlangt.

Kein Wunder also, wenn die sensationellen Nachrichten über »Auferstehung« fast ausschließlich aus der Provinz kommen. Bekannt sind die Auferstehungen hoher Persönlichkeiten in Frankreich, u. a. des Abbé Prévost d'Exiles und des Kardinals Donnet, Erzbischof von Bordeaux, der am Tage seiner Berufung als Priester im Dom in einen lethargischen Zustand verfiel und erst wieder bei seiner eigenen Begräbnisfeier, durch den Schall der Totengesänge, erwacht war.

Ein Zeitungsartikel in der Berliner Nachtausgabe *vom 17. Januar 1931* meldet: Konstanz, 17. Januar 1931. In dieser berühmten Stadt am Bodensee, der Konzilstadt und dem Schauplatz des so folgenschweren Martertodes Johann Hus', hat sich ein ungewöhnlicher Fall von Scheintod ereignet. Der Totgeglaubte war ein gerade 23jähriger junger Mann, den man leblos in seinem Bette aufgefunden hatte und der von einer Sanitätskolonne und deren Arzt als tot erklärt worden war. Die vermeintliche Leiche wurde in einen Sarg gelegt und alles zur Bestattung vorbereitet.

Am nächsten Tage begegnete man dem »Toten« auf der Treppe des Hauses. Er war im Sarge erwacht, hatte diesen, der noch nicht vernagelt war, zertrümmert und wollte das Haus verlassen. Er erzählte nachher, daß er, als er im Sarge erwachte, zunächst glaubte, seine Arbeitskollegen hätten sich einen makabren Scherz mit ihm erlaubt. Dann aber hatte er mit wachsendem Entsetzen die Vorbereitungen zu seinem Begräbnis mit anhören müssen, denn er vermochte nicht, sich zu rühren und konnte auch keinen Laut von sich geben, noch auch nur die Augen öffnen. Erst am Morgen habe sich die Beweglichkeit wieder eingestellt und er habe schleunigst das Haus verlassen wollen. Nach Ansicht der Ärzte hatte der junge Mann einen Starrkrampf (Tetanus) erlitten und hatte tatsächlich in der Gefahr geschwebt, lebendig begraben zu werden.

Vor einigen Jahren erzählte (dem Autor) Dr. W. Heinze, Berlin, daß in der Ortschaft Großbreitenbach im Thüringer Walde Ende des 19. Jahrhunderts eine Frau als tot aufgebahrt worden war, wieder erwachte und im Papiergewand (bei der armen Bevölkerung ist es üblich gewesen, die Toten in Papierkleidung zu hüllen) nach Hause lief. Eine andere Version hierüber ist die, daß der Totengräber beim Zuschaufeln des Grabes im Sarge ein Klopfen vernahm, den Sarg öffnete und der Frau heraushalf. Sie lief in ihrem Papierkleid nach Hause.

In der BZ am Abend *vom 13. 12. 1963, 15. Jahrg.*, wird unter dem Titel »Lebend unterm Leichentuch« aus London berichtet: Eine Tote, die im Sarg wieder zum Leben erwachte, hat gestern in einem Londoner Krankenhaus eine peinliche Untersuchung ausgelöst. Elsie Waring (50) war am Vorabend bewußtlos in das Hospital eingeliefert worden. Die Ärzte machten eine Stunde lang Wiederbelebungsversuche und erklärten die Frau dann einstimmig für tot. Der Leichenbestatter überführte die Frau in die Leichenhalle. Als er dort den Transportsarg öffnete, stöhnte die vermeintliche Tote auf und wurde wieder ins Krankenhaus gebracht. Eine einzige Stunde Wiederbelebungsversuche war eben zu wenig.

In der Neuen Illustrierten *Nr. 43, 18. Jahrgang, vom 27. Oktober 1963* ist in einer der Fortsetzungen des Artikels »Geleitzug PQ 17«, Dokumentarbericht von Günter Karweina (Recherchen Heinz W. Altmeyer, David S. Ironing, Kurt John) ebenfalls ein Scheintodfall verzeichnet, den wir gekürzt wiedergeben.

Der Geleitzug PQ 17, der nördlich der skandinavischen Halbinsel entlang der Packeisgrenze sowjetischen Häfen zusteuerte, wurde von deutschen Truppen angegriffen. Von einem der von Sturzbombern und Torpedofliegern zum Sinken gebrachten Frachter versuchte das Rettungsschiff »Zamalek« zu retten, was noch zu retten war. Der Zweite Offizier des Rettungsschiffes, C.T.G. Lennard, war mit dem Motorboot »Zamalek« unterwegs, um im Wasser schwimmende Männer aufzunehmen. Plötzlich sah er einen Mann, der regungslos im Wasser trieb, nur von der Schwimmweste gehalten. Das Boot legte bei, der Mann wurde hochgezogen. Sein Kopf knickte nach hinten. Die Augen blickten starr und leblos. Der »Tote« wurde erneut ins Wasser gelassen. Da rief einer der Matrosen: »Der lebt noch! Ich habe ihn stöhnen hören!« Der Mann wurde wieder aus dem Wasser herausgehoben und auf den Boden gelegt. Da ging ein kaum wahrnehmbares Zucken um den Mund des Mannes. Es dauerte nur den Bruchteil einer Sekunde. Dem Geretteten wurden die nassen Kleider entfernt, und er wurde in trockene Wolldecken gewickelt. Lennard ließ den Mann sofort in den Operationsraum des Rettungsschiffes bringen. Stabsarzt Mac Callum tastete ihn ab. Während der Sanitäter mit der künstlichen Atmung begann, bereitete der Arzt in dem kleinen Hospital ein Bett aus zwei elektrisch geheizten Decken. Dann ging er in den Operationsraum zurück.

Tatsächlich setzte ganz langsam die Atmung ein, das Blut begann unter der Haut wieder zu zirkulieren. Nach einer Stunde hatten alle Organe ihre Arbeit wieder aufgenommen. Nur eins erhielt der Gerettete nie mehr zurück: seine Erinnerung. Nicht einmal seinen Namen wußte er mehr. Einen Tag lag er in seinem elektrisch geheizten Bett. Als dann die Heizung abgestellt wurde, war der Mann plötzlich verschwunden. Erst nach einigen Stunden wurde er gefunden. Er hatte sich auf einem Sims über dem großen Dampfkessel des Schiffes ein Lager aufgeschlagen. Dort blieb er selbst während der schweren Luftangriffe. Er wollte nie wieder frieren in seinem Leben …

Nach der Hinrichtung noch Lebende und bei der Obduktion Erwachte

Einer der ältesten überlieferten Fälle ist aus Terissi, »Tractat de causis mortis repentinae« entnommen. Eine vornehme Frau in Spanien, die einen Anfall der Mutterwürgung (de suffocation hystérique) bekommen hatte, war, ohne daß man ihr weiter helfen konnte, für tot gehalten. Man ließ einen berühmten Zergliederer (Vesalium, s. a. Schenk L., IV. Obs. 289) holen, der sie öffnen sollte, weil man die Ursache ihres Todes gern ergründen wollte. Bei dem zweiten Schnitt mit dem Messer kam sie wieder zu sich selbst und gab durch das Geschrei, welches ihr das unglückliche Werkzeug abzwang, offenbare Kennzeichen des Lebens von sich.

Dieses traurige Schauspiel verursachte bei den Anwesenden eine so große Bestürzung und einen solchen Abscheu, daß dieser Arzt, der vorher in großem Ansehen stand, von jedermann verabscheut und verflucht und also genötigt ward, den Augenblick nicht allein aus der Stadt ... sogar aus der Provinz wegzugehen ... Allein ungeachtet er diese unglückliche Gegend verließ, so nahm er doch seine Gewissensangst und diesen nagenden Wurm mit sich, der keinen Strafbaren verschont. Endlich endigte der Tod geschwind sein Leben, das nicht verlängert werden konnte, ohne zugleich sein Elend zu verlängern.

Aus Derhams Physicotheologie stammt folgende Begebenheit: Alte Leute erinnern sich noch der Anne Green, die zu Oxford, den 14. des Christmonats im Jahre 1650, gehenkt ward. Sie hing eine halbe Stunde. Während dieser Zeit schlugen einige von ihren Freunden ihr auf die Brust, andere zogen sie aus allen Kräften bei den Füßen, hoben sie zuweilen in die Höhe, um sie desto stärker und ruckweise herunter zu ziehen und dieses zu dem Ende, damit sie ihrer harten Marter desto eher ein Ende machen möchten. Die davon gedruckte Nachricht lautet: Als man sie in den Sarg gelegt hatte, ward man gewahr, daß sie noch Atem holte. Unter anderem war ein munterer und starker Kerl dabei, der ihr, damit sie sterben möchte, mit aller Macht auf die Brust (und den Magen) stampfte. Dem allen ungeachtet aber kam sie durch Hilfe der Ärzte Peity, Willis, Bathurst und Clar wieder zu sich selbst. Ich habe sie viele Jahre hernach selbst gesehen, ja man hat mir sogar gesagt, sie habe nach der Zeit noch etliche Kinder gehabt.

Bruhier berichtet: Philippe Peu gibt in seinen Werken ein seltenes Exempel der Aufrichtigkeit. Er übte, wie man weiß, zu Paris mit glücklichem Erfolg denjenigen Teil der Wundarzneikunst aus, der sich mit der Geburtshilfe beschäftigt. Er erzählt aber folgendes von sich selbst: Man hätte ihn inständig gebeten, den Kaiserschnitt bei einer schwangeren Frau zu verrichten, die er selbst völlig für tot hielt, weil er in den Seiten der Brust gar kein Schlagen mehr fühlte und weil das Glas eines Spiegels, den man an ihren Mund gehalten hatte, nicht mehr anlief. Er trug also kein Bedenken, die Operation vorzunehmen. Kaum aber hatte er die Spitze seines Messers in die Haut hineingeschoben, so gaben ihm eine zitternde Bewegung, die er in ihrem ganzen Körper verspürte, das Knirschen der Zähne und die Bewegung der Lippen seinen Irrtum zu erkennen, welches ihn in einen so großen Schrecken setzte, daß er einen Schwur tat, er wolle diese Operation in Zukunft niemals wieder vornehmen, als bis er vom Tode der betreffenden Frau so gewiß überzeugt wäre, als es überhaupt möglich ist.

Hufeland erwähnt: Der Abbé Prévost, der bekannte Schriftsteller, Verfasser der »Manon Lescaut«, ging am 25. 11. 1763 ganz allein und zu Fuß von Chantilly nach seiner Wohnung im Dorfe Saint Firmin zurück. Er war damals 66 Jahre alt. Im Walde von Chantilly rührte ihn plötzlich der Schlag. Einige Bauern, die ihn unter einem Baume fanden, brachten ihn in das nächste Dorf Courtenil zu ihrem Pfarrer. Dieser ließ ihn in die Kirche tragen und meldete den Fall den Gerichten. Die Justiz versammelte sich mit vieler Übereilung und ließ den Wundarzt schnell zur Öffnung schreiten. Kaum hatte dieser den ersten Schnitt gemacht, als ein lauter Schrei bewies, daß noch Leben in dem Unglücklichen war. Zu spät! Die Wunde war tödlich, und der Abbé Prévost öffnete die Augen, um Zeuge seiner schrecklichen Todesart zu sein.

Nun stellte man fest, daß der Abbé ein geschätzter Schriftsteller gewesen war. Man berichtete das schaudervolle Unglück dem Herrn de la Place, um zugleich Bescheid darüber einzuholen, was nun mit dem gerichtlich bestellten Mörder – dem Wundarzt – zu tun sei. Die darauf einlaufende Antwort lautete: »Seufzen und schweigen!«

Aus Hufeland, der die Geschichte wohl aus Brinkmann, Beweis der Möglichkeit, dass einige Leute lebendig begraben werden können, entnommen hat, stammt: Der Kardinal Espinosa, erster Staatsminister König Philipps II. von Spanien, fiel in Ungnade und nahm sich dieses Unglück so sehr zu Herzen, daß er darüber starb. Wenigstens hielt ihn jedermann für wirklich tot. Den Seinigen war dieser so unerwartet als plötzlich erfolgte Todesfall verdächtig, und sie wünschten zu wissen, ob er vielleicht vergiftet worden oder woran er sonst gestorben sei.

Man ließ ihn daher sezieren, zumal dies ohnehin geschehen mußte, weil sein Körper, der Gewohnheit gemäß, einbalsamiert werden sollte. Zu dem Ende schnitt ihm der Wundarzt, dem dieses Geschäft übertragen war, die Brust auf. Kaum war der mörderische Schnitt geschehen, so erwachte der Kardinal aus dem Scheintode, in welchen ihn bloß die Traurigkeit versetzt hatte. Er schrie mit durchdringender Stimme und fuhr mit der Hand nach dem Messer des Wundarztes. Dieser entfloh vor Angst und Entsetzen und überließ den Gemordeten seinem grausamen Schicksale. Der Kardinal verblutete unter den entsetzlichsten Schmerzen und starb als ein unglückliches Schlachtopfer der Unerfahrenheit und Unbehutsamkeit.

Aus derselben Quelle stammt die historisch nicht haltbare Version der Geschichte Vesals: Ein ähnliches Unglück erlebte der Zergliederer Vesal, indem er einen spanischen Edelmann, den er für tot hielt, öffnen wollte. Er war mit diesem anatomischen Geschäfte schon zu weit gekommen, als er mit Entsetzen entdeckte, daß der unglückliche Scheintote noch lebte, der nun unrettbar ein Opfer der grausamsten Übereilung werden mußte. Das Inquisitionsgericht würde den unabsichtlichen Mörder haben verbrennen lassen, wenn nicht eine königliche Fürbitte es dahin vermittelt hätte, daß Vesal zur Strafe für seine Unvorsichtigkeit eine Wallfahrt ins Gelobte Land hätte tun müssen, von welcher er allerdings nicht wiederkehrte.

Schnackenberg schreibt in seinem Beitrag »Über die Notwendigkeit der Leichenhallen zur Verhütung des Erwachens im Grabe«, *Kassel 1836, S. 20–32*: Die Leiche eines in der medizinischen Abteilung eines Krankenhauses verstorbenen Mannes wurde dem Lehrer der Chirurgie zur Abhaltung eines operativen Lehrkurses übergeben. In diesem Kurs demonstriert der Operateur die Enucleatio bulbi, dann eröffnet er den Thorax, und schließlich führt er eine Unterschenkelamputation vor. Kaum aber waren die Weichteile durchschnitten, als die Schenkelschlagader spritzte und der Erwachende sich aufrichtete. Lehrer und Schüler flohen im ersten Schrecken, fanden aber, bald darauf zurückgekehrt, den Unglücklichen alsbald verblutet.

Bei Frank und Trusen ist nachzulesen: Schon in Ägypten, Griechenland und Rom war es erlaubt, an soeben verstorbenen Hochschwangeren den Kaiserschnitt zur Rettung wenigstens des Kindes durchzuführen. Wer sich in solchem Fall der Operation widersetzte, wurde als Mörder betrachtet und bestraft. Äskulap selbst verdankte sein Leben diesem Eingriff. Bei kranken, scheintoten oder toten Hochschwangeren ist der Kaiserschnitt in allen Ländern erlaubt gewesen. In den »Medizinischen Neuigkeiten« 1854, 39, ist eine Frau genannt, die mehrmals eine Sectio caesarea mit gutem Erfolg für Mutter und Kind überstanden hat.

Dennoch ereignete sich 1849 zu Testenberg in Schlesien folgendes: Drei Ärzte, darunter der Kreisphysikus, hatten die Sectio bei einer verstorbenen Hochschwangeren schon begonnen, als diese, die Gattin des ebenfalls anwesenden Dr. med. Fiebig, erwachte, bald darauf aber an den Folgen des Eingriffs starb. Zwei dieser Ärzte kamen nach stattgehabter Untersuchung auf Festung.

Die Widerspiegelung des Scheintods in der Belletristik

Keinem Geringeren als Edgar Allan Poe gebührt der erste Beitrag. Im Band 5 der »Phantastischen Fahrten«, Berlin, 1922, ist seine berühmte Erzählung Lebendig begraben enthalten:

»Es gibt Themen, die für unseren Geist stets von Interesse sein werden, die aber zu entsetzlich sind, als daß die Dichtung sie behandeln könnte. Der Romanschreiber muß sie vermeiden, wenn er nicht in die Gefahr geraten will, Abscheu und Ekel zu erwecken. Sie sind nur dann möglich, wenn Ernst und Majestät des Todes sie heiligen und stützen ...

Lebendig begraben zu werden, ist ohne Frage die grauenvollste aller Martern, die je dem Sterblichen beschieden wurde. Daß es häufig, sehr häufig vorgekommen ist, wird von keinem Denkenden bestritten werden. Die Grenzen, die Leben und Tod scheiden, sind unbestimmt und dunkel. Wer kann sagen, wo das eine endet und das andere beginnt? Wir wissen, daß es Krankheitsfälle gibt, in denen ein völliger Stillstand all der sichtbaren Lebensfunktionen eintritt, und dennoch ist dieser Stillstand nur eine Pause, nur ein zeitweiliges Aussetzen des unbegreiflichen Mechanismus. Einige Zeit vergeht – und eine unsichtbare, geheimnisvolle Ursache setzt die zauberhaften Schwingen, das gespenstische Räderwerk wieder in Bewegung. Die silberne Saite war nicht zerrissen, der goldene Bogen war nicht unrettbar zerbrochen. Wo aber war währenddessen die Seele? ... Ich kann auf Verlangen sofort hundert authentisch erwiesene Fälle anführen ...«

Dem Fall einer scheintoten Frau in Baltimore läßt Poe dann die Schilderung eines Begräbnisses in Frankreich im Jahre 1810 folgen: Victorine Lafourcade, ein schönes Mädchen aus vornehmer Familie, zählte zu ihren Verehrern den armen Pariser Gelehrten Julien Bossuet. Sie heiratete jedoch nicht ihn, sondern einen standesgemäßen Bankier und Diplomaten. Dieser vernachlässigte sie jedoch, und die Ehe war eine Leidenszeit für die junge Frau, die nach einigen Jahren starb und in einer gewöhnlichen Grabstätte begraben wurde.

Als diese Nachricht Julien Bossuet erreichte, reiste dieser von Paris zum Begräbnisort, um seine Angebetete noch einmal zu sehen und »sich in den Besitz einer ihrer Locken zu setzen. Er findet das Grab. Um Mitternacht legt er den Sarg von der Erde bloß, öffnet ihn und ist dabei, das Haar abzuschneiden, als er innehält – denn die geliebten Augen öffnen sich. Man hatte die junge Frau lebendig begraben. ... In wahnsinniger Freude trug er sie nach seiner Wohnung im Dorf, wo er, der einige medizinische Kenntnisse hatte, ihr allerlei Belebungsmittel einflößte. Endlich erholte sie sich. Sie erkannte ihren Erretter ...

Sie kehrte nicht zu ihrem Gatten zurück, sondern verbarg ihm ihre Auferstehung und entfloh mit dem Geliebten nach Amerika.«

Poe wendet sich schließlich seinen Visionen des Selbst-Lebendig-Begrabenwerdens zu, da er an Katalepsie (Starrsucht, Muskelverkrampfung) litt.

»In all meinem Leiden gab es kaum physische Schmerzen, aber eine unerträgliche Depression. Meine Phantasie sah nichts als Leichen. Ich sprach von Würmern, Grab und Leichenstein. Ich versank in Träumereien über den Tod und war von der düsteren Ahnung erfaßt, einmal lebendig begraben zu werden ... Wenn ich mich nicht mehr wach halten konnte, so kostete es mich einen Kampf, schlafen zu gehen, – denn mir grauste bei dem Gedanken, ich könne mich beim Erwachen im Grabe finden. Und wenn ich schließlich in Schlummer sank, so vermochte ich es nur, um sogleich in einem Meer von Phantasien zu versinken, das überschattet wurde von den riesigen, schwarzen Schwingen jenes einen Grabgedankens.«

Diese Nachtphantasien vergifteten das Leben des Schriftstellers, die tödliche Angst erfaßte ihn, und selbst Erlebnisse wie eine Jagdexpedition, bei der Edgar Allan Poe zusammen mit einem Freund, vom Sturm überrascht, in einer sehr engen Schiffskoje übernachtete, steigerten die Visionen vom Todeskampf in auswegloser Situation. Als Ausweg aus diesem psychischen Zwang unterwarf Poe sich körperlichen Anstrengungen, reiste, trennte sich von medizinischen Büchern ...

»Ich las keine ›Nachtgedanken‹, keine bombastischen Kirchhofsmärchen und Schauergeschichten – wie diese hier. Binnen kurzem wurde ich ein neuer Mensch und führte ein männliches Leben. Seit jener denkwürdigen Nacht (in der Schiffskoje – d. A.) verlor ich für immer meine Todesgedanken, und mit ihnen verschwanden meine kataleptischen Zustände, von denen sie vielleicht weniger die Folge als die Ursache gewesen waren.«

Gottfried KELLER schrieb ein Gedicht mit dem Titel »LEBENDIG BEGRABEN«. Es besteht aus 14 mehrstrophigen Abschnitten und schildert, wie ein Mensch sieben Fuß tief in einem Tannensarg lebend begraben zum Bewußtsein erwacht. Aber wir finden hier nichts von dem panischen Entsetzen, wie es sonst in den angeführten Geschichten so schauerlich dargestellt wird. Nichts vom Abnagen der Hände oder Wundstoßen des Kopfes am Sargdekkel, nein, es mutet zuerst eher ruhig an, wie sich der lebendig Begrabene mit seinem Schicksal abfindet:

»Wohlan, ich will, was kommen soll, erwarten,
Es ist am End' ein friedlich Wohnen hier;
Ich fühle nicht die Glieder, die erstarrten,
Doch heiter glimmt die stille Seele mir!«

Jedoch im dritten Abschnitt scheint es fast, als ob aufquellende Todesangst den Seelenfrieden zum Erlöschen bringt:

»Nun ist's gescheh'n, nun bricht herein der Jammer!
Die Späne knirschen unter dem Genick,
Ich messe tastend meine Totenkammer
Und messe aus mein grausiges Geschick!«

Aber die letzten Zeilen dieses Abschnittes lauten schon wieder ganz gefaßt:

»Den herben Kelch des Leidens will ich kosten,
Halt mir das Glas, o Seelentrost, Humor!«

Nun malt er sich aus, was geschehen würde, wenn er in einem Lande begraben läge, in dem es Hyänen gibt, die kämen,

»Mich heulend aus der lockeren Gruft zu scharren!«

Der Begrabene stellt sich vor, wie er mit dem Tier um sein Leben ringen würde, wie er es, auf seinen Rücken springend, bezwänge und spränge wie neugeboren

»Und singend heimwärts und schlüg wonniglich
Dem Arzt, dem Leichengräber um die Ohren!«

Dann hörte er fernen Lärm, der trunkene Küster kommt heim, von seiner scheltenden Frau empfangen, er fühlt sich versucht, nach ihnen zu rufen –

»Es hülfe nichts, wenn ich zu Tod mich riefe!
Sie stopfen furchtsam ihre breiten Ohren
Vor jedem Ruf des Lebens aus der Tiefe.«

Der Mann gedenkt des Frühlingssonnenscheins, des dünnen Märzschnees, den er noch sah, als man für einen Augenblick den Sargdeckel vor dem Begräbnis hob, er hört die Turmglocken Zwölf schlagen und verspürt Hunger, so starken Heißhunger, daß er die Rose verzehrt, die man ihm in die Hand gesteckt hat. Aber dann fällt ihm ein, daß es ja auch Mitternacht sein könnte, und er bedauert, daß er keinen Schmuck hat, der den Totengräber verleiten könnte, das Grab wieder zu öffnen. Auch keine Geliebte hinterließ er, die ihm wenigstens ein stilles Gedenken weihen würde. Seine schweifenden Gedanken sehen den Tannenbaum, aus dem seine Sargbretter gesägt wurden, als Mast auf buntbewimpeltem Schiff, als grünenden Baum im Gebirge, als Weihnachtstanne im Kerzenschimmer, als kleines Tännlein im sommergrünen Wald, als Freiheitsbaum beim Schützenfest, an dem er einst als Knabe ein Alpenröslein von einem schönen Kind gewann – da schlägt es wieder vom Turm: Es ist ein Viertel nach Zwölf – erst eine Viertelstunde verstrichen, wo er doch dachte, daß Tage vergangen seien. Aber er hat den Schmerz überwunden:

»Getrennt bin ich von meinem herben Leiden,
Und wie ein Meer, von dem ich will mich scheiden.
Laß brausen ich mein siedend heißes Blut
Und steh am Ufer als ein Mann von Mut.«

Die letzten Strophen sollen wahrscheinlich ein sanftes Sterben andeuten, ein hinschmelzendes Auflösen:

»Schon seh ich schimmernd fließen Zeit in Zeiten,
Verlieren sich in unbegrenzte Weiten
Gefilde, Bergeshöhen, Wolkenflug:
Die Ewigkeit in einem Atemzug!

Der letzte Hauch ein wallend Meer von Leben,
Wo fliehend die Gedanken mir entschweben.
Fahr hin, o Selbst! vergängliches Idol.
Wer du auch bist, leb wohl, du, fahre wohl!«

Friedrich von Gagern führt in seinem Sammelwerk »Geister, Gänger, Gesichte, Gewalten« im Kapitel »Ferngesichte« folgenden Scheintodfall an:

»Der absonderlichste und unheimlichste Ferngesichtsfall von allen, die je zu meiner Kenntnis gelangt: Der sehr angesehene Rechtsanwalt und Notar Dr. D... zu A... – Mitglieder der Familie können noch leben – war, wenn ich mich recht erinnere, an einer ansteckenden Krankheit oder im Zuge einer Epidemie gestorben; der Leichnam jedenfalls lag nicht aufgebahrt und liebreich geschmückt im Trauerhause, sondern einsam und kalt in noch unverschlossenem, wenigstens nicht verschraubtem Sarge in der Totenkammer des Friedhofs oder eines Hospitals. Am Abende vor der Beerdigung sitzen die betrübten Hinterbliebenen, Witwe, mehrere erwachsene Töchter und noch andere Verwandte beisammen, leicht vorzustellen, von was Rede und Gedanken gewesen sein mögen.

Plötzlich nun, aus einem merkwürdigen Sichverstarren und Entfärben greift sich die Witwe an den Kopf, streckt die Hände abwehrend ins Dunkel gegen die Tür, schreit unnatürlich auf, nur dieses: »Jesus, Kinder! ... Er steigt aus dem Sarg – er kommt! ....« und sinkt auch schon weg in Zuckungen und Krämpfe. Schrecken noch zum erlittenen Leid; man bemüht sich um die bewußtlos Gewordene, beschäftigt sich mit nichts anderem, schickt um einen Arzt, rennt nach der Apotheke, das ganze Haus, all die Zeit ohnehin schon in Unordnung durch Quartierung eingetroffener Trauergäste, Erwartung noch fälliger Besuche ängstlicher Klienten, notwendige Revisionen und Versiegelungen, wirbelt durcheinander, niemand gedenkt der noch deutlich genug genannten Veranlassung.

Nun, Gottlob, es geht vorüber, der Anfall weicht, die Ohnmächtige erholt sich in tiefen Seufzern; aber zu Bette will sie nicht gebracht werden, nachdem man sie gelabt und ihr den kalten

Schweiß von der Stirne gelöscht, sichert man sie warm und weich in einen guten Lehnsessel im – einigermaßen noch beklommen – wieder zusammentretenden Familienkreis. Noch zittern ihre Lippen, in dunkler Angst suchen die Augen, der erschütternden Vorstellung auf den Grund fragen will niemand: – da, kaum daß die äußere Ruhe einigermaßen hergestellt, kaum daß man heuchlerisch behutsam von fernliegenden gleichgültigen Dingen zu sprechen begonnen: gellt drunten im Flur ein schriller Kreisch, Türen knallen, schwere Schritte schleppen und schlurfen – ein zweiter, näherer Schrei –: und herein, mitten unter die Stockstarrenden, tritt in Spinnweb und Staub, bleich im Bahrgewand, hohl und verschattet der Tote.

Und nun begibt sich das Merkwürdigste. Während eine der Töchter, verheiratet, gesegneten Leibes, auf der Stelle in Ohnmacht fällt, die anderen alle gelähmt in kaltem Grauen auf die Erscheinung stieren: steht einzig die vermeintliche Witwe, kurz zuvor noch in bedrohlichstem Zustand, springt sie geradezu wie gesund und erlöst auf, dem unheimlichen Geist entgegen und aufschluchzend um den Hals. Eine halbe Stunde später liegt er gelabt und gebettet, und gegen die Vorfrühe endlich in gutem tröstlichen Schlaf.

Dr. D... war, wie leicht zu denken, in der Leichenkammer erwacht, nachdem er einigermaßen zu Besinnung, Erkenntnis des Ortes und seiner Lage, zu Erinnerung und etwelchen wenn auch verzweifelten Kräften gelangt, den üblichen alten Glockenzug in seiner Aufregung überhaupt nicht oder vielleicht nicht wirksam gefunden, machte er sich sogleich an die Flucht. Ein halbrundes Bogenfenster der Kammer stand der Lüftung wegen zusammengelehnt offen; gleichgültig, ob der Doktor diesen erleichternden Umstand bemerkt oder notfalls mit Gewalt auszubrechen beschlossen, kurz, über wandlängs aufgeschichtete Särge und vielleicht darin eingeschlossene Tote hinweg erzwang der Auferstandene die geringe Höhe, Luft, Mondlicht und Freiheit. Daß er sich beim Aussprung an der rauhen Mauer ziemlich zerschürft, ward ihm gar nicht bewußt. Draußen begegnete er dem Wächter; er erfuhr aus dessen späterer Aussage, er selbst hatte den sich todeserschrockenen Bekreuzenden, dann entsetzt Ausreißenden überhaupt nicht wahrgenommen. Auch wie er die äußere Mauer genommen, wie er dann im Totenhemd die nächtige Stadt durchlaufen, wußte er nicht anzugeben; es geschah das alles wie in halbem Schlafwandel, selbsttätig in einem Wirbel aus Trieb und Überspannung und wie ja Nachtwandler gegen Folgen ihrer mondkalten Ausflüge gefeit zu sein scheinen, gleichsam nicht mehr irdisch anfällige Körper sondern gewichtslose, unempfindliche Seelen sind, so trug auch der Doktor, ein nicht mehr junger Mann, von seinem Totenlauf durch die schauernde Spätherbstnacht keinen weiteren eigenen Schaden davon. Im Gegenteil: er, der sterbenskrank oder abgestorben aus dem Hause gekommen, kehrte aus Sarg und Leichenkammer völlig genesen heim, um in der Folge dann noch ziemlich lange – man sagt freilich: in silberweißem statt nur leicht ergrautem Haar – seine ausgedehnte und zweifellos einbringliche Praxis auszuüben.

Allein der Tod läßt sich nicht prellen. Für ein entrissenes altes nahm er zwei junge Leben. Die junge Frau verschied wenige Tage später an den Folgen einer Fehlgeburt, sie kehrte nicht wieder, und abermals war Trauer und Unruhe in diesem geprüften Hause.

Die Witwe oder vielmehr Wiedergattin sagte später: den Sarg im einfallenden Mondschein, den Sargdeckel sich heben, den Eingebahrten hervorsteigen, weiter habe sie nichts, und dies ganz plötzlich, wie in einem durchfahrenden Blitzbild gesehen. Der Doktor dagegen erzählte: in jenem Augenblicke des Erwachens und Erkennens habe er zwar keinen klaren Gedanken, wohl aber eine ihn ganz durchdringende Bewußtheit, ein Gefühl gehabt; das einfache Gefühl: meine Frau daheim! ... Wie Sterbende oft in einer solchen sie ganz einhüllenden Vorstellungswoge, in der Vorstellung ›Mutter‹ untergehen ...«.

Karl May erzählt in seiner Selbstbiographie *»Mein Leben und Streben«* einen Vorfall aus der Jugendzeit seines Vaters: »In dieser Zeit war es, daß Großmutter während des Mittagessens plötzlich vom Stuhl fiel und tot zu Boden sank. Das ganze Haus geriet in Aufregung. Der Arzt wurde geholt. Er stellte Herzschlag fest; Großmutter sei tot und nach drei Tagen zu begraben. Aber sie lebte. Doch konnte sie kein Glied bewegen, nicht einmal die Lippen oder die nicht ganz geschlossenen Augenlider. Sie sah und hörte alles, das Weinen, das Jammern um sie. Sie verstand jedes Wort, das gesprochen wurde. Sie sah und hörte den Tischler, der ihr den Sarg anmaß. Als er fertig war, wurde sie hineingelegt und in eine kalte Kammer gestellt. Am Begräbnistag bahrte man sie im Hausflur auf. Die Leichenträger kamen, der Pfarrer und der Kantor mit den Kirchensängern. Die Familie begann, Abschied von der Scheintoten zu nehmen. Man denke sich deren Qual! Drei Tage und drei Nächte lang hatte sie sich alle erdenkliche Mühe gegeben, durch irgendeine Bewegung zu zeigen, daß sie noch lebe – vergeblich! Jetzt kam der letzte Augenblick, wo noch Rettung möglich war. Hatte man den Sarg einmal geschlossen, so gab es keine Hoffnung mehr. Sie erzählte später, daß sie sich in ihrer fürchterlichen Todesangst ganz unmenschliche Mühe gegeben habe, doch wenigstens mit dem Finger zu zucken, als einer nach dem andern kam, um ihre Hand zum letztenmal zu ergreifen. So tat auch das jüngste Mädchen des Oberförsters, das besonders an Großmutter gehangen hatte. Da schrie das Kind erschrocken auf: ›Sie hat meine Hand angegriffen; sie will mich festhalten!‹ Und richtig, man sah, daß die scheinbar Verstorbene ihre Hand in langsamer Bewegung abwechselnd öffnete und schloß. Die Versammlung, die zum Begräbnis gekommen war, verlief sich. Rasch wurden andere Ärzte geholt; Großmutter war gerettet. Aber von da an war ihre Lebensführung noch ernster und erhobener als vorher. Sie sprach nur selten von dem, was sie in jenen unvergeßlichen drei Tagen auf der Schwelle zwischen Tod und Leben gedacht und empfunden hatte. Es muß schrecklich gewesen sein.«

In diesem Zusammenhang darf Friederike Kempner (1836 bis 1904) nicht fehlen. Als Tochter eines Rittergutsbesitzers kämpft sie gegen Einzelhaft, Intoleranz und Scheintod, wobei Absicht und Wirkung nicht immer konform gehen. Als Beispiel ihres umstrittenen Schaffens steht dafür das Gedicht

DAS SCHEINTOTE KIND

(Nocturno)

Stürmisch ist die Nacht,
Kind im Grab erwacht,
Seine schwache Kraft
Es zusammenrafft.

»Machet auf geschwind!«
Ruft das arme Kind,
Sieht sich ängstlich um:
Finster ist's und stumm.

Überall ist's zu,
»Mutter, wo bist du?«
Stoßet aus den Schrei,
Horchet still dabei.

Und in seiner Qual
Klopft es noch einmal,
Sieht sich grausend um:
Finster ist's und stumm.

Streckt die Ärmlein aus,
Hämmert schnell drauf los,
Ruft entsetzt und laut:
Hört, ich bin nicht tot!

Lehnt sein Haupt an' Arm:
»Daß sich Gott erbarm',
Lebt man ewig so?
Und wo stirbt man so?

Ach, man hört mich nicht,
Gott, ach nur ein Licht!«
Sieht sich nochmals um!
Finster bleibt's und stumm.

Stier und starr es tappt,
Und am Sarg' es klappt,
Horch, da strömt sein Blut
Durch des Nagels Hut.

Aus dem warmen Quell
Sprudelt's rasend schnell:
Endlich stirbt das Kind,
Froh die Engel sind!

Stürmisch ist die Nacht,
Blätter rauschen sacht,
Niemand sah sich um:
Finster blieb's und stumm.

. . .

Es hört ein wackrer Kriegersmann
Sich dies Geschichtchen einmal an,
Dem Tod konnt' er in's Antlitz sehn,
Doch jetzt im Aug' ihm Tränen stehn.

Ein Leichenhaus, ein Leichenhaus!
Ruft er aus vollem Halse aus.
Wir wollen nicht auf bloßen Schein
Beseitigt und begraben sein!

Wir wollen, alle Wetter auch,
Nicht halten an dem dummen Brauch,
Daß man mit uns zur Grube rennt,
Als wenn man's nicht erwarten könnt!

Für Tote haben Gelder wir,
Und um Lebend'ge handelt's hier!
Man sühnt wohl solche Grausamkeit
Nicht mehr in alle Ewigkeit.

Für Tänzer gibt es Raum und Zeit –
Oh, tiefbetörte Menschlichkeit.
Ihr alle seid so schlecht als blind,
Solang' nicht Leichenhäuser sind!

Die Beispiele aus der schöngeistigen Literatur ließen sich fortsetzen – verwiesen sei noch auf Emile Zolas »Der Tod des Olivier Becaille« – doch sollte das nicht Gegenstand dieser Arbeit sein.

LITERATUR (AUSWAHL)

Abhandlungen der Londoner Königlichen Gesellschaft zur Rettung Verunglückter und Scheintoter. – London
Bd. 1. – 1798. – S. 96, 196, 209

André, St.: Réflexions sur la nature des remèdes. – 1700

Anschel, ...: Thanatologia sive in mortis naturam, causas, generes et species et diagnosis disquisitiones = Todeslehre oder die Natur, die Ursachen, Arten und Weisen des Todes und Untersuchung der Diagnosestellung. – Göttingen, 1795

Bacon, Francis: Novum organum scientiarum. – London, 1620

Bacon, Francis: Historia vitae et mortis : tit. atriola mort. – London, 1622

Ballard, ...: Memoirs of learned ladies of Great Britain, o. J.

Barryat, ...: Mém. de l'Académie Royale des Sciences de Paris. – Paris, 1748

Bauer, S.: Interessante Lebensgemälde. – Teil 4. – Wien, 1808

Bayerischer Landbote. – Stück 15. – München, 1791

Berliner Nachtausgabe. – Berlin, Sept. 1923 ; 16. Febr. 1930 ; 17. Jan. 1931

Berliner Zeitung. – Berlin, 18. März 1964

Berliner Zeitung am Abend. – Berlin, 13. Dez. 1963

Björck, G. – In: Medical tribune. – Frankfurt/M. 2(1967)

Boettcher, ... – In: Annalen der Staatsarzneikunde. – Tübingen I. 2. – 1836 II. 1. – 1836

Bouchut, Eug.: Die Todeszeichen und die Mittel, voreilige Beerdigungen zu verhüten / übers. von Dornbluth. – Erlangen, 1830

Breslauer Zeitung. – Breslau, 8. 8. 1863 ; 26. 8. 1864 ; 6. 3. 1866

Brinkmann, J. P.: Beweis der Möglichkeit, daß einige Leute lebendig begraben werden können. – Düsseldorf ; Cleve ; Leipzig, 1772

Bruhier, J. J.: Additions, I u. II

Bruhier, J. J.: Sur l'incertitude des signes de la mort et l'abus des enterrements précipités. – Paris, 1749

Bruhier, J. J.: Von der Ungewißheit der Kennzeichen des Todes / übers. von J. G. Jancke. – Leipzig ; Copenhagen, 1754

Buchner, E.: Ärzte und Kurpfuscher : kulturhistor. interessante Dokumente aus alten dt. Zeitungen d. 17. u. 18. Jh. – München, 1922

Bunte Münchener und Frankfurter Illustrierte. – Offenburg (1963) 25. Sept.

Clossius, C. F.: Über die Enthauptung. – Tübingen, 1797

Creve, C.: Der Metallreiz als Prüfungsmittel des wahren Todes. – Leipzig ; Gera, 1796

Darwin, Ch.: Expression of the emotion in men and animals. – London, 1872

Deneke, J. F. V. – In: Herz, Kreislauf. – Baden-Baden 1(1969)

Derham, W.: Physicotheologie. – Dresden, 1764

Deutsche Zeitung. – Prag, o. J.

Diruf, ...: Über die Furcht, noch lebend begraben zu werden und die Vorstellung von den angeblich damit verbundenen Qualen. – In: Zeitschrift für die Staatsarzneikunde. – Erlangen 20(1840)27 Erg.-H.

D'Outrepont. – In: Schmidt's Journal der in- und ausländischen gesamten Medizin. – 41(1844)2

Drobec, E.: Heilkunde bei den Eingeborenen Australiens. – In: Kultur und Sprache / hrsg. vom Inst. für Völkerkunde, Wien. – Wien, 1952

Épaulard, ...: Vampirismus. – In: Arch. Kriminol. – 92(1933) ; 96(1935)
Zugl.: Diss., 1901

Eschenbach, C. E.: Observata anatomico-chirurgico-medica rarica. – Rostock, 1769

Fabricius, W.: Observat. et epistolae chirurg. medicae. – 1719. – Cent. II, Observ. 95

Frank, J. P.: System einer vollständigen medizinischen Polizey : 4 Bd. – Wien, 1786

Gagern, F. v.: Geister, Gänger, Gesichte, Gewalten. – Leipzig, 1932

Gerlach, J. – In: Münchener medizinische Wochenschrift. – München (1968)16

Graff, ...: Die Leichenhäuser und die Leichenschau. – In: Zeitschrift für die Staatsarzneikunde. – Erlangen 26(1839) Erg.-H.

Hansen, G.: Gerichtliche Medizin. – Leipzig, 1954

Der hebräische Sammler. – Jg. 2

Hellwig, A.: Krimineller Aberglaube in der Schweiz. – In: Archiv für Kriminalanthropologie und Kriminalistik. – Leipzig 39(1910)

Herz, M.: Über die frühe Beerdigung der Juden. – Berlin, 1788

Higden, Ranulphus: Polychronici. – LVII, c. VII

Hoffmann, K. F.: Rettungsmethoden bei Scheintod nach Joseph Bernt. – In: Ärztliche Praxis. – Bad Wörishofen 19(1967)36

Hufeland, Chr. W.: Der Scheintod oder Schilderung der wichtigsten Thatsachen und Bemerkungen in alphabetischer Ordnung. – Berlin, 1808 (Hufeland 3)

Hufeland, Chr. W.: Über die Ungewißheit des Todes. – In: Hufeland, Chr. W.: Kleine medizinische Schriften. – Berlin, 1792 ; Halle, 1824

Hufeland, Chr. W.: Versuch an einem Enthaupteten. – In: Hufeland, Chr. W.: Kleine medizinische Schriften. – 1825

Humboldt, A.: Kosmos. – Stuttgart ; Tübingen, 1845–1862

Hutter, ...: Englische Miszellen. – Bd. 9, 2. – Tübingen, o. J.

Janin, J.: Réflexions sur le triste sort des personnes, qui sous apparence de mort ont été enterrées vivantes. – Paris, 1772

Journal des Savans. – Paris (1741) ; (1746) Juli ; (1749) Jan.

Kaiser, K. L.: Über Tod und Scheintod oder die Gefahren des frühen Begräbnis. – Frankfurt/M., 1822

Kaiser, K. L.: Welche Mittel hat der Staat zu ergreifen, um zu verhüten, daß jemand lebendig begraben werde. – In: Zeitschrift für die Staatsarzneikunde. – Erlangen 14(1831) Erg.-H.

Kempner, F.: Denkschrift über die Notwendigkeit einer gesetzlichen Einführung von Leichenhäusern. – Breslau, 1867

Kempner, F.: Das Leben ist ein Gedichte. / hrsg. von Horst Drescher. – Leipzig, 1971

Kisch, E. E.: Prager Pitaval. – Berlin, 1969

Kuchinka, ...: Beherzigenswerte Worte für alle Menschenfreunde. – Prag, 1845

Lancisi, C. M.: De subitaneis morbis. – Lib. I, c. 15, Nr. 2, Anm. VIII, Observ. 94

Laves, W. – In: Münchener medizinische Wochenschrift. – München 107(1965)3

Leopold, D.: Die Problematik der Feststellung des Todes. – In: Zeitschrift für ärztliche Fortbildung. – Jena 64(1970)4

Lessing, M. B.: Benachrichtigung über die Unsicherheit der Erkenntnis des erloschenen Lebens. – Berlin, 1836

MacNish, R.: The philosophy of sleep / übers. von Dr. Becker. – Leipzig, 1835

Maschka, Jos. von. – In: Prager Vierteljahresschrift für die praktische Heilkunde. – Prag (1854)3

May, K.: Ich. – Radebeul, 1916 (Gesammelte Werke / K. May; 34)

Metzger, J. D.: Über die Kennzeichen des Todes. – Königsberg; Weimar, 1792

Minovici, ...: Étude sur la pendaison. – In: Arch. d'anthropol. crim.

Moewes, C.: Ein Fall von Scheintod. – In: Archiv für Kriminologie, Kriminalanthropologie und Kriminalistik. – Leipzig 72(1920)

Mollaret, ...: Über die äußersten Möglichkeiten der Wiederbelebung. Die Grenzen zwischen Leben und Tod. – In: Münchener medizinische Wochenschrift. – München 99(1957)

Näcke, P.: Erhaltensein des Bewußtseins noch einige Zeit nach dem Hängen. – In: Archiv für Kriminalanthropologie und Kriminalistik. – Leipzig 26(1906)

Nationalzeitung der Deutschen. – Gotha (1797)Juli

Neue Illustrierte. – Köln, 27. Okt. 1963

Pitaval, F.: Causes célèbres VIII. – 1792/94

Plato: Der Staat. – Buch 10

Plinius Secundus, Gaius: Historia naturalis. – 58. c. 52

Plinius Caecilius Secundus, Gaius: De his qui elati revixere. – Lib. III. 52

Plutarchus: Moralia

Poe, E. A.: Phantastische Fahrten: 6 Bd. – Berlin, 1922

Prokop, O.; Göhler, W.: Forensische Medizin. – Berlin, 1975

Ranfft, M.: De masticatione mortuorum. – Lipsiae, 1734

Reichsanzeiger. – Gotha (1803)April S. 1388

Relations-Mercurius. – Berlin Nr. 6. – 1705

Robinowitsch, ...: Journal of mental pathology. – 1905

Röttgen, P.: Das Recht, zu sterben. – Ms. – 1967

Rohrius, Ph.: De masticatione mortuor. – Leipzig, 1679

Sauvages, F. B. K.: Hist. de l'Acad. des Sciences. – 1742

Savary, ...: Dictionnaire des sciences médicales

Schaick, C. van: Niederländische Dorfgeschichten. – Leipzig, 1850

Schenk, J. von. – In: Observ. med. Lib. II. De apoplexia. – 1530–1598

Schleicher, H.: Verkehrsmoral auf dem Balkan. – In: Bunte Illustrierte. – Offenburg, 1963

Schlesische Provinzialblätter. – Breslau, 1797. – S. 155

Schlesische Zeitung. – Breslau 17. Febr. 1855; 5. Febr. 1857; 14. Mai 1864

Schleer, J.: Experimentelle Untersuchungen an Enthaupteten. – In: Badisches Magazin. – Mannheim 3(1813)

Schmidt, J. H. – In: Caspers Wochenschrift. – 19(1833)

Schmitz, J.: Beobachtungen bei der Hinrichtung zweier Verbrecher nebst Sektionsberichten. – In: Zeitschrift für die Anthropologie. – Leipzig (1825)3

Schmucker, J.: Chirurgische Wahrnehmungen. – Berlin
Teil 1. Von Verletzung und Krankheit des Hauptes. – 1774

Schnackenberg, W.: Über die Notwendigkeit der Leichenhallen zur Verhütung des Erwachens im Grabe. – Kassel, 1836

Schneider, ...: – In: Zeitschrift für die Staatsarzneikunde. – Erlangen 34(1837)3

Schopenhauer, A.: Versuch über das Geistersehen. – München, 1913

Shakespeare, W.: Ein Sommernachtstraum. – Leipzig, 1912

Sintenis, K. F.: Briefe über die wichtigsten Gegenstände der Menschheit. – Zerbst
Teil 3. – 1796

Soemmering, S. T.: Mémoires de la Société d'Émulation de Paris. – Vol. 1

Stoker, B.: Dracula. – München, 1968

Strassmann, F.: Lehrbuch der gerichtlichen Medizin. – Stuttgart, 1895

Struve, C. A.: Der Lebensprüfer oder Anwendung der neu erfundenen Galvanodermie. – Hannover, 1805

Sue, E.: Opinions sur le supplice de la guillotine. – Paris, 1797

Taberger, J. G.: Der Scheintod in seinen Beziehungen auf das Erwachen im Grabe und die verschiedenen Vorschläge zu einer wirksamen und schleunigen Rettung in Fällen dieser Art. – Hannover, 1829

Tardieu, A.: Sur la pendaison : étude médicolègale. – Paris, 1870

Thyraeus, P.: De infestis ob molestantes daemoniorum. – Eisleben, 1598

Thyraeus, P.: De spectris et apparitionibus libri duo. – Eisleben, 1597

Trusen, J. P.: Die Leichenverbrennung als die geeignetste Art der Todtenbestattung oder Darstellung der verschiedenen Arten und Gebräuche der Todtenbestattung aus älterer und neuerer Zeit historisch und kritisch bearbeitet. – Breslau, 1855

Unterricht vom Scheintod. – Breslau, 1798

Unzer, J. A. ; Rickmann, N.: Von dem Einfluß der Arzneiwissenschaft auf das Wohl des Staates. – Jena, 1771

Valerius Maximus: Dictorum factorumque memorabilium ... – London, 1678

Vergilius Maro Publius: Aeneis

Vezin, ...: – In: Blätter für die gerichtliche Anthropologie. – Nürnberg 12(1861)1

Vossische Zeitung. – Berlin 1747 ; 1757 ; 1758 ; 1767 ; 1791

Weber, J. A.: Ars discurrendi de qualibet materia. – Nürnberg, 1671

Weimann, W.: Diagnose Mord. – Bayreuth, 1964

Weimann, W.: Totstellreflex bei einem Mörder nach der Tat. – In: Archiv für Kriminologie. – Lübeck 91(1932)19

Welsch, ...: Über die Gefahr lebendig begraben zu werden. – In: Zeitschrift für die Staatsarzneikunde. – Erlangen 34(1837)3

Wendt, J.: Über die Enthauptung und die Hinrichtung Troers. – Breslau, 1803

Wildberg, B. – In: Jahrbuch der gesamten Staatsarzneikunde. – Leipzig 3(1837)

Winslow, J. B.: Observ. méd. de Peste lib. 4. – 1860

Zacchia, P.: Quaestiones medicolegales. – Leipzig, 1621–1635

Zarda, A. V.: Alphabetisches Taschenbuch der hauptsächlichsten Rettungsmittel für todtscheinende und in plötzliche Lebensgefahr gerathene Menschen. – Prag, 1796

Zarda, A.V.: Der Lebensprüfer. – 1805

Zimmermann, J. G.: Von der Erfahrung in der Arzneikunst. – Hannover, 1765

Von Otto Prokop benutzte Literatur:

Amadou, R.: Das Zwischenreich vom Okkultismus zur Parapsychologie. – Baden-Baden, 1957

Auhofer, H.: Der Hexenwahn in der Gegenwart. – In: Massenwahn in Geschichte und Gegenwart / hrsg. von W. Bitter. – Stuttgart, 1965

Baeyer-Katte, W.: Die historischen Hexenprozesse. – In: Massenwahn in Geschichte und Gegenwart / hrsg. von W. Bitter. – Stuttgart, 1965

Bender, H.: Parapsychologie und das Fortleben nach dem Tode. – In: Fortleben nach dem Tode / hrsg. von A. Resch. – Innsbruck, 1981

Deschner, K.-H.: Abermals krähte der Hahn. – Düsseldorf; Wien, 1980

Fortleben nach dem Tode / hrsg. von A. Resch. – 2., verb. Aufl. – Innsbruck, 1981 (Imago Mundi; 7)

Forster, B.: Praxis der Rechtsmedizin. – Stuttgart; New York, 1986

Günter, H.: Psychologie der Legende. – Freiburg, 1949

Hammers, A. J.; Rosin, U.: Fragen über den Teufel. – In: Psi und Psyche. – Stuttgart, 1974

Jaffé, A.: Geisterscheinungen und Vorzeichen. – Zürich; Stuttgart, 1958

Knaut, H.: Rückkehr aus der Zukunft. – Stuttgart, 1972

Knoch, O.: Was sagt die Bibel über das Fortleben nach dem Tode? – In: Fortleben n. d. Tode / hrsg. von A. Resch. – Innsbruck, 1981

Marbe, K.: Die Gleichförmigkeit in der Welt. – München, 1916

Mensching, G.: Buddha und Christus. – Stuttgart, 1978

Molinari, G. F.: Review of clinical criteria of brain death. – In: Brain death / ed. J. Korein. – New York, 1978

Prokop, O.; Radam, G.: Bildatlas der gerichtlichen Medizin. – Berlin, 1987

Prokop, O.; Wimmer, W.: Der moderne Okkultismus. – Stuttgart, 1987

Psi und Psyche : neue Forschungen zur Parapsychologie ; Festschr. für Hans Bender / hrsg. von E. Bauer. – Stuttgart, 1974

Raszeja, S.: Kriterien des Hirntodes im Lichte der Transplantationspraxis in Polen. – In: Medizin und Recht : Festschr. für W. Spann / hrsg. von W. Eisenmenger. – Berlin ; Heidelberg, 1986

Rathgeber, A. M.: Wissen Sie Bescheid? – Augsburg, 1960

Schamoni, W.· Auferweckungen vom Tode. – In: Fortleben nach dem Tode / hrsg. von A. Resch. – Innsbruck, 1981

Schiebeler, W.: Das Fortleben nach dem Tode im Hinblick auf Naturwissenschaft und Parapsychologie. – In: Fortleben nach dem Tode / hrsg. von A. Resch. – Innsbruck, 1981

Sterbebeistand bei Kindern und Erwachsenen / hrsg. von E. Engelke … – Stuttgart, 1979

WORTERKLÄRUNGEN

Astrozyten: Sternförmige Stützzellen im Gehirngewebe
Dezerebrationsstarre: Starre des Körpers nach Entfernung des Großhirns durch Schnitt zwischen den Vierhügeln (s. d.)
Diethylbarbitursäure: chemische Formel des Schlafmittels Veronal (s. d.)
Enucleatio bulbi: »Entkernung«, d. h. Herausschneiden des Augapfels (Bulbus)
Eosinophilie: Eigenschaft gewisser weißer Blutkörperchen, den Farbstoff Eosin bevorzugt aufzunehmen
Erythrozyten: rote Blutkörperchen
Haemoglobingehalt: Gehalt des Blutes (der roten Blutkörperchen) an rotem Blutfarbstoff (Haemoglobin)
Hoffmannischer Liquor: veralteter Ausdruck für die von Dr. Friedrich Hoffmann (1660 bis 1742) erfundenen Hoffmannstropfen aus Alkohol und Äther zu gleichen Teilen
Hypersomnie: Schlafsucht, Folge einer ganzen Anzahl von Krankheiten
Hypothermie: Unterkühlung, Untertemperatur
Imbibition: Durchtränkung von Gewebe mit Flüssigkeit (z. B. Blut)
Incontinentia alvi et urinae: Versagen der Schließmuskelfunktion des Afters und der Harnblase
Koma: Bewußtseinsstörung bzw. Bewußtseinsverlust infolge schwerer Stoffwechselstörungen
Koma dépassé: Überleben der Körperorgane nach Hirntod
Leukozyten: Sammelname für alle Arten weißer Blutkörperchen
Liquor ammonii caustici: Salmiakgeist, 9,9–10,0 % Ammoniak enthaltend
Lumbalpunktion: Einstich in den Lendenteil des Wirbelkanals zur Gewinnung von Hirn-Rückenmarksflüssigkeit
Lymphozyten: eine der Arten weißer Blutkörperchen, die auch im Lymphsystem vorhanden sind
Mastzellen: eine andere Art weißer Blutkörperchen, die Histamin zu produzieren vermag und an der Blutgerinnung beteiligt ist

Meningoenzephalitis: auf das Gehirn übergreifende Entzündung der Gehirnhäute
Mikrosmie: schwaches Geruchsvermögen, wie es bei Fischen, Vögeln und Primaten vorliegt, also auch beim Menschen
Nekrophilie: Leichenliebe, eine sexuelle Perversion
Normothermie: Normaltemperatur
Osphresiologie: die Lehre vom Geruchssinn
Polymorphkernige: weiße Blutkörperchen mit unregelmäßig vielgestaltigem Zellkern
Polynukleare: ein anderer, aber irrtümlicher Ausdruck für Polymorphkernige
Reanimation: eigentlich Wiederbeseelung (anima), Wiederbelebung
Sahli, H.: Schweizer Internist (1856 bis 1933), erfand ein Meßgerät für den Haemoglobingehalt des Blutes
Urämie: Harnstoff im Blut, Folge von Nierenversagen
Venenpunktion: Anstechen einer Vene zwecks Gewinnung von Blut
Veronal: Barbital-Diethylbarbitursäure, ein starkes Schlafmittel
Vierhügel, auch Vierhügelplatte: eine Formation des Mittelhirns, aus vier rundlichen Erhebungen bestehend
Zylinder, hyaline: glasartig durchscheinende, zylinderförmige Ausgußkörperchen der Nierenkanälchen, aus geronnenem Eiweiß bestehend. Ihr Auftreten im Harn spricht für Eiweißausscheidung der Niere (Nierenentzündung)
Zylinder, granulierte: ähnliche, aber gekörnt aussehende Ausgußkörper von Nierenkanälchen, aus Zellfragmenten und Eiweiß bestehend. Deuten auf eine bestimmte Art der Nierenentzündung hin

Der Begriff »Scheintod« in einigen Sprachen

Arabisch:	maut al zaheran
Deutsch:	Scheintod intermediäres Leben

Englisch:	semblance of death seemingly dead dead-alive suspended animation trance lying in a trance asphyxia asphyxiation
Französisch:	mort apparente mort intermédiaire mort en apparence léthargie qui est en léthargie asphyxié
Griechisch:	Pseudothanatos Asphyxia Anabiosis Apoplexia
Griechisch- Lateinisch:	Apoplexia cerebelli
Italienisch:	morte apparente letargica asfissia letargo che pare morto letargico asfissiato asfissiatico
Lateinisch:	vita reducta vita minima species quaedam vitae
Niederländisch:	Schijn-dood Schijn-deugd
Russisch:	mnimaja smert' priwidno umiral

REGISTER